Floßmeister und Flößerbräuche

Helga Lauterbach

FLOSSMEISTER UND FLÖSSERBRÄUCHE

Tradition und Geschichte an der Isar und Loisach

SCHNELL + STEINER

Gefördert vom

Bezirksausschuss 19
**Thalkirchen – Obersendling –
Fürstenried – Forstenried –
Solln**
der Landeshauptstadt München

Umschlagabbildung: Foto Bernd Ritschel
Frontispiz: Sylvenstein bei Fall [Sammlung: Dorfner, Bad Tölz]

Bibliographische Informationen der Deutschen Nationalbibliothek:
Die Deutsche Nationalbibliothek verzeichnet diese Publikation
in der Deutschen Nationalbibliographie; detaillierte bibliographische Daten
sind im Internet über http://dnb.de abrufbar.

1. Auflage 2022
© 2022 Verlag Schnell & Steiner GmbH, Leibnizstraße 13, 93055 Regensburg
Umschlaggestaltung: Anna Braungart, Tübingen
Satz: typegerecht berlin
Druck: Gutenberg Beuys Feindruckerei GmbH, Langenhagen
ISBN 978-3-7954-3699-5

Alle Rechte vorbehalten. Ohne ausdrückliche Genehmigung des Verlags ist es nicht gestattet,
dieses Buch oder Teile daraus auf fototechnischem oder elektronischem Weg zu vervielfältigen.

Weitere Informationen zum Verlagsprogramm erhalten Sie unter:
www.schnell-und-steiner.de

INHALT

Vorwort 9

Die grüne Lebensader 10

Am Wasser hab' i' G'schäft'n g'macht 12

Mit Volldampf in die Neuzeit 13

Der Eiserne Weg 16

Die Bahn durchs Isartal 18

Die saubere Energie 21

„Wenn kommt das Walchensee-Projekt ..." 23

Tugendwächter im Walchensee 27

Zusammenschluss in der Not 28

D' Isar 31

Flößerhaken kreuzt Bischofsstab 32

„Nasse Rott" in Mittenwald 33

Bittgang der Mittenwalder Flößer 37

St. Johannes Nepomuk vorm Haus 38

Heiliger Korbinian auf Isar unterwegs 41

St. Nikolaus – der frühe Schutzpatron der Flößer 43

St. Johannes Nepomuk – der Brückenheilige 46

Johanni-Bräuche 49

St. Maria Thalkirchen – Wallfahrtsstätte an der Floßlände 51

Wallfahrten der Isar- und Loisachflößer	55
Zunftvorschriften	58
Wenn sich Irrung und Zwiespalt zutrüge	60
Altes Floßmeistertum auf Isar und Loisach	63
„Heiliger Georg, hilf!"	65
Die Münchner Floßmeister	69
Die bürgerlichen Herren Länd- und Holzmeister	72
Verführung auf dem Wasser	75
Flößermadonna	77
Die Strenge des Gesetzes	80
Um sechs Uhr kamen wir bei Freysingen an	82
Für Floßknechte Holz und Kalk	85
Triftholz für warme Stuben	88
Der Tölzer Prügel	91
Kein Platz für berauschte Personen, Weiber oder Knaben an den Münchner Länden	93
Revolution. Frauen am Ruder!	98
„D' Muskeln san von alloa g'wachsn"	103
Gebühren für „Neumodefuhrwerke"	107
Streithansl'n	110
Es sitzt an den Isar-Ufern ein stattliches, schönes Volk	114
Der Weg der Loisach	116
Flößerstadt Wolfratshausen	118
Der Leprosen-Hans	122
Zu einem Bach herabgewürdigt	124

Brückeneinsturz in München	127
Monumentalgemälde „Monachia" von Piloty im Münchner Rathaus	129
Eine Zentrallände für alle	133
Marienklause	136
Der Schutzengel im Isarkanal	138
Ein Vaterunser von den Holzbettlern	140
Wasserprozession auf der Isar im niederbayerischen Plattling	143
Das Todeshospiz an der Donau	145
Almosensammlung in Sankt Nikola	149
Neues Sonntagsvergnügen bei den Ausflugsflößen	151
Außerordentliche Energienot nach Kriegsende	153
Renaissance der Passagierfloßfahrt	157
Isarwinkler Holz für den Wiederaufbau Münchens	160
Jubiläumsfloß zur 600-jährigen Wallfahrtsgeschichte	165
Zur Flößermesse ins Mühltal	168
Ausklang mit dem Jahrtag	171
Das Herz schlägt weiter in Lenggries	174
Anerkennung der Flößerei als Immaterielles Kulturerbe durch UNESCO	178
Isarflößer auf dem Rhein	184
Graffiti-Floß in München	186
Literaturverzeichnis	189
Danksagung	191

In Erinnerung a.d. Floßfahrt 18. Juli 1909 Wolfratshausen München der Vergnügungsgesellschaft „Giftige Schwammerl" München [Sammlung: Peters, München]

VORWORT

Seit über 30 Jahren verfasse ich Beiträge zum Thema Flößerei. Doch noch viel länger ist mir die Isar als Fluss vertraut, an dem ich aufgewachsen bin, mit dem Anblick der Flöße im Sommer. Anfangs als offizielle Gästeführer der Stadt München tätig, verlegte ich den Schwerpunkt auf die nicht nur für München so bedeutende Geschichte der Flößerei. Meine erste Veröffentlichung „Die Flößerwallfahrt nach Maria Thalkirchen. Ein Stück altbayerischer Frömmigkeit" erschien 1991.

Bei meinen Recherche- und Dokumentationsarbeiten entlang der Isar, Loisach, Amper und Donau kam es in all den Jahren zu vielen spannenden Begegnungen mit an der Flößerei interessierten Menschen. Manche von ihnen schlossen sich meinem Arbeitskreis „Historische Flößerei" an, um das Bewusstsein um die Geschichte und Bedeutung des jahrhundertalten Flößerhandwerks wieder in den Vordergrund treten zu lassen. Ein besonderer Moment auf europäischer Ebene war hierbei die Unterzeichnung der Gründungsstatuten der Internationalen Flößerei-Vereinigung im Jahr 1992 in Venedig.

Im vergangenen Jahrzehnt standen neben zahlreichen von mir initiierten Bildungsprojekte zur historischen Flößerei die Gründung eines Flößer-Kulturvereins im Zentrum, der nun seit 2013 als „Flößer-Kulturverein München-Thalkirchen e. V." existiert.

Nachdem 2014 die Flößerei als Immaterielles Kulturerbe nach UNESCO Übereinkommen anerkannt und in das Deutsche Bundesverzeichnis aufgenommen wurde, erschien mir ein ergänzender Eintrag der Passagierfloßfahrten auf Isar und Loisach in das Bayerische Landesverzeichnis erforderlich, um auf die Sonderform der Personenbeförderung hinzuweisen.

Es wird noch lange dauern, bis die fesselnde Historie der Flößerei zur Gänze erforscht ist. Weil von den Menschen am Fluss immer wieder neue Geschichten und Aspekte ans Tageslicht kommen, die einfach erzählt und dokumentiert werden müssen, habe ich mich zu diesem Buch entschlossen. Es geht darum, wichtige und wissenschaftlich relevante Fakten festzuhalten sowie bislang unbekannte Sachverhalte aufzuzeigen, um so eine neue Sicht auf das Floßhandwerk und die Flößerkultur zu ermöglichen.

Allen die mich auf meinem „Flößerweg" bisher begleitet haben, sage ich allerherzlichsten Dank.

Helga Lauterbach

DIE GRÜNE LEBENSADER

Unser nahtlos ineinandergreifendes Verkehrsnetz zu Wasser, zu Lande und in der Luft hat das alte, aus Baustämmen gebundene Floß als Transportmittel überflüssig erscheinen lassen. Lange schon sind sie verschwunden, die vollbeladenen Holzschiffe mit Warengütern verschiedenster Art, welche auf den Flüssen Bayerns über Jahrhunderte hinweg eine so bedeutende Rolle gespielt haben. Nur noch Passagierfloßfahrten treiben während der Sommermonate von Wolfratshausen nach München die Isar hinunter – ein vertrauter Anblick für die dort wohnenden Menschen, eine Belästigung für die Naturschützer des Isartals und darüber hinaus: eine seltene Attraktion für Fremde, denn wo sonst gibt es schwimmende „Baumstammschiffe" zu sehen.

Die Flößerei ist in Bayern seit dem 12. Jahrhundert nachweisbar, jener Zeit der großen Städtegründungen an der Isar – München 1158 und Landshut 1204. Damals übernahmen noch die in Flussnähe wohnenden Kleinbauern die Warenflößerei als willkommenen Nebenverdienst. Ab dem 15. Jahrhundert betrieb vor allem die „Nasse Rott", als organisierte Gemeinschaft gewerbsmäßiger Flößer, die Frachtzustellung auf dem Wasser. In Zünften mit fester Ordnung schlossen sich die ehrsamen Floßleute zusammen. Für die wilden, wenig tiefen Gebirgsflüsse bot sich das oben auf den Wellen, ohne wesentlichen Tiefgang, schwimmende Holzfloß als ideales Transportmittel an. Der am meisten befahrene bayerische Fluss war die Isar. Sie galt als Hauptverkehrsader für den lebhaften Handel zwischen Süden und Norden. Hoch oben im Karwendel beim Haller Anger (1700 m) sind ihre kühlen Quellen zu finden. Auf dem Weg talwärts gesellen sich ihr Lafatscher-, Gleirsch- und Karwendelbach hinzu sowie mehrere kleine Gebirgsbäche, die von dem umliegenden Gebirgskaren herunterstürzen. Sie alle beschleunigen das Anschwellen der Isar zum beachtlichen Wildwasser, das schnellfließend und grünschimmernd seinen weiteren Lauf ins Tal sucht. Bereits in Scharnitz (964 m), vom Quellgebiet nur 20 km entfernt, hatte „Isaria, die Reißende" damals den erforderlichen Wasserpegel erreicht, um floßbar zu sein. Auf ihren eigenwilligen Wellen trug sie Abertausende von Baumstammschiffen über eine Wasserstrecke von etwa 265 km Länge hinunter bis zur Einmündung in die Donau. Gefährliche Felswände, Riffe, Kiesbänke, Wasserfälle und Strudel kennzeichneten dabei ihr Flussbett vor allem im Oberlauf. Erst ab München war „die Wilde" gebändigt und strömte ruhiger geworden der Donau zu. Unterhalb von Plattling (320 m) bei Isarmünd hört sie im Naturschutzgebiet „Untere Isar" auf ein eigener Fluss zu sein. Dort trifft sie auf die Donau, verbindet sich mit dieser und fließt ab Deggendorf weiter mit ihr fort zum Schwarzen Meer.

Die alten Floßhäfen entlang der Isar (Länden genannt), früher Zentren geschäftigen Treibens, existieren heute nicht mehr. Nur die dortigen Ortsbezeichnungen lassen den ursprünglichen Sinn erkennen: An der Lände, Ländacker, Flößergasse, Am Floßkanal. Als

Postkarte Floßfahrt auf der Isar [Sammlung: Dorfner, Bad Tölz]

absolute Beherrscher jener Wildwasserstraßen galten über mehr als 800 Jahre die Flößer, ein Menschenschlag ganz eigenen Naturells. Seit Generationen am und mit dem Waser aufgewachsen, sind sie wie niemand sonst für dieses besondere Gewerbe geeignet. Durch das weitergegebene Wissen und die Erfahrungen ihrer Vorväter waren sie Meister ihres Faches rund um „den Floß", der trotz Rechtschreibreform in der Umgangssprache der Flößer männlich geblieben ist. Niemand konnte ihnen etwas vormachen, was das Gefühl der Zusammengehörigkeit ihres Stammes untereinander noch mehr ausprägte. Ihr kühner Mut, die Kraft und Zähigkeit bei der schweren Arbeit brachten ihnen Anerkennung ein. Ihre fesselnden Erzählungen von den langen Fahrten hinunter in die Donaumonarchie begeisterte die Zuhörer in der gebirgigen Heimat. Die Floßleute sahen viel von der Welt und entwickelten deshalb ihre eigene Lebensanschauung. Als Mitte des 19. Jahrhunderts die Industrialisierung in den Städten einsetzte, schnellten die einträglichen Transportgeschäfte der Flößer auf Isar und Loisach noch einmal in die Höhe. Über 8000 Flöße jährlich kamen damals durchschnittlich an der Unteren Lände in München an. Im Rekordjahr 1864 erreichten sogar 11.145 Flöße die königliche Haupt- und Residenzstadt

München. Doch gegen Ende des 19. Jahrhunderts kam die Wende: Die neuen Verkehrsmittel wie Eisenbahn und Dampfschiff traten ihren Siegeszug an. Für die Flößer aber war der Augenblick nahe von ihrer Arbeit Abschied zu nehmen. Der aussichtslose Konkurrenzkampf gegen die ständig fortschreitende Technik, welcher die Zukunft gehörte, nötigte letztendlich beinahe alle Flößer, ihre geliebten Ruderstangen für immer aus der Hand zu legen. Vom technischen Zeitalter wurden sie und ihr altes Handwerk in die Knie gezwungen. Sie mussten sich zunächst nach einer neuen Existenz umschauen.

AM WASSER HAB' I' G'SCHÄFT'N G'MACHT

I' hab mei Lebta nia studiert
Und will mi ah nit prahl'n,
Nur moan i', was mi selba freut,
Des kunnt den Andern g'fall'n:

Am Wassa hab i' G'schäft'n g'macht
Als Flößla bis auf Wean,
Und hab' a grobi Jopp'n trag'n
An spitz'n Hut an grean:

Und is andieweil was passiert,
Des ma' net all' Tag' sicht,
So hab is nacha aufg'notiert
Und z'sammag'schrieb'n dö G'schicht:

Wenns Oana lest und sagt, eahm g'fallns,
Dö Liadln da von mir
So bin i' z'fried'n; do wenns nöd is,
So kann i' nix dafür.

Gedicht aus dem Nachlass des Tölzer Heimatdichters Johann Georg Heiß, genannt Zischten-Hansirgl. Er gehört dem seit Jahrhunderten im Flößerhandwerk tätigen Geschlecht der Heiß an und war zu seiner Zeit eine weit und breit bekannte Persönlichkeit. Er wurde am 31. Mai 1823 in Tölz geboren. Er lebte als Floßmeister und Kalkofenbesitzer zum „Zisten" am Gries, dem heutigen Schletzbaumanwesen. Nach Verkauf desselben übersiedelte er mit Familie in sein neuerbautes Anwesen, Lenggrieser Straße (jetzt im Besitz Moralt), in welchem er am 1. März 1886 an einem Gehirnschlag gestorben ist. Er hatte kein leichtes und sorgloses Dasein, aber trotz allem einen gesunden, kernigen Humor. Er war ein geweckter Kopf, las und studierte viel und schrieb im unverfälschten Tölzer Dialekt wunderhübsche Gedichte ernster und heiterer Art, sang auch in froher Gesellschaft lustige G'stanzl und half sich so über die Bitterkeiten des Lebens hinweg.

Archiv: Helga Lauterbach

Foto von Sebastian Angermaier.
[Foto: Privatbesitz M. Angermeier]

MIT VOLLDAMPF IN DIE NEUZEIT

Als sich James Watt im Jahre 1769 in England die erste verwendbare Dampfmaschine patentieren ließ, dachte wohl noch niemand daran, dass sie eines Tages auch für das Flößereigewerbe Bedeutung haben könnte. Doch die wichtigste Erfindung des 18. Jahrhunderts eignete sich für viele Bereiche. Maschinen, welche bisher mit Wasser oder Muskelkraft betrieben wurden, gerieten nun durch Dampfkraft in Schwung. Boote und Schiffe, bisher durch tüchtiges Rudern vorwärtsbewegt, erreichten durch Dampfkraft beschleunigt, weitaus höhere Fahrtgeschwindigkeiten. Schon die nächste Flößergeneration konnte den verkehrsmäßigen Einsatz von Dampfschiffen miterleben. Auf der österreichischen Donau bewältigte im Jahr 1818 „Carolina", das erste mit 150 Zentnern beladene Dampfboot, eine größere Strecke ab Wien stromaufwärts. Dabei wurde die Höchstgeschwindigkeit von 2,5m/s erreicht. Im Jahr 1823 folgte das Gesellschaftsschiff „Franz I.", welches von Wien nach Pest dampfte. Ein Jahr später nahm das Paketdampfboot „Erzherzog Anton" seinen Dienst auf. Die Betriebsstrecke der österreichischen Donaudampfschifffahrtsgesellschaft wurde Zug um Zug auch stromaufwärts ausgebaut bis Passau. Auf

Feierliche Verabschiedung des Donaudampfschiffes »Franz I.« zur ersten Fahrt nach Budapest am 4. September 1830 [Aus: Rot-weiss-rot auf blauen Wellen, Erste Donau-Dampfschifffahrts-Gesellschaft, Wien]

der bayerischen Donau hielt die Dampfschifffahrt im Jahre 1837 mit „König Ludwig" Einzug. Die Fahrt ging von Regensburg nach Donauwörth. Obwohl in den Augen des Volkes die Dampfmaschinen „Teifelwerk" waren und eine Dampfschifffahrt wegen Kesselexplosion oder Zusammenstoß durch schnelles Fahren als lebensgefährlich galt, wurden im Jahr 1842 weitere Dampfboote eingesetzt: Therese, Max und die Stadt Regensburg. Zur Gründung der Königlich-Bayerischen Donau-Dampfschifffahrt kam es im Jahre 1846.

Auch auf der Isar wurde die neue Schifffahrtstechnik getestet. Das große Spektakel fand am 1. Mai 1850 statt. Damals berichtete die Beilage der Neuen Münchner Zeitung: „In Folge einer allgemein verbreiteten Nachricht der Probefahrt eines, in der rühmlich bekannten v. Maffei'schen Maschinenfabrik Hirschau erbauten Dampfschiffes, welches, ehe dasielbe an seine Bestimmung (es soll unseres Wissens zwischen Donauwörth und Regensburg Dienst thun) auf der Donau abgeht, heute stattfinden sollte, hatte sich von schönem Wetter begünstig, eine unabsehbare Menge Menschen aus unserer Stadt den Isarstrom entlang versammelt, dessen beide Ufer weithin bis an die äußersten, fast kaum zugänglichen Punkte, dicht mit Schaulustigen aller Stände gefüllt waren. Jene Nachricht aber, von einigen hiesigen Tagblättern veröffentlicht, war nur insoweit richtig, als man allerdings einen Versuch mit dem Schiffe anstellen wollte, wie es bei jeder anderen Maschine, wenn es nur immer möglich ist, auch geschieht, ehe sie die Werkstatt verläßt, um dieselbe vorläufig reguliren zu können. Die Isar schon ihrer Natur nach für die Schiffahrt höchst ungünstig, bot bei vermindertem Wasserstande ein so schmales scharfwinkeliges Fahrwasser, daß eine Kraftentwicklung der vortrefflich arbeitenden Maschine nicht zulässig war, und das lange, schlank gebaute Schiff diesen Krümmungen nicht folgen konnte, so daß es nur eine ganz kurze Strecke mit der größten Vorsicht geleitet, zurückzulegen vermochte, und die große Mehrzahl der erwartungsvollen Zuschauer, zumal auch ein gewaltiges Gewitter drohte, unbefriedigt nach der Stadt zurückkehren mußte."

Das von schweren Hagelschauern begleitete Unwetter führte zum vorzeitigen Abbruch der Probefahrt. Das eigentliche Ziel, die Ländspitze (Praterinsel), auf welcher eine große Pyramide mit maschinentechnischen Emblemen von den Fabrikarbeitern aufgestellt war, konnte nicht mehr erreicht werden. Doch am darauffolgenden Sonntag bestand der 40 m lange und 3,5 m breite Raddampfer „Donauwörth" ohne Probleme die Testfahrt – heraus vom Werkskanal Hirschau (Englischer Garten), dann hinein in die freie Isar, weiter flussaufwärts bis zur Praterinsel. Seine 43 Pferdestärken, welche von einer Maschine mit niederer Dampfspannung erbracht wurden, überzeugten die mitfahrenden geladenen Gäste. Nun war es auch auf der Isar soweit. Die Neuzeit hatte mit der Dampfmaschine Einzug gehalten und begann das alte Holzfloß sichtbar in Frage zu stellen. Während auf der Donau die Flotte der Dampfschiffe weiterhin zunahm, wurden Pläne dieser Art für die Isar nicht verwirklicht. Stattdessen trieben weiterhin die alten Flöße isarabwärts, unverändert in ihrer Beschaffenheit und ohne die „neumodische Dampfkraft", die für ihre langen Floßstämme nicht in Frage kam. Doch die Flößer spürten die Konkurrenz der neuen Schiffe, welche schneller und pünktlicher als sie die Bestimmungshäfen an der Donau erreichen konnten. Keine Frage: Der Fortschritt war gewaltig. Durch den Dampfantrieb erreichte die Schifffahrt erstmals eine große Unabhängigkeit von Witterung und Wasserstand. Umso mehr mussten sich die Flößer ins Zeug legen, wenn sie nicht abgehängt werden sollten. Ihr Tempo wurde nach wie vor von der Fließgeschwindigkeit des Wassers bestimmt. Ihre einzige Antriebskraft blieben die eigenen durch die Arbeit am Floß gestählten Muskeln. Wenn sie Glück hatten, beschleunigte ein Wind im Rücken ihre Fahrt. Doch die wechselnden Launen der Natur blieben unkalkulierbar, weshalb von den Flößern eine präzise Angabe zur Ankunft im Bestimmungshafen nie gewährleistet werden konnte. Die veränderte Situation auf den Wasserstraßen bekamen als erste ihrer Zunft ausgerechnet die Münchner Floßmeister drastisch zu spüren. Durch altes Recht waren sie lange allein ermächtigt, Kaufmannsgüter von der Münchner Lände isarabwärts zu führen. Den oberländischen Floßmeistern aus Mittenwald, Lenggries und Tölz war dies verboten. Ausnahmen konnten nur auf begründetes Verlangen des Kaufmanns bewilligt werden, der den Transport in Auftrag gegebenen hat. Erst ein Erlass aus dem Jahre 1806 lockerte die Rechtsvorschrift und gestattete es auch den Floßmeistern aus dem Oberland, die dort aufgeladenen Güter an München vorbeizuführen, ohne andere Waren in der Residenzstadt aufzunehmen. Das Hauptgeschäft der Münchner Isarflößer lag im Handel mit den tiefer gelegenen Isar- und Donaustädten. Mannigfaltig und begehrt war die Fracht auf ihren Holzschiffen: Felle, Kürschnerware, Kleidungsstücke, Seidenzeug, Filzhüte, Bier, Wein, Obst, Gewürze, Weinbeeren, Pomeranzen, Hirschhorn, Pulver, Kupfer, Galmei (Zinkspat), Glas, Pfeifen zum Musizieren, Schreiner- und Kistlerarbeiten etc. Doch seit die Dampfschiffe auf der Donau bis in den Balkan unterwegs waren, zeigten die Kunden auch Interesse an den Spezereien dieser Länder. Die Münchner Ware verkaufte sich nicht mehr gut. Schließlich hatte sich die Auftragslage so verschlechtert, dass im Jahre 1850 fünf der Münchner Floßmeister ihr Unternehmen aufgaben. Ein Jahr danach ersuchten die anderen fünf um Steuernachlass beim Handelsministerium.

DER EISERNE WEG

Nicht nur die dampfbetriebenen Schiffe auf dem Wasser, sondern auch die zu Lande fahrende Dampfeisenbahn beeinflusste die Mobilität nachhaltig, was schließlich auch die Transportflößerei zu spüren bekam. Die große Zeit der Eisenbahn begann im Jahre 1825, als der erste öffentliche Personendampfzug in England von der Kohlenstadt Darlington zur Hafenstadt Stockton fuhr. Konstrukteur der Lokomotive war der englische Ingenieur George Stephenson, ein Pionier des Eisenbahnwesens. Schon zehn Jahre später wurde 1835 die erste deutsche Dampfstrecke von Nürnberg nach Fürth in Betrieb genommen. Die Lokomotive stammte aus Stephensons Fabrik und wurde vom englischen Lokführer Wilson bedient. Unvorstellbar, benötigte er für die Überwindung der 6,13 km langen Strecke lediglich eine Zeit von nur 15 Minuten! Da konnte ein Floß auf der Isar trotz ihres starken Gefälles nicht mithalten. Für eine Strecke von 8–10 km rechnete man eine volle Stunde bei normalem Pegelstand. Die anfängliche Furcht der Menschen vor dem stählernen, feuerspeienden und rauchenden Dampfross galt der Entgleisung auf dem glatten Schienenstrang. Zudem prophezeiten medizinische Gutachten schlimmste Gesundheitsstörungen wegen des heftigen Rauchs und der Zugluft. Doch das Vertrauen der Bevölkerung in die Technik und die Beherrschung der rasanten Geschwindigkeit wuchs rasch. Im Jahre 1850 war das Schienennetz in Deutschland bereits auf 6.000 km ausgebaut. Die Städte rückten dadurch näher zusammen und das „Reisefieber" brach aus. Im Jahre 1860 eröffnete die bayerische Ostbahn, grenzüberschreitend mit Anschluss an die österreichische Kaiserin-Elisabeth-Westbahn. Die Strecke München-Salzburg-Wien kam auch den Flößern zugute, die beruflich noch bis in die Donaumonarchie unterwegs waren und deren langer

Einphasenlokomotive mit 8 angehängten Güterwagen, beladen mit Floßholz, um 1905, Murnau-Oberammergau. Aus: Bayerland, September 1989 [Bayerisches Wirtschaftsarchiv]

Rückmarsch in die Heimat sich meist auf Schusters Rappen vollzog. Auf dem „eiserne Weg" ging es wesentlich schneller und bequemer nachhause. Vorher mussten allerdings die Auftragsgeschäfte abgewickelt und auch das Floß komplett verkauft sein. Die Eisenbahngesellschaft kam den Flößern mit Fahrpreisermäßigungen entgegen, wenn sie eine Legitimationskarte ihres Heimatortes vorlegen konnten. Ermäßigungen gab es auch für den Transport von Seilen und Floßausrüstung, die nicht ins Abteil mitgenommen werden durfte. Im Jahr 1847 erreichte die Eisenbahn den oberbayerischen Hauptflößerort Tölz an der Isar, und 1898 waren auch die Loisachflößer mit Kochel an das Schienennetz angeschlossen. In den Wirtshäusern entlang der Flößersteige aber wurde es dadurch merklich stiller. Die beste Kundschaft, die gerne auf dem langen Fußmarsch nachhause eingekehrt ist, um auszuruhen oder den Hunger und ihren großen Durst zu stillen, blieb nun aus. Lieber kauften sich die Flößer jetzt eine Eisenbahnfahrkarte für den Heimweg.

Allgemein fand das Reisen mit der Eisenbahn immer mehr Anklang, wogegen die fahrplanmäßigen Passagierfloßfahrten auf der Isar eine rückläufige Entwicklung nahmen. Seit dem Jahr 1623 schon steuerten die Münchner Floßmeister einmal wöchentlich zu festen Zeiten und Preisen das sogenannte „Ordinarifloß" nach Wien. Das auf hoheitliche Anordnung eingesetzte Reisefloß war bei jedermann beliebt, vor allem wegen der günstigen Beförderungspreise. Nur 3 Gulden oder Florentiner kostete die Fahrt nach Wien, 24 Kreuzer nach Landshut und 12 Kreuzer ins nahe Freising. Kinder waren frei. Umsonst durften gelegentlich auch arme Leute mitreisen, die sich auf der langen Fahrt mit Hilfsdiensten bei den Flößern nützlich machten. Doch seit es die schnelle und angenehme Eisenbahnverbindung nach Wien gab, scheuten die Reisenden die Strapazen einer tagelangen Floßfahrt zunehmend. Immerhin dauerte es bis zur Kaisermetropole sechs bis acht Tage. Bei schönem Wetter gewiss eine unterhaltsame Fahrt, schon allein wegen der bunt zusammengewürfelten Gesellschaft. Doch bei Wind, Regen und Kälte konnte es ungemütlich werden auf dem immer feuchten Floß. Zum Schutz vor Nässe, zum Aufwärmen und Trocknen stand den Reisenden gegen Aufpreis eine beheizbare Bretterhütte, sogar mit kleiner Küche, zur Verfügung. Damit sich speziell an solchen Tagen unter den Fahrgästen keine schlechte Laune verbreitete, sorgten die Flößer zur rechten Zeit, dass es etwas zu lachen gab. Augenzwinkernd ängstigten sie junge Mädchen vor dem Passieren gefährlicher Stellen mit ihren Sprüchen. Angeblich würden nur reine Jungfrauen solche Strudelfahrten überleben. Jetzt aber bestünde noch die Möglichkeit auszusteigen. Ehrensache für jedes Mädchen auf dem Floß zu bleiben. Die Unschuldsbeteuerungen waren groß und auch das Trinkgeld für die Flößer. Gerne erzählten sie auch Geschichten vom Donau-Weibchen das ähnlich wie die Loreley am Rhein, Schiffe und Flöße in ihre tiefen Fluten zieht. Besonders an gefährlichen Wasserstellen dürfe der Zorn des Donau-Weibchens nicht herausgefordert werden, da sonst alle verloren wären. Der lustige Höhepunkt einer jeden Wienfahrt aber war doch die „Taufe" eines Neulings, der zum ersten Mal auf dieser Strecke mitreiste. Unterhalb des Strudels von Grein, sobald die große Gefahr vorüber war, begann die fröhliche Zeremonie und steigerte sich fort, bis ein Flößer dem Täufling mit allerlei Sprüchen einen vollgefüllten Wassertopf über den Kopf schüttete.

Dreizehn Jahre lang konnten sich die Ordinari-Floßfahrten von München nach Wien noch neben der Eisenbahn über Wasser halten. Doch 1873 wurden sie wegen zu geringer Auslastung und Unrentabilität von den Münchner Floßmeistern eingestellt.

DIE BAHN DURCHS ISARTAL

Länger als die Münchner Floßmeister konnten sich in ihrem Gewerbe die Flößer aus dem Isarwinkel und auch die Loisach-Flößer halten. Es war dem Wald- und Steinreichtum ihrer Heimat zu verdanken, dass sie weiterhin ihre Frachtschiffe auf Erfolgswellen steuerten. Sie lagen gut im Geschäft durch den Aufschwung der Industrialisierung. Vor allem die Städte benötigten große Mengen an Bau- und Brennmaterial. Im Jahr 1865 kamen rund 10.000 Flöße nach München, wovon etwa ein Drittel davon weiter ins Unterland fuhr. Angesichts dieser gewinnträchtigen Zahlen ist nur zu verständlich, dass die Münchner Floßmeister mitverdienen wollten, nachdem ihre Donaugeschäfte ständig abnahmen. Vergeblich versuchten sie den früheren Rechtszustand eines Monopols wieder herbeizuführen, das nur der Münchner Flößerzunft den Weitertransport von Gütern isarabwärts eingeräumt hatte. Doch Ende des 19. Jahrhunderts mussten sich auch die Flößer aus dem

Der verlassene Thalkirchner Bahnhof, originalkolorierter Holzschnitt von Willi Döhler (1905–1973)
[Nachlass Maria und Karl Lochner]

Oberland ernsthafte Sorgen um ihre Existenz machen, als Prinzregent Luitpold 1890 der Lokalbahn Aktiengesellschaft und Cie. die allerhöchste Konzession für den Bau und Betrieb einer Isartalbahn erteilte. Die Schienentrasse wurde entlang der Isar-Flussstrecke verlegt von München-Süd nach Wolfratshausen. Dampfross und Floß dicht nebeneinander – war das nicht der Untergang der Flößerei? Schon am 27. Juli 1891 konnte die Strecke feierlich eröffnet werden. Zahlreiche Fahrgäste und Schaulustige fanden sich am Thalkirchner Bahnhof ein, der mit bayerischen und deutschen Fahnen geschmückt war. Auch einige Häuser am Ort waren aus diesem Grund beflaggt. Ebenso erschienen freudig gestimmte Einwohner auf allen weiteren Stationen der Isartalbahn. Mit Böllerschüssen und lebhaften Hochrufen wurde der durchfahrende Zug begrüßt. Nach Eröffnung der neuen Strecke zeigte sich jedoch bald, dass der Wasserweg für den Güterverkehr, vor allem für den Holztransport, noch immer der einfachste und billigste war. Dieser Kostenfaktor verschaffte dem ansässigen Floßgewerbe deshalb auch weiterhin seine Berechtigung. Als im Jahr 1909 die Isartalbahn auch noch eine Gleisabzweigung zum linken Ufer der Zentrallände in Thalkirchen verlegen ließ, entstand der perfekte Umschlagplatz vom Wasser auf die Schiene. Die Weiche zur zentralen Floßlände befand sich beim Isartalbahnhof Maria Einsiedel und wurde mit Hand vom Schrankenwärterposten bedient. Mit einer Höchstgeschwindigkeit von 15 km/h dampften und rollten die Güterzüge mit Waggons den Abzweig nach links hinüber zur Lände. Die Schienen führten so dicht an einem Wohnhaus vorbei, „dass der Heizer bei geöffnetem Fenster in die Suppenschüssel schauen konnte", erinnerte sich die Zeitzeugin Mathilde Stecher.

Aus Sicherheitsgründen saß im vordersten Wagen noch ein Bediensteter mit Handglocke, der Signal zu geben hatte. Das Gleis endete nach kurzer Zeit im Bereich der sogenannten „Kohlländ". Dort wartete schon ein Ländarbeiter, der das im Wasser schwimmende Holz mit Hilfe des langen Grieshakens zum „Ganter" heranzog und die Stämme wie bei einem Förderband direkt auf den Güterwaggon kamen. Gegenüber der „Kohlländ", am rechten Ufer der Zentrallände, verrichteten kräftige Pferde diese schweren Zieharbeiten aus dem Wasser. War ein Fuhrwerk mit Stämmen vollgeladen, wurden die Rösser angespannt und hatten den mühsamen Weitertransport auf den Straßen zu übernehmen. Das Holz auf den Güterwaggons dagegen trat seine Reise auf dem inzwischen weit verbreiteten Schienennetz der Reichsbahn an: nach Süd- und Nordbayern, Württemberg, Baden, Hamburg, Sachsen oder an den Rhein. Der Umschlag von der Isar auf die Bahn betrug im Eröffnungsjahr 1909 schon 5.032,5 Tonnen Holz und war im Jahr 1914 auf insgesamt 17.859 Tonnen angestiegen. 1938 löste die Reichsbahn den Fuhrpark der Isartalbahn ab. Heute ist das Anschlussgleis zur Zentrallände zurückgebaut. Die noch erkenntliche Trasse führt durch eine Kleingartenanlage an das linke Ufer der städtischen Floßlände. Dort wurde im Jahre 1953 ein naturnaher Campingplatz eröffnet, der bezeichnenderweise einen Flößer im Logo führt.

DIE SAUBERE ENERGIE

Enorme Mengen an Rohstoff verschlang der täglich wachsende Energiebedarf der Industriebetriebe in den Städten. Weitsichtige Unternehmer suchten deshalb nach anderen Formen der Energiegewinnung. Doch welche boten sich an? In Amerika leuchteten bereits seit 1879 elektrische Glühbirnen des Erfinders Thomas Alva Edison. 1892 ging das erste elektische Kraftwerk in New York City in Betrieb. Elektrizität als Energiequelle schien die neue Lösung der Technik zu sein. Auch im Isartal gab es Pioniere auf diesem Gebiet. Die tatkräftigen Gründer der Isarwerke GmbH Bankier Wilhelm v. Finck, Bauunternehmer Jacob Heilmann und Ingenieur Dr. Johannes Kaempf beantragten bereits im Jahre 1889 die Genehmigung für den Bau einer Wasserkraftanlage zur Stromerzeugung im Isarlauf bei Höllriegelskreuth, in Sichtweite zur Burg Grünwald. Firmensitz der Isarwerke GmbH war Thalkirchen, südlich von München. Der damals vorhandene natürliche Wasserreichtum des Alpenflusses reichte aus, um nicht nur Mühlen, sondern auch Turbinen anzutreiben. Die erzeugte Elektrizität war zur Weiterleitung und Übertragung in die 12 km entfernte Hauptstad München vorgesehen.

Im Jahr 1894 begann das „Drehstrom-Kraftwerk" im Isartal zu arbeiten. Es galt mit einer Maschinenleistung von 2 x 500 PS als das Größte in Deutschland. Noch im gleichen Jahr konnte Thalkirchen mit Strom versorgt werden. „Elektrifiziert" wurden 23 Bogenlampen, 1132 Glühbirnen, 3 Motore mit zusammen 14,5 PS und ein Wärmegerät. Um jahreszeitliche Schwankungen des Isarwassers besser ausgleichen zu können, statteten die Isarwerke im Jahre 1900 das Drehstrom-Kraftwerk noch mit einer Wärmekraftanlage aus, in der zwei Dampfmaschinen bei Bedarf zusätzlich die Turbinen antrieben. Die steigende Nachfrage nach der „sauberen Energie" und die ständige Erweiterung des Stromnetzes erforderten weitere Kraftwerke an der Isar. Es folgten Pullach (erbaut 1900–1904) und Mühltal (erbaut 1922–1924). Bei den Flößern löste der Bau von Kraftwerken nur wenig Begeisterung aus. Die damit verbundenen Veränderungen im natürlichen Isarlauf, die für den Bau von Kraftwerkskanäle und Wehranlagen erforderlich waren, missfielen ihnen sehr. Aber auch die Sorgen um ihren Berufsstand nahmen zu, nachdem die Isar aufgrund der Ableitungen in die Werkskanäle nun auf längere Strecken zu wenig Wasser für die Floßfahrt mit sich führte. Obwohl im Konzessionsvertrag der Isarwerke ein Floßfahrrecht festgelegt wurde, steuerten die Flößer nur widerwillig ihre Holzschiffe durch die trägen künstlichen Wasserstraßen.

Denn während die Fließgeschwindigkeit auf der offenen, freien Isar immerhin 8–10 km/h betrug, trieben ihre Flöße in den Werkskanälen nur mit müden 6 km/h vor sich hin. Vor jedem Stauwehr verringerte sich das Tempo erneut, was die Flöße fast zum Stehen brachte. Besonders schlimm war es am Ickinger Wehr. Hier mussten die Flößer sogar am Kanalufer aussteigen und ihre Baumfahrzeuge an den mitgeführten Drahtseilen

Kraftwerk Pullach im Isartal [Archiv: Helga Lauterbach]

über eine Distanz von etwa 300 m weiterziehen. Dass sie darüber maulten, ist leicht zu verstehen. Insgesamt dauerte der tägliche Transportweg auf dem Wasser bis nach München durch die modernen Wasserbauten nun erheblich länger. Auch der Arbeitstag der Flößer zog sich damit in die Länge und hatte den Nachteil, dass der abendliche Rückreisezug von den Flößern häufig nicht mehr erreicht werden konnte. Als Entschädigung verlangten sie deshalb von den Isarwerken ein Verzögerungsgeld, das von ihnen sogenannte „Ziachgeld". Zu Meinungsverschiedenheiten kam es auch wegen der schmal angelegten, schräg abfallenden Floßgassen bei den Schleusen der Wehranlagen. Sie dienen als Passage zur Überwindung des Gefälles vom Ober- zum Unterwasser. Mit einer Breite von nur 7 m entsprachen sie nicht den Vorstellungen der Floßmeister, die volle 8 m zum Durchfahren oder -rutschen forderten. Da jedoch nach den damals geltenden Vorschriften die Isarflöße nicht breiter als 6,40 m sein durften, lag für die Isarwerke kein Grund für bauliche Veränderungen der Floßgassen vor. Der Führungsspielraum von 60 cm musste einem geübten Fergen zur Durchfahrt genügen. Geschlagen geben wollten sich die Flößer dennoch nicht und die Reibereien mit den Isarwerken häuften sich. Ein „versehentliches" Rammen von Schwimmbaggern im Werkskanal trug zur Entspannung des Verhältnisses nicht gerade bei. Der strittigste Punkt aber war die hartnäckig von den Flößern geforderte Ausgleichszahlung wegen des Aufbringens „erhöhter Muskelanstrengung" durch häufiges zusätzliches Rudern in den träge fließenden Werkskanälen. Die Isarwerke lehnten ein solches Ansinnen stets ab. Erst im Jahre 1933 fanden die Floßmeister in der damaligen Gauleitung Fürsprecher für ihre „Muskeltheorie". Die Isarwerke wurden zur Zahlung einer alljährlichen Pauschalsumme an die Flößer verpflichtet – zum einen wegen Zeitverzögerung und zum anderen wegen der schweißtreibenden Mehrarbeit am Ruder.

„WENN KOMMT DAS WALCHENSEE-PROJEKT ..."

Die Bestrebung Wasserkraft zur Gewinnung von elektrischer Energie zu nutzen, führte nach dem Ersten Weltkrieg zum Bau des gewaltigen Walchensee-Kraftwerks. Über 2.000 Arbeiter und Ingenieure waren in den Jahren 1918–1924 an den Bauarbeiten beschäftigt und wurden (im Zuge dessen) bei den heimischen Einwohnern der Gegend zwangseinquartiert. Mit dem Hochdruck-Speicherkraftwerk am Walchensee entstanden die Grundlagen einer weitläufigen Versorgung des Landes Bayern mit sauberer Energie, verbunden durch die Hochspannungsnetze der staatlichen Bayernwerke AG. Die Leitung dieses Jahrhundertprojektes lag bei Elektroingenieur Oskar von Miller, der damit international endgültig in die Geschichte der Technik einging. Heute noch gilt das Walchensee-Kraftwerk als technische Großtat ohne Vorbild. Zur Durchführung des Projekts bedurfte es allerdings des leistungsstarken Zuflusses der oberen Isar. Das natürliche Einzugsgebiet des Walchensees reichte für ein wirtschaftlich arbeitendes Wasserkraftwerk nicht aus, auch wenn der Abfluss vom See durch die Jachenau mittels Schleuse gesperrt wurde. Die Flößer der Region kämpften dabei um ihre Existenz, da ihnen mit der Ableitung von etwa zwei Drittel an Isarwasser buchstäblich die Grundlage ihres Broterwerbs entzogen wurde.

„Schön ist die grüne Isar, schön ist die Flößerei; Wenn kommt das Walchensee-Projekt, dann ist's mit unser'm G'werb vorbei!", lautete ein Spruch, der auf einem durch Tölz isarabwärts fahrenden Floß als Protest zu lesen war. Das letzte Floß an der oberen Isar wurde 1922 gewässert. Später war die Fluss-Strecke von Krün nach Fall nicht mehr befahrbar. Wegen des Verlustes ihrer Existenzgrundlage erhielten die Flößer zwar eine finanzielle Entschädigung, doch das schmerzliche Entwurzeltsein eines ganzen „Stammes" konnte mit Geld kaum aufgewogen werden.

Ein Stausee mit Wehr wurde in Krün für den Isar-Überleitungskanal zum Walchensee errichtet. Durch den 10 m unter dem Wasserspiegel des Sees, in den Bergfels getriebenen fünf Meter breiten Stollen, fließt das Wasser in das gewaltige Becken des „Wasserschlosses", das ein Fassungsvermögen von 10.000 m³ hat. Durch sechs Druckrohre aus

Stahl, deren Durchmesser so groß sind, dass bequem ein Mensch darin aufrecht stehen kann, gelangt das Wasser aus 801 m Höhe, zum 200 m tieferliegenden Maschinenwerk am Kochelsee. Je höher die Fallhöhe, desto ergiebiger die Stromproduktion.

Nach sechsjähriger Bauzeit ging das Walchenseekraftwerk am 24. Januar 1924 in Betrieb. Das Wasser vom Oberbecken brauste durch eines der 430 m langen Druckrohre hinunter und begann eine Turbine in der Maschinenhalle anzutreiben und sauberen Strom zu erzeugen. In den Monaten danach konnten die weiteren, der insgesamt sechs Turbinen, ihre Arbeit aufnehmen. Mit einer Leistung von 124.000 kWh gehörte das Walchenseekraftwerk damals zu einem der größten Wasserkraftwerke der Welt. Der Mittelwert des gewonnenen Stroms liegt heute bei rund 320 Millionen kWh pro Jahr und versorgt etwa 100.000 Haushalte. Es gilt als eines der größten Hochdruck-Speicherkraftwerke in Deutschland und ist seit 1983 Industriedenkmal. Das für die Stromgewinnung genutzte Wasser der Isar fließt in Fortsetzung durch den Unterwasserkanal direkt in den Kochelsee, durch den auch die Loisach ihren Weg nimmt. Mangels Fließgeschwindigkeit mussten früher die Loisach-Flößer unter großem körperlichem Einsatz ihre Holzgefährte durch den See rudern, was zwei bis drei Stunden dauern konnte. Erst bei Kochel verlässt sie wieder den See in Richtung Benediktbeuern, Penzberg, Beuerberg und Wolfratshausen, um nach 3,5 km in die Isar einzumünden. Doch schon bei Beuerberg wird ein Teil des Wassers über den Loisach-Isar-Kanal ausgeleitet, der beim Bau des Walchenseekraftwerks errichtet wurde, um die zusätzlichen Wassermassen aus dem Flusssystem der Isar an Wolfratshausen vorbeizuleiten und das Hochwasserrisiko zu senken. Im oberen Isartal dagegen fehlt das lebensspendende Nass. Nur ein kümmerliches Rinnsal verblieb durch den Wasserentzug im Flussbett, das bei ausbleibendem Regen ganz vertrocknete und den Flusslauf veröden ließ. Die negativen Auswirkungen des Wasserentzugs zeichneten sich zunehmend im Ökosystem der Naturlandschaft ab. Erneut wurde im Jahr 1950 der Staatsvertrag mit dem umweltfreundlichen Stromlieferanten auf weitere 80 Jahre verlängert.

Um die Isar in einen „kultivierten Wildfluss" zurück zu verwandeln, erteilte 1972 der Bayerische Landtag einen Forschungsauftrag. Zudem führten Proteste der Isarwinkler Bevölkerung, mit denen sie sich vor weiteren Eingriffen in die Wildlandschaft wehren wollten, im Jahr 1974 zur Gründung der wichtigen Notgemeinschaft „Rettet die Isar jetzt". Der 1978 vom Bayerischen Staatsministerium für Umwelt vorgelegte wasserrechtliche Rahmenplan, mit Angaben zur Rückleitung von Isarwasser, führte jedoch erst 1990 mit der Teilrückleitung bei Krün zum ersten Erfolg. Die Restwassermenge von 4,8 m³/s im Sommer und 3,0 m³/s im Winter im Flusslauf der Isar ist bis heute verbindlich. Durch die Aufnahme des Isartals im Jahr 2000 als ein europäisches Flora-Fauna-Habitat von höchstem Rang, erhielt der Alpenfluss neue Bedeutung. Vom Bayerischen Umweltministerium wurde dem Gebiet zwischen Wallgau und Sylvensteinspeicher 2010 das Gütesiegel „Wildflusslandschaft Isar" verliehen, als eines der schönsten Geotope in Bayern. Die unermüdliche Arbeit vieler engagierter Menschen zum Erhalt der Vielfalt in der Natur

WALCHENSEE-ANLEIHE

Anleihe der Aktiengesellschaften
WALCHENSEEWERK · MITTLERE ISAR · BAYERNWERK

Zum jeweiligen Reichsbank-Diskontsatz abzüglich zwei Prozent, jedoch mit höchstens 15 Prozent
und mindestens 7 Prozent verzinsliches Anleihen vom Jahre 1923.
Vom Jahre 1928 ab zum Nennwerte rückzahlbar.

5000 M. 　　　　　　　　　　　　　　　　　**5000 M.**

SCHULDVERSCHREIBUNG

Buchstabe F 　　　　über 　　　　№ 215734

Fünftausend Mark

Die Aktiengesellschaften Walchenseewerk, Mittlere Isar und Bayernwerk in München
schulden unter samtverbindlicher Haftung dem Inhaber dieser Schuldverschreibung

FÜNFTAUSEND MARK IN REICHSWÄHRUNG.

Sie verpflichten sich, diese Summe zum jeweiligen Reichsbank-Diskontsatz abzüglich zwei Prozent für das Jahr, jedoch mit höchstens 15 und mindestens 7 vom Hundert, in halbjährigen – je am 1. März und 1. September – fälligen Teilbeträgen gegen Einreichung der fälligen Zinsscheine zu verzinsen. Die Verzinsung beginnt am 1. März 1923. Die Septemberzinsscheine werden nach Maßgabe des am letzten Tage des vorangegangenen Februar geltend gewesenen Reichsbank-Diskontsatzes, die Märzfälligkeiten unter Zugrundelegung des Reichsbank-Diskontsatzes vom 31. August des vorangegangenen Jahres eingelöst. ☐ Die Schuldverschreibungen werden vom Jahre 1928 an zum Nennwert im Wege der Auslosung oder Kündigung in dem Ausmaße heimgezahlt, daß die gesamte Anleihe bis zum Jahre 1963 zurückgezahlt ist. Die Auslosungen erfolgen im Monat März zum 1. September eines jeden Jahres; mit diesem Tag endet die Verzinsung der ausgelosten Schuldverschreibungen. Das Ergebnis der Verlosungen wird im Reichsanzeiger und im Bayerischen Staatsanzeiger bekanntgegeben. Vom 1. März 1928 ab können die Schuldner verstärkte Auslosungen vornehmen oder auch die sämtlichen, noch ausstehenden Schuldverschreibungen mit einer Frist von 6 Monaten zur Rückzahlung kündigen. ☐ Die Zinsscheine, sowie die ausgelosten und gekündigten Schuldverschreibungen werden durch die Bayerische Staatsbank München und die übrigen Niederlassungen der Bayerischen Staatsbank eingelöst. ☐ Zur Sicherheit der Inhaber der Schuldverschreibungen dient der gegenwärtige und der künftige Besitz der drei Gesellschaften. Die Bayerische Staatsregierung hat auf Grund der ihr vom Bayerischen Landtag mit Beschlüssen vom 28. Januar 1921 und 21. Dezember 1921 erteilten Ermächtigung durch Vertrag vom 1. Februar 1923 die Bürgschaft für Kapital und Zinsen übernommen. ☐ Das Staatsministerium für Handel, Industrie und Gewerbe hat mit Entschließung vom 31. Januar 1923 die Genehmigung zur Ausgabe der Schuldverschreibungen erteilt. ☐ Die Schuldverschreibungen sind im gesamten Gebiete des Deutschen Reichs zur Anlegung von Mündelgeldern geeignet. Mit Min.-Bek. vom 3. Februar und 12. April 1921 wurde die Anlegung von Geldern der Gemeinden und Ortschaften, der gemeindlichen und örtlichen Stiftungen, dann der Kultusstiftungen und der Kirchengemeinden in diesen Schuldverschreibungen gestattet.

MÜNCHEN, den 20. Februar 1923.

Walchenseewerk A. G. ·· Mittlere Isar A. G. ·· Bayernwerk A. G.

Der Vorsitzende des Aufsichtsrates: 　　Der Vorsitzende des Aufsichtsrates: 　　Der Vorsitzende des Aufsichtsrates:

Der Vorstand: 　　　　　　　　Der Vorstand: 　　　　　　　　Der Vorstand:

Zur Walchensee-Anleihe gehörige Zinsscheine. Durchnummeriert von 1–20 (1923–1933)
[Archiv: Helga Lauterbach]

fand Anerkennung und Würdigung. Da die Wassernutzungsrechte für die Isar und ihre Zuflüsse für das Walchenseekraftwerk im September 2030 einer Neukonzession bedürfen, beginnt bereits jetzt der „Kampf" um das Wasser. Zwar stellen die verschiedenen Umwelt- und Naturschutzverbände das Walchenseekraftwerk als umweltfreundlichen Lieferanten freier Energie grundsätzlich nicht in Frage, doch stehen sich heute Ökologie und Ökonomie anders als früher gegenüber. Es gilt neu zu entscheiden, wieviel mehr an Wasser künftig in der Isar und ihren Zuflüssen verbleiben soll, um nach den Vorgaben der in Kraft getretenen Europäischen Wasserrahmenrichtlinie, den geforderten guten ökologischen Zustand der Gewässer zu erreichen. Der jetzige Energiekonzernbetreiber Uniper wird für das Walchenseekraftwerk einen Königsweg finden müssen. Auch für die Passagierfloßfahrten von Wolfratshausen bis München wird dies nicht ohne Bedeutung sein.

TUGENDWÄCHTER IM WALCHENSEE

Viele geheimnisvolle Geschichten ranken sich um den blaugrün schimmernden Walchensee oder Wallersee, wie er früher hieß. Seine Wasser von unergründlicher Tiefe wirken, von Bergen eingeschlossen, bisweilen auch schwarz. Lange Zeit konnte nicht erfasst werden wie tief er wirklich war, denn auf seinem Grund lebte angeblich ein Waller von unvorstellbarer Größe. Der mächtige Fisch, so hieß es, konnte nur eingerollt dort drunten hausen. Seinen Schwanz müsse er im Maul festhalten. Mit Augen so groß und schrecklich wie Feuerräder wache er seit mehr als tausend Jahren über den See und das gesamte Bayernland. Wenn aber einmal Habgier, Unfrieden und Zwietracht unter den Menschen überhandnehmen sollten – so erzählte man – würde er seinen Schwanz aus dem Maul schnellen lassen und voll Wucht den Felsenriegel des Kesselberges durchschlagen. Eine große Flutwelle würde sich dann über das Land ergießen und gen München ausbreiten. Die bayerischen Kurfürsten ließen deshalb jedes Jahr von einem Kahn aus, einen geweihten goldenen Ring im Walchensee versenken, um den Tugendwächter in der Tiefe gnädig zu stimmen. Zur Abwendung des unvorstellbar entsetzlichen Unglücks wurde täglich in der ehemaligen Gruftkirche zu München eine heilige Messe gelesen. Auch die Weihe des goldenen Ringes fand dort statt, der einmal jährlich zur Sühne dem Waller im See überlassen wurde. Lange Zeit vermuteten die Menschen, dass der tiefe See mit dem Weltmeer in Verbindung stünde, da er im Jahre 1755 heftig tobte und brauste, als Lissabon durch ein großes Erdbeben zerstört wurde. Aber auch zu anderen Zeiten stürmte und schäumte er so hoch auf, als ob er sein Felsenbett in heftiger Wut zersprengen möchte.

Bayerische Landtafeln,
Philipp Apian, 1568.
Ausschnitt Isar zwischen
Bad Tölz und Walchensee
[Archiv: Helga Lauterbach]

ZUSAMMENSCHLUSS IN DER NOT

Nach dem Bau des Walchensee-Kraftwerks konnte eine gewerbsmäßige Flößerei auf der Isar erst wieder ab Vorderriß (809 m ü. M.) betrieben werden. Denn dort traf der breite wilde Rißbach aus dem Karwendelgebirge auf das ausgetrocknete Bett der Isar und füllte es reichlich mit Wasser an. Als hier früher noch die Oberlandflößer aus Mittenwald den Ort passierten, hieß es höllisch aufpassen beim Zusammentreffen von Isar und Riß. „Da hats manch'n Floß verrissen!", erzählten sie gerne scherzhaft. Die Gefahrenstrecke mit steilen Felswänden entlang der Isar aber zog sich weiter bis hinunter nach Lenggries (700 m ü. M). Die Fahrt vorbei am Hennenköpfle, der Langen Wand und durch die Faller Klamm beim Sylvenstein verlangten den Männern eine gewaltige Portion an Mut und

Aus dem Fuhrpark des Sägewerks Moralt [Sammlung: Josef Willibald]

Kraft ab beim Steuern ihrer beladenen Transportflöße. An der Isarböschung bei Vorderriß erzählt heute noch ein Marterl vom nassen Tod zweier junger Flößer, die sich mit waghalsigem Sprung vom auseinanderbrechenden Floß ans Ufer retten wollten:

> Zum Gedenken / Nicht weit von hier starben am 1.6.1926 / als Opfer ihrer Berufstreue im Tode vereint / in der Blüte ihrer Jugend 22 und 24 Jahre / die beiden Flößer / Kaspar Oettl / Josef Bichlmair / Vergeßt uns wenigstens ihr nicht / unsere Freunde, denn in der Mitte unserer Tage / mußten wir eingehen ins Totenreich.

Die Flößer waren sich der drohenden Gefahr bei ihrer Arbeit wohl bewusst. Trotzdem liebten sie ihren Beruf. Von klein auf mit dem Wasser verbunden, hatten sie das nötige Zutrauen und die Kraft, mit schwierigen Situationen fertig zu werden. Auch Unglücksfälle konnten sie nicht abhalten, immer wieder ein Floß auf dem Wasser hinunterzuführen. Mit Leib und Seele waren sie dem anstrengenden Flößerleben verschrieben. Sie hofften weiterhin auf gute Auftragslage und einen entsprechenden Platz im modernen Wirtschaftsgefüge, auch wenn die Floßfahrt nach dem Kraftwerksbau erst wieder ab Vorderriß betrieben werden konnte. Doch seitens der Behörden tauchten plötzlich vorher nie gekannte Schwierigkeiten auf, „daß es jedem einzelnen Flößer nicht mehr möglich war, dieselben alleine zu meistern", protokollierte Floßmeister Georg Willibald im Jahre 1929. Der Wunsch, sich in einem Verband zu organisieren wurde deshalb immer stärker, „um leichter die Hemmungen, Schikanen und was alles der Flößerei zuwider läuft gemeinsam mit den massgebenden Behörden zu schlichten und zu regeln". Schließlich kam es am 18. September 1929 beim Altwirt in Lenggries zur Gründung des Flößerei-Interessenten-Verband Isar-Loisachtal, in Anwesenheit von 50 Flößern und eines Landtagsabgeordneten. Moralisch und juristisch durch den Verband gestützt, gingen sie voll Zuversicht auch gleich zur Sache, wann immer es galt ihr Gewerbe zu vertreten. Vor allem eine neue Floßordnung lag ihnen am Herzen, da seit Erbauung des Walchensee-Kraftwerks die alte nicht mehr durchführbar war. Nach einjähriger Verbandstätigkeit waren die vereinigten Floßleute vom Isar- und Loisachtal sehr zufrieden mit dem bisher Erreichten. Sogar die alte Kampfeslust blitzte wieder auf, wenn es um die Vertretung ihres vermeintlichen Rechtes ging. „Auch wir wollen nicht gerade streitsüchtig sein, sondern nach Möglichkeit nach Einigung trachten, wenn es aber nicht anders geht, werden wir jederzeit unsere Rechte zu wahren wissen", hielt Vorstandsmitglied Xaver Taubenberger zur Jahreswende 1930/31 fest. Dennoch ließ sich das Rad der Zeit nicht länger aufhalten. Die Kraftfahrzeuge mit Benzinmotor entwickelten sich seit 1883 zu funktionstüchtigen Modellen, die auch für Landwirtschaft und Schwertransport verwendbar waren. Ein „Bulldokverkehr" sollte 1931 auf den Distriktstraßen Lenggries-Fall und Jachenau zugelassen werden, wogegen sich der Verband heftig wehrte. „Für die Flößerei wäre dies ein bedeutender Schaden und würde langsam, aber sicher deren Untergang auf dieser Strecke herbeiführen, zumal auch das Walchenseewerk den Achsenverkehr mit allen Mitteln fördern würde, um von der Abgabe des Zuschusswassers befreit zu sein". Gemeint war die Abgabe von Wasser aus dem Walchensee durch Öffnung der Schleuse zum Jachen, seinem natürlichen Abflussbach, der in die Isar mündet. Zu Triftzeiten war das Werk verpflichtet Wasser in den Jachen abzugeben, damit die in der Jachenau gefällten Holzstämme im angefüllten Fluss bis hinunter zur Isar bei Langeneck getriftet werden konnten. Zwei Jahre später beleuchtete Floßmeister Georg Willibald, der Vorsitzende des Flößerei-Interessenten-Verbandes Isar-Loisachtal, die momentane Lage des Gewerbes und ermutigte die Zugehörigen, dass sie „trotz aller Not nicht mutlos werden" und „treu zur Fahne halten" sollten, dann wird die Flößerei „nie untergehen. Denn der Wasserweg ist und bleibt der billigste und es wird auch wieder die Zeit kommen, wo man unser Holz nicht nur im Rheinland wünscht, sondern auch wieder in München". Das Jahr 1937 aber drängte die Floßfahrt in eine andere Richtung. Wegen drohender Auflösung des Verbandes oder Überführung in die Reichsverkehrsgruppe, Gruppe Binnenschifffahrt, Fachuntergruppe Flößerei, beschlossen die Mitglieder sich mit genannter Verkehrsgruppe in Verbindung zu setzen…

Nach dem Zweiten Weltkrieg, in dem viele Flößer ihr Leben fürs Vaterland lassen mussten, schloss sich der ehemalige Flößerei-Interessentenverband Isar-Loisachtal mit dem 1865 gegründeten Holzarbeiterverein zum Holzhacker- und Flößerverein Lenggries zusammen.

Postkarte von Floßrutsche am Wehr beim Papyrer, 1940 [Foto: Josef Weiß, Archiv: Helga Lauterbach]

D' ISAR

I bin de Tag durchs Zwieselghölz
Staad awi drentahal vo Tölz.
A'n Tol drunt hots an Steig vermurt
Und d' Isar hot da druntn gsurt,
und auffagfunkelt hot s' so grea,
I ho mi gfreit. Ah, de is schea!
So kimm i hintre bis auf Fall,
da hot s' scho no den bessern Drall.
De Flößa han i aa zuagschaut,
wia s' g'arbat ham. Des hot ma taugt.
Na san s' dahi auf eahre Floos.
De zaachn Deifi, de hams los!

Dia moanst, etz rumpelns auf an Stoa,
und allwei komma s' wieda z' toa,
und draahn si durch die gachste Schnölln
des san scho ganz verwogne Gsölln!
I ho ma denkt: es paßts ja zsamm,
und solle Kerl muaß d' Isar ham;
an andra kaam mit der it zweng.
O mei, die Gaudi mecht i sehgn,
bal sie it mog und er it ko,
die braucht halt aa den rechtn Mo
A Frauenzimmer is s', a rass' –
Bal s' oana zwingt, der hot sein G'spaß.

Aus „Bairisch Herz", von Mundartdichter Max Dingler, 1883–1961

FLÖSSERHAKEN KREUZT BISCHOFSSTAB

Wappen von Krün   Wappen von Wallgau

Obwohl sich durch den Bau des Walchensee-Kraftwerks die ursprüngliche Landschaft im Oberen Isartal äußerlich stark veränderte und sich in den Dörfern neue Wirtschaftsstrukturen bildeten, hielten die Gemeinden an ihren historischen Wappen fest. Nichts wurde daran verändert oder zugefügt. Die vergangene Zeit lebt weiter in den Wappen von Krün und Wallgau durch die Symbolik von Isarwellen und Flößerhaken. Sie erinnern an jene Jahrhunderte, als die Flößerei für das wirtschaftliche Leben dieser Orte von ausschlaggebender Bedeutung war. Im Krüner Wappen verweist die auf Rot dargestellte goldene Mitra mit abhängenden Bändern auf Freising, das ebenfalls die Farben Rot und Gold im Wappen trägt. Seit dem 14. Jahrhundert gehörte Krün zur Hochfürstlichen Freysingischen Grafschaft Werdenfels und unterstand somit dem Fürstbischof. Den Menschen erging es unter dem Landesherrn nicht schlecht, denn der Handel zwischen Bayern und Italien blühte nicht nur wegen des Etsch-Weines. Doch erst die im 15. Jahrhundert gegründete „Nasse Rott" sorgte für eine geregelte Transportflößerei auf der Isar und brachte Wohlstand in die Region. Aussagekräftig steht der Flößerhaken im Krüner Wappen für dieses einst bedeutende Handwerk.

Als Universalwerkzeug konnte die lange kräftige Holzstange, mit ihrem Haken und Widerhaken aus Eisen, zu vielen Arbeiten verwendet werden. Am häufigsten wurde der Flößerhaken benutzt, um die langen im Wasser schwimmenden Holzstämme heranzuziehen. Im Wappen kreuzt er sich mit einem silbernen Abtstab. Er wird Kloster Benediktbeuern zugeschrieben, dessen Wappenfarben Silber und Rot tragen. In Krün besaß das Kloster grundherrschaftliche Rechte, die Verfügungsgewalt über Grund und Boden. Die Mönche rodeten einst den Wald und machten das Gebiet urbar. Als Abt Narzissus von Benediktbeuern im Jahre 1491 seine Grundherrschaft an das Hochstift Freising verkaufte, war der Fürstbischof als Landesherr auch zum Grundbesitzer von Krün geworden. Die Bauern zahlten ihre jährlichen Abgaben nun an ihn. Auch im Wappen von Wallgau kreuzt sich der Flößerhaken mit einem Abtstab und weist auf die historische Verbindung mit Kloster Benediktbeuern hin, das auch hier vergütert war. Die Hauptfarben Rot und Gold erinnern wiederum an die Hochfürstliche Freysingische Grafschaft Werdenfels, zu der Wallgau bis 1802 zählte. Der goldene Dreiberg und der blaue Wellenbalken im Wappen drücken die geographische Lage als Ort im Gebirge und an der Isar aus. Viele Floß- und Fuhrleute kamen hier vorbei. An einer Fernroute gelegen, die nach Italien führte, ist Patron der Wallgauer Kirche der Pilgerheilige Jakobus. Sein Attribut einer silbernen

Hausmalerei in Wallgau [Foto: Renate Heimler]

Pilgermuschel ist im Wappen gut sichtbar. Seit dem 18. Jahrhundert verkehrte über Wallgau die Postkutsche, die auch Johann Wolfgang von Goethe auf seiner Reise nach Italien nahm.

„NASSE ROTT" IN MITTENWALD

An der wichtigen Handelsstraße aus Italien gelegen, entwickelte sich der Ort Mittenwald zum bedeutenden Knotenpunkt für den Umschlag der Kaufmannsgüter aus Venedig und der Levante, den Küstenländern des östlichen Mittelmeeres. Der Handelsweg bis Mittenwald war beschwerlich. Steile Gebirgspässe mussten mit Hilfe aufgepackter Saumtiere und Karren überquert werden bevor über Zirl, Seefeld, Scharnitz der Ort Mittenwald erreicht war. Am Markt wurden die Waren niedergelegt und durch die einheimischen Fuhrleute weiterverfrachtet. Das Speditionswesen Mittenwalds war durch den Verein der bürgerlichen Fuhrleute, der sogenannten Rott, seit langem bestens organisiert. Die Rottfuhrleute hatten die Aufgabe, die ihnen anvertrauten Kaufmannsgüter auf den Straßen zum Bestimmungort weiterzubefördern. Doch die wachsende Zunahme des Italien-Handels führte dazu, dass die einheimischen Rottfuhrleute nicht mehr ausreichten. Sie errichteten deshalb im Jahre 1407 ein zusätzliches Rottfuhrunternehmen auf dem Wasser, der am Ort vorbeifließenden Isar. Die „Nasse Rott" stieß bei den Kaufleuten bald auf großes Interesse, da die auf dem Wasserweg verführten Güter vor den Überfällen der zahlreichen „Placker" geschützt waren, welche an Straßen den Rottfuhren auflauerten. Die Floßmeister stellten ihrerseits dementsprechend harte Bedingungen, verbunden mit hohen Frachtkosten. Den Städten aber war, vor allem Nürnberg, so viel an der Wasserrott gelegen, dass sie im Jahr 1431 auf Errichtung einer regelmäßigen Isar-Floßfahrt ihrer Güter drängten, die vom Fondaco dei Tedeschi, dem Deutschen Handelshaus in Venedig, kamen.

Die bayerischen Herzöge Ernst und Wilhelm setzten sich ein und ließen zugleich den Frachtlohn festschreiben, dass nämlich von dem Saum Trockengut 15 Kr., von dem Saum Blei oder Öl 14 Kr., für Wasserstallung 1 Kr. bezahlt, Hüter zu den Flößen bestellt werden und die Kaufleute Kaufrecht, die Floßleute Floßrecht haben sollten. Zu einer festen Wasserrott-Ordnung kam es jedoch erst im Jahr 1450. Nach München kostete die Lieferung von 1 Saum Trockengut nun „18 kr. und nit mehr". Neu dazu kam die Vorschrift, dass von jedem Weinfloß drei Maß Trinkwein für die Floßmeister zu stellen sind. Eine goldene Zeit für Mittenwald begann mit der Verlegung des Bozener Marktes, dem früheren Hauptstapelplatz für italienische Exportware. Stolze Venetianer Kaufleute suchten nach einem Streit mit der Regierung nach einem anderen passenden Ort und entschieden sich für Mittenwald, das nicht allzu weit von Italien entfernt liegt. Hier hielten sie von 1487 bis 1679 den sogenannten „Bozener Markt" ab, und verkauften die „welschen" Waren. Das Angebot war mannigfach: Gewürze, Südfrüchte, Ballen mit Baumwolle, Pfeffersäcke in großer Anzahl, Büschel Filetseide, Säcke mit Johannisbrot, Säcklein mit Safran und Ingwer, Ballen mit Schreibpapier, große Schachteln mit Konfekt, Borten, Schleier, roter und schwarzer Samt, Schachteln mit Zitronato, Ölfässer, Fässer mit Feigen, Zucker, zahllose Eimer mit Welsch- und Etschwein ...

Wenn die Floßmeister der Nassen Rott einen Frachtauftrag erhielten, so hafteten sie persönlich für die ihnen anvertrauten kostbaren Güter. In Fässern und Kisten verpackt war das Frachtgut vor Nässe auf dem Floß geschützt. Unbeschädigt und unverdorben musste es am Bestimmungsort abgeliefert werden. Jeder Floßmeister hatte gewissenhaft für das rechtzeitige Eintreffen und für Schonung der Ware zu sorgen. Während ihrer Arbeit auf dem Floß sollten sie „sich darzu mit Essen und Trinken nicht überfüllen". Bei Nacht oder starkem Nebel durfte nicht gefahren werden. Am Sonntag und „um Unser Lieben Frauen- oder Apostelfest" mussten die Flöße bei Strafe still liegen. Bevor ein Flößer wertvolle Kaufmannsgüter befördern durfte, musste er Erfahrung im Gewerbe und Können auf dem Floß nachweisen. Denn die obere Isar zeigte sich in ihrem Lauf von Mittenwald bis Lenggries ganz besonders wild. In der auf Pergament geschriebenen Handwerksordnung der Floßleute vom 12. März 1627 ist der berufliche Werdegang vom Floßmann

Warentransport auf der Isar. Gobelin-Gemälde von Paul Ecke, 1926
[Bayerisches Wirtschaftsarchiv]

bis zum Floßmeister festgelegt. Die Anzahl der Floßmeister wird auf 20 beschränkt. Erst wenn ein Meister „abgeleibt" ist, kann ein anderer nachrücken. In den strengen Ausbildungsvorschriften heißt es:

Nach einem Jahr Floßfahrt mit eigenen Gütern (Schindeln, Lärchenholz, Kalk, Steinen) wird der Floßmann als Steurer aufgenommen. Kosten: 1 Pfund Wachs für den Gottesdienst und 10 kr in die Handwerkskasse. – Ein geschickter Steurer *(=hinten am Steuerruder)*, der auch ein Floß binden und die Ruder zurichten kann, wird Drittferge *(=vorne am Ruder)*. Kosten: 1 Pfund Wachs für den Gottesdienst und 18 kr für die Handwerkskasse. – Der taugliche Drittferg, der ein Floß bereiten und führen muss, wird rechter Ferge. Kosten: 4 Pfund Wachs für den Gottesdienst und 24 kr für die Handwerkskasse. – Floßmeister kann nur ein verheirateter Flößer werden, wenn er einen ehrbaren Namen hat und in Mittenwald „mit eignem Rucken angesessen" ist. Kosten: 4 Pfund Wachs für den Gottesdienst und 1 Reichtstaler für die Handwerkskasse.

Zum Floßmeister brachte es auch Karl Weineisen aus Mittenwald, der nebenbei noch Gastwirt in Gries war. Sein Sohn Karl, genannt der „Schaper-Karl", war wie sein Vater ein „Flößla" solange es ging. Seine Erzählungen aus dem Flößerleben um 1900 sind in der Heimatkundlichen Stoffsammlung Isargau nachzulesen. Es gab zu dieser Zeit in Mittenwald noch etwa ein Dutzend Flößer. Einige von ihnen fuhren mit Kalk- und Kreideflößen bis nach Ungarn. Schon als dreizehnjähriger Bub baute Karl mit seinem Vater in Scharnitz an der Tiroler Grenze Holzflöße zusammen oder oberhalb der Isarbrücke an der Innsbrucker Straße beim Flößerdenkmal. Oft schon im März standen sie im eiskalten Fluss mit ihren bis zur Hüfte reichenden ledernen Wasserstiefeln. Bis in den Dezember waren sie unterwegs und hatten bis zu 40 Fahrten im Jahr. Die Flöße waren 7 m breit und bis zu 21 m lang, manchmal auch mit Scheitholz beladen. Es fuhren gleichzeitig immer fünf bis sieben Flöße ab, damit die Männer sich einander helfen konnten. Gemeinsam ging es leichter ein festgefahrenes Floß wieder flott zu machen oder abgerissene Floßstämme einzufangen. Eine harte und gefährliche Arbeit war das schon, aber die Flößer verdienten gut. Für eine Fahrt erhielt jeder Mann 14 Mark von seinem Floßmeister und freie Verpflegung. Der Appetit nach der anstrengenden Arbeit war groß. In Tölz machten sie meist Station. Das Abendessen – „Suppe, Fleisch, Braten, Brot und Bier genug, Schlafen und früh wieder Fleisch und Bier, kostete zusammen 2,50 Mark. Zwoaradreiß'g gsottene Eier hom a Markl koscht!" Als um 1900 in Mittenwald Brettsägen gebaut wurden, blieb kaum Holz mehr zum Flößen übrig. Der Schaper-Karl fuhr als Ferge im Jahre 1905 das letzte Floß nach München. Vereinzelt gab es später noch Personenflöße, aber der Bau des Stausees bei Krün brachte die Mittenwalder Isarflößerei endgültig zum Erliegen. Karl Weineisen starb hochbetagt im Jahre 1959 als der letzte Flößer von Mittenwald.

»Hochfürstliche Herrschafft Mittenwaldt«, um 1700, neu gemalt von A. Kromer, 1885
[Fremdenverkehrsamt Mittenwald]

BITTGANG DER MITTENWALDER FLÖSSER

Für das aufblühende Mittenwald wurde um das Jahr 1450 ein eigener Ländhafen für den Floßtransportbetrieb der „Nassen Rott" angelegt. Das Ländbecken, auch „die Alter" genannt, mit einem Ausmaß von 50 m Länge und 16 m Breite, wurde vom Isarkanal gespeist. Die Anlage befand sich unterhalb der Flößerkirche St. Nikolaus, die urkundlich im Jahre 1447 von den Floßleuten zu Ehren ihres Schutzpatrons gestiftet wurde. In einer späteren Urkunde von 1493 sind der Rat und die Richter aus Mittenwald als Stiftsherrn der Messe St. Niklas genannt. Reparaturen am gotischen Gewölbe und an der Seitenmauer mussten 1672 vorgenommen werden. Einen neuen Choraltar fertigte der Mittenwalder Kistler Andreas Jais und das Choraltarbild mit St. Nikolaus malte der Innsbrucker Johann Hartwig. „Demnach bei diesem Gotteshaus kein Kirchturm vorhanden gewest und einen solchen als Notdurft erachtet", kam es in der Folge auch zum Turmbau. Im Jahr 1728 erhält der Turm einen „Zopf" und wird zum Doppelzwiebelturm. Es herrschte früher reges Leben am Ländhafen in Mittenwald, wenn die mannigfachen Waren auf die Flöße verladen wurden und reisewillige Menschen auf eine Mitfahrgelegenheit warteten. Endlich voll beladen, kam der Moment des Abschiednehmens. So mancher der Flößer oder auch Mitreisende mag vor Antritt der Floßfahrt noch zum Schutzpatron gebetet haben. Zwar galt der Wasserweg im Hinblick auf die Überfälle sicherer als die Landstraße, doch die Isarstrecke selbst von Mittenwald bis München war keineswegs ungefährlich. Tücken und Gefahren lauerten auf dem Wasser, steile Klippen und Felswände, Schluchten und Klammen im Flussbett. Zwölf Stunden dauerte die Floßfahrt bei Normalwasser bis München. Bei glücklicher Ankunft empfanden die Mitreisenden die gleiche Dankbarkeit wie die Flößer. Als zweiter Schutzpatron wurde der 1729 heiliggesprochene Johannes von Nepomuk von den Floßleuten verehrt. An der Ländschleuse bei der Alter errichteten sie dem Brückenheiligen eine Kapelle. Dort baten sie vor Abreise um gute Fahrt und gesunde Rückkehr. Jeweils am 16. Mai, dem Namenstag des Heiligen, hielten die Mittenwalder Flößer dorthin ihren Bittgang für die Verstorbenen und Verunglückten der Isarflößerei. Sie beteten auf dem Weg von der Pfarrkirche bis zur Nepomuk-Kapelle andächtig den Rosenkranz. Auch die Krüner und Wallgauer Floßleute nahmen am Bittgang teil. Im frühen 19. Jahrhundert kam mit Beginn der Säkularisation der religiöse Brauch zum Erliegen. Die Kapelle existiert heute nicht mehr und auch das Ländbecken ist mit der Isarregulierung verschwunden. Doch in der Pfarrkirche St. Peter und Paul wurden zum dortigen Nepomuk-Altar weiterhin verschiedene Dank- und Bittgänge der Floßleute abgehalten. Als Stifter des Nepomuk-Altars in der rechten Seitenkapelle gilt der Mittenwalder Gastwirt und Handelsfaktor Johann Karner. In der Pfarrkirche befindet sich außerdem in der Kreuzkapelle der „Wundertätige Herrgott unterm Turm", zu dem an hohen Festtagen auch die Flößer und Fuhrleute aus der Mittenwalder und Tiroler Gegend wallfahrteten. Eine große Verehrung brachten sie der Gottesmutter Maria entgegen, der sie sich bei höchster Lebensgefahr mit einem Versprechen verlobten. Längst wurde in Mittenwald das Floßhandwerk von dem des Geigenbauens abgelöst. Doch immer noch ist auf Menschen zu treffen, die vieles über das alte Flößerleben zu erzählen wissen.

ST. JOHANNES NEPOMUK VORM HAUS

Einige Umzüge hat er schon mitgemacht, der geschnitzte Heilige in seiner Nischenkapelle, bevor er zum jetzigen Standort gebracht wurde, bei der Isarbrücke in Mittenwald an der Abzweigung zur Leutasch-Klamm. Früher einmal war er seinen Besitzern näher, als sich die Nepomuk-Kapelle noch beim Haus am dortigen Mühlbach befand, von dessen Existenz nur mehr ein altes Mühlrad Kunde gibt. Schon vor 280 Jahren kam die Nepomuk-Figur in das Eigentum der Familie Seitz, die mit dem Erwerb von Grund, Haus und Kapelle links der Isarbrücke auch den geschnitzten Brückenheiligen in ihre Obhut nahm. Die kleine Kapelle errichteten einst die Mittenwalder Flößer, denn auch dort an der Isar-

Nepomuk-Kapelle in Mittenwald [Foto: Peter Seitz, »Sagle Peter«, Mittenwald]

brücke bauten sie ihre Flöße zusammen oder ländeten an, wenn sie auf der noch jungen Isar von Scharnitz herunterkamen. Mit kurzem Gebet vor der Abfahrt baten sie den Schutzpatron um Fürsprache für ein gutes Geleit. Die lebensgroße Figur des Brückenheiligen wurde aus einem Stück Holz im Ötztal geschnitzt. Vom unbekannten Künstler erhielt er sein typisches Aussehen mit Priestergewand, Birett, Palmzweig, Kruzifix und Sternenkranz. In seiner steinernen Nischenkapelle mit eiserner Gittertür ist St. Johannes Nepomuk gut vor Verwitterung geschützt. Seit Generationen haben die Frauen aus der Gegend damit begonnen, dort zu seinem Festtag am 16. Mai einen abendlichen Rosenkranz zu beten. Daraus ergab sich der ungeschriebene Brauch, dass die Eigentümer für angemessenen Blumenschmuck sorgten und die umliegenden Nachbarn die Kerzen stifteten.

Auch als der Heilige wegen Straßenbaumaßnahmen einige Jahre seines Daseins am Rande der stark befahrenen Innsbrucker Straße fristen musste, hörte das Rosenkranzbeten nicht auf. Allerdings waren die Besitzer genötigt, den staubigen Nepomuk vor jedem Ehrentag erst einmal gründlich zu reinigen. Am liebsten benutzte Mutter Seitz dazu Salatöl, „weil er nachher so schön glänzt". Liebevoll rieb sie die Holzfigur von oben bis unten damit ein bis St. Johannes Nepomuk wieder ein würdiges Aussehen hatte. Das konnte Stunden dauern. Beim gemeinsamen Rosenkranzgebet am Festtag ließen sich die an der Kapelle versammelten Frauen in ihrer Andacht durch nichts stören. Obwohl sie ohne polizeiliche Straßenabsperrung bis auf die Fahrbahn der Innsbrucker Straße standen, nahmen sie keinerlei Notiz vom Verkehrsaufkommen. Ihre Köpfe blieben andächtig gesenkt, auch wenn sich Fahrzeuge der frommen Gruppe näherten. Nur vorsichtig oder gar nicht war es möglich an den betenden Frauen mit Rosenkranzperlen in Händen vorbeizukommen. Auch als die Flößerei in Mittenwald dem Ende zuging, konnte dies der Verehrung des Flößerpatrons nichts anhaben. Nach wie vor trafen sich die Frauen zum Rosenkranz-Gebet an der Nepomuk-Kapelle. Erst mit dem Tod von Mutter Seitz ist auch der alte Brauch eingeschlafen. Doch ihr Sohn Peter, der noch mit St. Johannes Nepomuk vorm Haus aufgewachsen war, übernahm auch weiterhin das liebevolle Aufrichten mit Buchenstauden, Blumen und Kerzen zum Ehrentag. Vieles ging ihm dabei durch den Kopf. Zwölfmal war es als Kind ins nahe Wasser gefallen und einmal hat ihn seine unglückliche Schwester mit dem Kinderwagen hineingeschoben. Doch der Schutzpatron hat ihn jedes Mal vor dem Ertrinken gerettet. Da ist die Beziehung zum Heiligen schon eine ganz besondere geworden und die Gebete an ihn nehmen sich wie eine persönliche Zwiesprache aus. Unvergessen blieb für ihn wie St. Johannes Nepomuk einmal selbst in große Gefahr geriet, als ihm betrunkene Fallschirmspringer die Finger abschlugen. Diesmal half die Familie dem Heiligen und ließ ihn trotz hoher Kosten vom Restaurator wieder „gesundpflegen". Bis zu seinem Tod im Dezember 2012 hätte Peter Seitz den Schutzpatron in einer Nische direkt am Wohnhaus gehabt, doch die kleine Nepomuk-Kapelle ist mittlerweile ein Teil des Ortsbildes geworden, liebevoll gepflegt von Lore Seitz.

Sanct Johann von Nepomuck / Las uns dein hilf erfahren, / Treib der Feunden macht zurück / Wan sie uns wollen schaden. / Gebet aus dem 18. Jahrhundert.

HEILIGER KORBINIAN
AUF ISAR UNTERWEGS

Ein Spaziergang durch die Gassen Mittenwalds entlang der herrlich bemalten Häuser und Gebäude ist gleichsam ein Spaziergang durch die Geschichte des Ortes. Wie ein aufgeschlagenes Bilderbuch präsentieren Lüftlmalereien die historische Vergangenheit. Der „Bozener Markt", Kaufleute, Händler, Beamte, Reisende, Handwerker, Holzhacker, die Flößer auf der Isar, Geigenbauer, Landschafts- und Tierszenen, Fahnenträger, die Heilige Familie, Schutzpatrone und Madonnen sind in bunter Freskomalerei an den alten Hausfassaden zu bewundern. Auch St. Korbinian mit seinem Bären ist darunter, jener Heilige der im 8. Jahrhundert durch sein religiöses Wirken das Fundament für die Gründung des Bistums Freising gelegt hat. Im Bischofsornat mit Mitra, Stab und Evangelium ist der Schutzpatron des Bistums dargestellt. Laut seiner Vita kam er Ende des 7. Jahrhunderts im damaligen Frankenreich bei Arpajon, südlich von Paris, zur Welt. Schon in jungen Jahren zog er sich in die Einsiedelei nahe seinem Geburtsort zurück. Bald wurde sie zur Pilgerstätte vieler Menschen, die den Gottesmann sehen und sich seinem Gebet empfehlen wollten.

Um mehr Ruhe zu finden, verließ Korbinian noch vor dem Jahr 715 die Einsiedelei in Richtung Rom. Nahe dem Grabe von Apostel Petrus wollte er unerkannt leben und beten bis zu seinem Tod. Doch Papst Gregor II. hatte andere Pläne mit ihm. Er holte den Widerstrebenden aus der Einsamkeit und weihte ihn zum Bischof. Mit Missionsauftrag zog er als Glaubensbote in die Gebiete nördlich der Alpen. Als Wanderbischof verkündete er die Botschaft des Evangeliums, obwohl er von sich selbst den Eindruck hatte für das Amt ungeeignet zu sein. Um das Jahr 720 erreichte Bischof Korbinian die älteste Stadt an der Isar „Frigisingo", in der es bereits einer Marienkirche gab. Vom Burgberg aus beherrschte der bayerische Herzog Grimoald das Land. Er war es der den Bischof gerufen hatte das Christentum zu verkünden. Bald wurde vor der Herzogpfalz der erste Gottesdienst gehalten. Beim Festmahl kam es jedoch zum Eklat, weil die Herzogin kein Stückchen Brot für die Arme geben wollte, aber ihren geliebten Jagdhunden die besten Speisen zuwarf. Korbinian riss das Tischtuch mit den Speisen und den Trinkgefäßen von der Tafel und verließ wutentbrannt den Raum. Auch das Zusammenleben des Herzogpaares in unrechtmäßiger Ehe war eine Tatsache, die Bischof Korbinian nicht akzeptieren konnte. Er forderte Herzog Grimoald auf, sich von Piltrudis zu trennen. Um einem rachsüchtigen Mordanschlag der Herzogin zu entgehen, flüchtete Korbinian in die Einsiedelei bei Meran. Erst vier Jahre später kehrte er unter dem neuen Herzog Hugibert nach Freising zurück. Wenige Jahre später starb Bischof Korbinian am 8. September 725. Seine Gebeine im goldenen Schrein ruhen in der Krypta des Mariendoms. Sein Grab ist Mittelpunkt der Glaubensgeschichte des Bistums München und Freising.

Zunterer-Haus, mit Lüftlmalerei von Heinrich Bickel, Obermarkt, Mittenwald [Archiv: Waltraud Zunterer]

Korbinianslanze [Archiv: Waltraud Zunterer]

Die Legende erzählt, dass Korbinian auf dem Weg zum Papst nach Rom beim Überschreiten der Alpen auf einen Bären traf. Das wilde Tier brach aus dem Unterholz hervor und tötete das Lasten tragende Pferd. Korbinian sprach einen Segen, worauf auf wundersame Weise der Bär plötzlich zahm wurde. Er ließ sich willig das Gepäck aufladen und trug die Reiselast weiter bis nach Rom. Auf Korbinians Rückweg nach Bayern ließ er in den Wäldern von Mittenwald den treuen Bären wieder laufen. Der Heilige ging im Anschluss direkt hinunter zur Isar, breitete seinen Mantel auf das Wasser aus und fuhr auf demselben glücklich flussabwärts bis nach Freising. Die Lanze aber, mit der Korbinian den Bären angetrieben hatte, ist heute noch beim Bäckermeister Zunterer in Mittenwald zu finden. Die Fassade des Hauses am Obermarkt schmückt seit 1945 eine Lüftlmalerei von Heinrich Bickel mit folgender Inschrift: „Anno Do. DCCXXIV als dieses Haus noch eine kleine Klause MITTEN IM WALDE war, weilte hier St. Korbinian zu einer kurzen Rast." Sein Geschenk, ein prächtiger Stab, wird heute noch in diesem Haus verwahrt und hoch in Ehren gehalten.

ST. NIKOLAUS – DER FRÜHE SCHUTZPATRON DER FLÖSSER

Wohl kaum ein Heiliger ist so bekannt und „beschäftigt" wie St. Nikolaus. Nicht nur als großer Kinderfreund tritt er am 6. Dezember alljährlich in Erscheinung, sondern agiert auch als Schutzpatron vieler Menschen und Berufsstände: Bäcker, Müller, Metzger, Weber, Apotheker, Kaufleute, Brückenbauer, Juristen, Reisende, Pilger, Schüler, Jungfrauen, Gebärende, Schiffsleute und Flößer verehren ihn und vertrauen ihm ihre Nöte an. Sogar Städte und Länder, wie das weite Russland, stellen sich unter seinen Schutz. Sankt Nikolaus gehört auch zu den Vierzehn Nothelfern unter den katholischen Heiligen, die als Heilbringer und Helfer angerufen werden können, seit der „Schwarze Tod" so grausam viele Menschenopfer gefordert hatte.

Dargestellt wird St. Nikolaus meist als Bischof mit Stab, Mitra und Inful, Rauchmantel und Chorrock, die rechte Hand zum Segen erhoben. Häufige Attribute sind das Evangelium, drei Goldkugeln, auch Ähren und Anker oder er ist als segnender Begleiter in der Nähe von Schiffen und Flößen zu finden. Am 6. Dezember, seinem Todestag, wird der Heilige verehrt, da sein Geburtsdatum nicht sicher überliefert ist. Sein Leben zeichnete sich durch Milde und Güte aus. Die vielen hilfreichen Werke der Nächstenliebe ließen ihn durch die frommen Erzähler bald zum Volksheiligen werden. Nikolaus wurde im 4. Jahrhundert in einem kleinen Dorf bei Myra (heute Demre) geboren. Die Landschaft ist dort an der Küste Kleinasiens gebirgig und steil zum Meer abfallend. Nach einer Legende setzte er schon als neugeborenes Kind seine Umgebung in Erstaunen: „S. Niclas als er geboren ward, und am ersten gebadt war, stand er auff und das geschah im Ersten Bad." So erzählt es die gotische Inschrift unter einem seltenen Gemälde, das den Heiligen als nackten Neugeborenen darstellt. Das Bild zeigt die Geburtsstube und eine Hebamme, die gerade in einem „Wandl" den kleinen Nikolaus badet, der sich selbst aufgerichtet hat und freihändig im Wasser steht. Die Malerei mit dem selten zu findenden Motiv gehört zur Nikolauskirche in Farchach, nahe dem Starnberger See.

Wie aus einer weiteren Legende bekannt ist, war er das Kind rechtschaffener Eltern und wünschte sich von klein an, als einsamer Mensch in der Wüste zu leben. Sein Onkel, der Bischof von Myra, weihte ihn zum Priester und machte ihn für einige Zeit zum Vorstand eines Klosters. Nach dem Tod seines Onkels begab sich Niklaus auf Wallfahrt in das Heilige Land. Zu seiner eigenen Überraschung wurde er nach Rückkunft in Myra zum dortigen Bischof ernannt. Er liebte die Menschen und half besonders den Armen und den in Not geratenen, die ihrerseits nicht müde wurden von seinem guten Herzen zu erzählen. Viele Legenden haben sich daraus entwickelt wie diese wohl bekannte von den drei goldenen Kugeln:

Ein armer Vater konnte seine drei Töchter nicht mehr ernähren und erst recht keine Aussteuer für sie beschaffen. Da warf Nikolaus den Mädchen nachts drei Äpfel aus purem Gold in die Stube. Nun stand einer Heirat dank der ansehnlichen Mitgift nichts mehr im Wege. Andere Erzähler wussten, dass die Goldklumpen durch den Schornstein ins Haus gelangten und sie dabei in die zum Trocknen aufgehängten Strümpfe der Mädchen fielen. Eine weitere Legende spricht von der Hungersnot in Kleinasien. Bischof Nikolaus selbst organisierte von weit her Getreide und Früchte für die Hungernden seiner Stadt und brachte sie mit dem Schiff nach Myra. Dabei soll sich der Teufel unter die Kornsäcke geschlichen haben, um das Getreide zu verderben. Doch Nikolaus schlug das Kreuz über ihn und seitdem musste der schwarze Gesell dem Heiligen dienen. Vom mitgebrachten Getreide ließ der Bischof für die hungerleidende Bevölkerung gutes Brot backen. Ihm zu Ehren werden deshalb heute noch in vielen Ländern die „Spekulatius-Plätzchen" um den Nikolaustag gebacken. Auch die Seeleute wussten vieles über den Bischof von Myra zu berichten, der am Hafen Matrosen aufsuchte, ihnen aus der Bibel erzählte, seelischen Beistand gab und sie notfalls auch mit Essen speiste. Am 6. Dezember 343 n. Chr. verstarb der wohltätige Bischof Nikolaus. Er gehört zu den wenigen frühchristlichen Heiligen, die nicht den Märtyrertod erleiden mussten. Schon bald begannen viele Gläubige aus dem Land an sein Grab zu pilgern, das sich in der Kirche von Adalia befand. Auf wundersame Weise soll sich in einer Vertiefung des Sarkophags „heiliges Wasser" gesammelt haben, dem Heilkraft nachgesagt wurde, wenn man die erkrankten Körperteile damit benetzte. Über Jahrhunderte hielten vier Mönche am Grab des beliebten Heiligen Wache, wiesen die Pilger ein und versorgten das am Kopfende des Sarkophags brennende Ewige Licht mit Öl. Später wurde die Kirche zur Nikolaus-Basilika vergrößert. Der Nikolaus-Kult verbreitete sich weiter in der griechischen und russischen Kirche. Im 9. Jahrhundert erreichte er Rom und Unteritalien. Fanatisch gläubige italienische Kaufleute raubten schließlich im Jahre 1087 die Gebeine des Bischofs von Myra und überführten sie nach Bari in Süditalien, wo sie heute noch in der Krypta der dortigen Nikolaus-Basilika ruhen. Bari wurde dadurch zum großen Wallfahrtsort und Abertausende von Pilgern bewegten sich schon kniend und betend um das Marmorgrab des Heiligen. Durch die Kreuzfahrer gelangte die Nikolausverehrung endlich auch in unsere Heimat. Zahlreiche Kapellen und Kirchen, meist in Flussnähe gelegen, stehen unter seinem Patrozinium. Die Schiffer und Flößer erwählten den am Wasser geborenen und dort wirkenden Bischof von Myra zum persönlichen Schutzpatron bei Wassergefahr.

Auf dem Zunftbanner der Wolfratshauser Flößer, das Graf Berthold III. im Jahre 1159 gestiftet hatte, war St. Nikolaus bereits abgebildet. Auch die späteren Flößerfahnen im Oberen Isartal und Isarwinkel zeigen häufig den Heiligen. Nikolaus-Bruderschaften wurden als religiöse Vereinigung mit sozialer Zielsetzung gegründet. Die Lenggrieser Floßleute schlossen sich zur „Nikolai-Floßleute-Versammlung" zusammen, eine der ältesten Vereinigungen der dortigen Gegend. Sie hatte das religiöse Ziel, Gott zu bitten und zu danken für eine glückliche Floßfahrt und Abwendung von Todesgefahr mit Hilfe ihres

Wasserpatrons. Das Lob- und Dankamt war auf Montag nach Heilig-Drei-König festgesetzt. In der Lenggrieser Kirche St. Jakob befindet sich eine Tragstange mit Nikolaus-Figur, die noch von der alten Bruderschaft stammt. Die große Verehrung des Schutzpatrons kam auch durch bunte Freskomalerei mit Nikolaus-Abbildungen an Mühlen oder nahe am Wasser gelegenen Häusern zum Ausdruck. Einige sind bis heute noch entlang der Isar und Loisach zu finden. Den Flößerkindern aber stattet der heilige Nikolaus wie allen anderen braven Kindern am 6. Dezember seinen Besuch ab. Solange sie noch klein sind, kommt er persönlich in die Stube. Später legt ihnen der Kinderfreund ein „rupfernes" Sackerl oder ein paar Welschnüsse vor die Tür.

ST. JOHANNES NEPOMUK – DER BRÜCKENHEILIGE

Zu den populären Heiligen im süddeutschen und österreichischen Raum, die nicht nur innerhalb der Gotteshäuser anzutreffen sind, gehört St. Johannes Nepomuk. Die ihm zu Ehren aufgestellten Statuen gehören zum vertrauten Anblick an Flussufern, Bächen, Teichen und vielen Brücken. Ein auffälliger Heiliger, dessen Haupt meist mit einem Lichterkranz von fünf Sternen umgeben ist. Die kleinen Sterne bedeuten jeder für sich einen Buchstaben, die zusammen gelesen das lateinische Wort „Tacui" – „Ich habe geschwiegen" – bedeuten soll. Nach der Legende wurde der gefolterte und in die Moldau gestoßene Märtyrer als verklärter Leichnam ans Ufer getrieben und diese Stelle von himmlischem Licht mit Sternen erhellt.

Geschwiegen bis in den Tod. Johannes von Nepomuk brach das Beichtsiegel nicht, dem er als Priester verpflichtet war. Besonders Königin Sophie schätzte ihn als Beichtvater. Als bayerische Prinzessin wurde sie 1389 dem jähzornigen König Wenzel IV. von Böhmen angetraut. Als ihr Gemahl Auskunft über den Inhalt der abgelegten Beichte seiner Frau verlangte, konnten weder Schmeicheleien noch Bestechungen Johannes von Nepomuk dazu verleiten einen Treuebruch zu begehen. So ließ der tyrannische Herrscher durch „peinliches Verhör" nachhelfen. Am 20. März 1393 übergab er ihn seinen Folterknechten. Entkleidet und am Streckgalgen hochgezogen, wurde Johannes mit Fackeln gebrannt, ohne ihm jedoch das Beichtgeheimnis entlocken zu können. Nachts wurde der Sterbende gefesselt von der Steinernen Brücke in Prag in die reißende Moldau gestürzt und ertränkt. Im Sommer des gleichen Jahres herrschte große Trockenheit im Lande, was die Menschen als Gottesurteil für das ungeheure Geschehen empfanden. Der Prager Erzbischof Johannes von Jenzenstein schrieb in seinem Bericht an den Papst über die Vorkommnisse

Darstellung im Aufnahmeformular der „bürgerl. Herren Land- und Holzmeister" zu München [Archiv: Alfred Schittler]

um Johannes von Nepomuk bereits von einem „heiligen Märtyrer". Doch schon bei der Geburt von Johannes Welflin, wie er eigentlich hieß, ereigneten sich der Legende nach merkwürdige Dinge. Über seiner Wiege soll ein himmlisches Flammenzeichen geleuchtet haben.

Als Sohn des Stadtrichters Welflin kam Johannes um 1350 im kleinen Marktflecken Pomuk oder Nepomuk bei Pilsen in Südböhmen zur Welt. Während einer schweren Erkrankung in Kinderjahren soll ihn die heilige Muttergottes errettet haben. Als das erste eigene Wunder wurden die von ihm gemalten Bilder an den Außenwänden seines Elternhauses aufgefasst, die weder durch Witterung noch durch Menschenhand zerstört werden konnten. Mit etwa 30 Jahren empfing Johannes die Priesterweihe. Er studierte an der Universität von Prag und Padua das Kirchenrecht, war Lehrer der Theologie und ein ausgezeichneter Prediger. Zum Generalvikar des Prager Erzbischofs wurde er 1389 ernannt und damit zu einem der höchsten Würdenträger der Kirche. Die einfache Bevölkerung vergaß er darüber nicht. Im Gegenteil, er stellte sein Wissen über Recht und Gesetz kostenlos den Armen zur Verfügung. Kranke, Witwen und Waisen versorgte er mit Almosen. Selbst beim unberechenbaren König Wenzel legte er für die Hofbediensteten ein Wort ein, wenn der Herrscher im Zornesausbruch zu weit ging und er Befehl gab, den Koch, der einen Kapaun hatte anbrennen lassen, selbst am Spieß zu braten.

Sein Mut und die Gottestreue, sich nicht zum gewissenlosen Werkzeug des autoritären Herrschers machen zu lassen, brachten ihn schließlich den Märtyrertod, der gleichzeitig Anfang einer neuen religiösen Verehrung wurde. Sein Grab auf dem Hradschin in Prag zog die Menschen aus dem Volk an. Die von vielerlei Nöten Geplagten wandten sich an den Märtyrer. Vor allem gegen üble Nachrede und Verleumdung soll Johannes von Nepomuk geholfen haben. Aufgrund eines 1683 abgelegten Gelübdes in Todesgefahr bedankte sich Freiherr von Wunschwitz für die erteilte Hilfe mit einer großen Bronzestatue zu Ehren des Märtyrers. Sie wurde in der Mitte der Karlsbrücke in Prag aufgestellt. Der junge Bildhauer Johann Brokoff legte Johannes von Nepomuk priesterliche Kleidung an, mit langem Rock und spitzenbesetztem Chorhemd, mit Schulterumhang und Birett. Sein Haupt ist von einem Strahlenkranz mit fünf Sternen umgeben. Seine rechte Hand hält einen Palmzweig, das Attribut der christlichen Märtyrer; in der linken umfängt er ein Kruzifix mit dem gekreuzigten Christus. Diese frühe Darstellungsform wurde von vielen späteren Künstlern übernommen.

Als erste Figur auf der Prager Brücke war sie gleichzeitig Zündfunke für weitere Statuen auf zahlreichen Brücken im ganzen Land. Zunehmend wuchs die breite Verehrung sowohl im einfachen Volk als auch unter Fürsten, Adeligen und geistlichen Würdenträgern. Das führte im Jahr 1721 zur Seligsprechung und aufgrund eines Wunders 1729 endlich zur Heiligsprechung des Märtyrers. Sankt Johannes Nepomuk wurde zum Schutzpatron des böhmischen Landes erhoben. Seinem Patronat unterstellten sich Priester, Beichtende, Sterbende, Reisende zu Wasser und zu Land, Kaufleute, Müller, Schiffer, Wasserarbeiter. Er wurde weit über die Grenzen hinaus als guter und getreuer Priester verehrt und auf vielen Gemälden mit anderen Heiligen dargestellt. Auch die Flößer vertrauten sich St. Johannes Nepomuk an, dem „Brückenheiligen". Zahlreiche Brücken mussten sie bei ihren Fahrten passieren. Dabei konnte es schnell zu Unglücksfällen kommen, wenn das Floß an einen Brückenpfeiler stieß und auseinanderbrach. Brücken waren deshalb gefürchtet bei den Flößern. Ihrem neuen Schutzpatron begegneten sie immer häufiger als Statue auf zahlreichen Brücken. Bald schon gehörte es zum Zeremoniell, vor dem Heiligen ehrfurchtsvoll den Hut zu ziehen, bevor sie unter der Brücke durchfuhren.

Johann von Nepomuk, ein Zier der Prager Bruck; / der du hast müssen hier dein Leben schließen / im Moldaufluß! / Dein Nam ist wohlbekannt im ganzen Böhmerland, / der du jederzeit der Verschwiegenheit / ein Meister bist. / Du als Rosenrot, lieblich allzeit vor Gott, / wenn die Augen mir brechen und der Mund will sprechen / so steh bei mir. / Amen, das werde wahr, daß mein Zung immerdar / ohne End kann sagen: Johann liegt begraben / im goldnen Dom zu Prag.

Altböhmisches Wallfahrtslied

JOHANNI-BRÄUCHE

Zuerst in Böhmen entwickelte sich im 18. Jahrhundert eine neue Erinnerungskultur des Gedenkens an den Märtyrer Johannes von Nepomuk, dessen verklärter Leichnam ans Ufer der Moldau getrieben wurde, erhellt von himmlischem Licht mit leuchtenden Sternen. Jeweils am Vorabend seines Namensfestes ließen „Illuminationen" an viele Brücken den Namen des Heiligen auf Transparenten erglänzen. Kinder sangen Lieder über die „schwimmenden Lichtlein auf dem Strom". So beginnt auch ein böhmisches Lied aus dem Jahre 1820. Diesen romantischen Zauber des frühsommerlichen Lichterschwemmens konnte sich weder Jung noch Alt entziehen. Auch die Flößer nahmen ihn in Form einer Wasserprozession in ihr Brauchtum auf. Als eigenständige „Johanni-Floßfahrt" hielt sie im Alpenland Einzug. Bei abendlicher Dämmerung wurde auf geschmücktem Floß die Nepomuk-Statue ein Stück auf der Isar oder Loisach hinuntergefahren. Jeder Flößerort gestaltete die Fahrt ein wenig anders. Aber alle waren bemüht für ein schönes Schauspiel zu Ehren ihres Schutzpatron St. Johannes Nepomuk zu sorgen.

„Seit dem 16. Mai 1875 führten die Flößer von Lenggries die Johannisfloßfahrt durch", ist in einer Publikation der Gemeinde zu lesen. „Ein prächtig mit Kränzen, Blumen und brennenden Kerzen geschmücktes Floß, in dessen Mitte erhöht die Statue des Heiligen mitgeführt wurde, schwamm die mit vielen festlich gekleideten Flößern besetzte Floßtafel bei hereinbrechender Dunkelheit von Wegscheid zur Lenggrieser Isarbrücke. Die Musikkapelle spielte dazu ernste und heitere Weisen, während ringsum auf den Bergen überall Feuer aufflammten." Die Tölzer Floßleute wiederum veranstalteten ihre feierliche Johannisfloßfahrt schon am 15. Mai, dem Vorabend des eigentlichen Namensfestes. Auch ihre Flöße hatten Musik dabei, waren tannengeschmückt und feenhaft beleuchtet.

Die Loisach-Flößer aus Wolfratshausen dagegen scheinen bei der Johanni-Floßfahrt besonderen Wert auf ein großes Feuerwerk gelegt zu haben. Nach einer Kostenrechnung aus dem Archiv der Floßmeisterinnung betrugen die Ausgaben für „Feuerwerk Mk. 107,–", während die weiteren Posten wie „Pechfackeln Mk. 6,–/ Pulver Mk. 3,– / Kerzen Mk. 2,80 / nochmals Kerzen und Petroleum Mk. 1,50", kaum zu Buche schlugen. Gelegentlich scheint die Johanni-Floßfahrt aus verschiedenen Gründen auch ausgefallen zu sein. Das Wolfratshauser Wochenblatt berichtet am 27. Mai 1885: „Nach neunjähriger Unterbrechung ist heuer in Wolfratshausen wieder die Floßfahrt zu Ehren des hl. Johann Nepomuk gewesen. Lange vor Beginn derselben war die Brücke dicht besetzt vom schaulustigen Publikum, war es doch Vielen etwas Neues und Niegesehenes und Manchem eine alte Erinnerung. Mit Ungeduld erwartete man den Anfang, da es schon allmählich zu regnen anfing. Endlich hörte man den Knall von Schüssen und sah von weitem die Lichter des ersten Floßes, auf welchem die Musik ihre fröhlichen Weisen ertönen ließ. Dann stieg eine Rakette zu Himmel und man sah auch die Lichter des zweiten Floßes, welches

Johanni-Wasserprozession Wolfratshausen zu Ehren des Brückenheiligen am Abend des 15. Mai 1964
[Foto: Bernd Ritschel]

die Statue des hl. Johannes von Nepomuk mit sich führte, umgeben von Blumen und Gesträuchen und von Kerzenlicht und bengalischem Feuer beleuchtet. Als das Floß ganz in Sicht und der Brücke immer näher kam, war es wirklich ein prächtiger Anblick: die Beleuchtung, das glänzende Feuerwerk und alles dieses durch Strahlen im ruhig fließendem Wasser der Loisach vervielfacht. Das Floß fuhr durch die Brücke, deren Durchfahrt durch Lampions angezeigt war. Unterhalb derselben drehte er sich und blieb mitten im Wasser stehen, um das Feuerwerk noch ganz abzubrennen. Richtig stiegen die Raketen in die Höhe und der glänzende Sprühregen verdoppelte sich im Wasser. Leider hatte der Himmel kein Einsehen; denn es regnete dazu in Strömen. Auch von Seite der hiesigen Glasfabrik fand eine Beteiligung hiebei durch Fahrzeug und Feuerwerk statt. Trotz des starken Regens hielt das Publikum geduldig aus und ging lobend, bewundernd und zufrieden nach Hause." – Die letzte Wasserprozession in Wolfratshausen wurde 1910 von den Floßleuten durchgeführt.

Erst im Mai 1994 nahm die Stadt Wolfratshausen die alte Tradition wieder auf, anlässlich des neu errichteten Kastenmühlwehrs mit Floßgasse. Ministerpräsident Edmund Stoiber nahm als Ehrengast daran teil.

ST. MARIA THALKIRCHEN – WALLFAHRTSSTÄTTE AN DER FLOSSLÄNDE

Im Münchner Süden lädt nahe der Isar seit mehr als 600 Jahren die der heiligen Jungfrau Maria geweihte Wallfahrtskirche zum Gebet. Durch ihre erhöhte Lage auf einem kleinen Bühel links der Isar ist sie vor Überschwemmungen gut geschützt. Schon seit die Schäftlarner Mönche dort eine kleine Marienkapelle errichtet hatten, zog es Gläubige an den einsamen Ort im Tale vor den Toren Münchens. Nach der Diözesanbeschreibung von Bischof Konrad III. gehörten dem Pfarrbezirk Thalkirchen im Jahre 1315 bereits sechs Filialen an: Solln, Pullach, Neuhausen, Schwabing, Nymphenburg, Mitter- und Untersendling. Zur ersten Vergrößerung der Marienkapelle kam es durch ein Gelübde aus dem Jahr 1372, das die beiden Grafen Wilhelm und Christian von Fraunberg zu Haag der Jungfrau Maria abgelegt hatten, als sie bei einer Fehde mit den Augsburgern in Verfolgungsnot gerieten und den reißenden Isarstrom heil überqueren und entkommen konnten. Zwei große Gemäldetafeln mit bildhafter Darstellung des Gelübdes blieben der Wallfahrtskirche über all die Jahrhunderte erhalten.

Dieß Gotteshaus im schönsten Flor – / stieg 1372 hier empor. / Durch Grafen von Frauenberg als er hier war – / Mit seinen Kriegern in Gefahr. / Es wurde erbaut zu Mutter Gottes Ehr – / Weil sie mit Sieg gekrönt das Bayer'sche Kriegesheer.

„Wahre Abbildung der Wunderthätigen Mutter Gottes zu Thal Kürchen nebst München" [Pfarrachiv St. Maria Thalkirchen, München]

Während der Regentschaft Herzog Albrecht III. des Frommen von 1438–1460 schenkte dieser ein in Silber gefasstes Kreuzpartikel an die Pfarrei St. Maria Thalkirchen, was den bereits bekannten Wallfahrtsort für Gläubige noch attraktiver machte. Als schließlich 1482 die „wundertätige Mutter Gottes zu Thalkirchen" ihre Gestalt annahm, die dem Ulmer Bildhauer Michel Erhart zugeschrieben ist, nahm die Wallfahrt einen erneuten Aufschwung. Die Marienfigur mit Jesuskind wurde Hoffnung und Trost spendendes Ziel für Tausende von Wallfahrern, auch adeligen Geschlechts. Der spätere Kurfürst Maximilian I. pilgerte schon mit sieben Jahren mit seinem Erzieher nach Thalkirchen. Mit ihren Anliegen kamen nicht nur Pilger aus München, die den knapp eine Stunde dauernden Fußweg nahmen. Auch die Floßleute aus dem Oberland suchten ihn auf, lag er doch nur ein paar Schritte vom Ländplatz in Thalkirchen entfernt.

Weil eine befestige Lände fehlte, steuerten sie die Ausbuchtung unterhalb des Maria-Einsiedel-Mühlbachs an und warfen Hackerpfeil mit Eisenschuh auf das Ufer um ihre Flöße zu verankern und anzuleinen, die mit Holz, Kalk, Gips oder anderen Gütern beladen waren. Regelmäßig hielten sie an dieser Stelle an, denn anschließend folgte eine gefährliche Passage bei den Überfällen, die sich schräg über das Flussbett der Isar erstreckten. Die Situation erforderte das ganze Können der Männer auf dem Floß. Es kam nicht sel-

Prozessionsstandarte der Ehrsamen Zunft der Floßleute von München, 1860. [Foto: Bjarne Geiges]

ten zu tragischen Unglücken. So wurde es ein Flößerbrauch, vor Passieren der Überfälle ehrfurchtsvoll den Hut zu ziehen und ein kurzes Stoßgebet um himmlischen Beistand loszuschicken.

Angesichts dieser ständigen Gefahr um Leib und Leben schlossen sich die Floßmeister von Isar und Loisach im Jahre 1863 zusammen. Bei der „hohen Regierung" wurden sie „unterthänigst gehorsamst vorstellig" wegen des Mangels einer ordentlichen Lände in Thalkirchen. Im Jahr 1864 ließ die königliche Regierung diese außerhalb der Stadt München gelegene Lände errichten und „hat keine Kosten gescheut, die Floßleute in dieser Beziehung zufrieden zu stellen, insbesondere ein eigenes Gebäude für einen Ländaufseher dortselbst hergestellt und einen Ländaufseher besoldet, welcher den ankommen Flößern beym Länden behilflich ist".

Der festgelegte Platz war „bey Thalkirchen oberhalb der Überfälle, eine vollständig gut eingerichtete Lände am linken Ufer ... mit einem Anländeplatz von circa 1400 Fuß Länge ... Der Ländplatz liegt an einer guten Straße, welche nach Thalkirchen, Maria Einsiedel und andererseits nach München führt, und ist derselbe von den Flößen leicht anzufahren und zu erreichen". In die nahe gelegene Wallfahrtskirche aber drängte es die Flößer aus Dankbarkeit, wenn trotz massiver Gefahr die Fahrt auf der Isar wieder einmal gut verlaufen war. Wertvolle Erinnerungsstücke aus der Blütezeit ihres Handwerks befinden sich im Kirchenraum, darunter zwei kunstvoll verzierte Zunftstangen mit den geschnitzten Flößerschutzpatronen St. Nikolaus und St. Johannes Nepomuk sowie die Prozessionsstandarte der „Ehrsamen Zunft der Flossleute". Diese wichtigen religiösen Requisiten der Zunft wurden dem Zunftmeister anvertraut, der auch die Zunftlade mit den Urkunden, der Geldbüchse und den Rechnungsbüchern aufbewahrte. Noch vor seinem Tod 1926 vermachte Innungsmeister Josef Dosch Zunftstangen und Flößerfahne der Wallfahrtskirche. Auf der Vorderseite ist St. Nikolaus mit Bischofsmütze und drei goldenen Kugeln dargestellt. Er soll sie nach der Legende drei armen Mädchen heimlich durchs Fenster geworfen haben.

Der Bischof befindet sich von Wolken und Engeln umgeben und blickt beschützend auf das unter ihm fahrende Floß. Es handelt sich um ein Ordinari-Floß mit beheizbarer Schutzhütte, das von vier Flößern geführt wird. Zwei Reisende sitzen auf der Bank im Freien. „Ordinari" stammt aus dem Lateinischen und bedeutet „die Regelmäßigen", womit die fahrplanmäßig verkehrenden öffentlichen Reiseflöße von München nach Wien gemeint waren. Die Rückseite der Flößerfahne zeigt vermutlich St. Johannes Nepomuk, der jedoch ohne seine übliche Kopfbedeckung dargestellt ist. Der Brückenheilige schwebt ebenfalls in den Wolken, allerdings über einem Warenfloß mit Hütte, in der sich die Flößer auf einer Feuerstelle warme Mahlzeiten zubereiten konnten, wenn sie tagelang mit der geladenen Fracht auf dem Wasser unterwegs waren. Wenn es die Ladung zuließ, nahmen sie gelegentlich auch Passagiere mit, wie auf der Abbildung dargestellt.

Im rechten Seitenaltar von St. Maria Thalkirchen findet sich ein weiterer Bezugspunkt zu St. Johannes Nepomuk. Die Figur des Märtyrers und Brückenheiligen ruht für alle sichtbar in einem Glassarkophag. Die Wallfahrt zum Gnadenbild der wundertätigen Muttergottes zu Thalkirchen blüht heute noch, vor allem in der Zeit des „Frauendreißigers". Damit sind jene segensreiche dreißig Tage zwischen Maria Himmelfahrt (15. August) und dem Fest der Kreuzerhöhung (14. September) gemeint. Jeden Nachmittag wird am festlich erleuchteten Rokoko-Altar das Allerheiligste ausgesetzt und feierlich mit den Pilgern der Rosenkranz gebetet. Nach alter Tradition kann dabei ein vollkommener Ablass erteilt werden. Im Jahre 1780 gewährte Papst Pius VI. an Sankt Maria Thalkirchen für die Zeit des Frauendreißigers dieses Privileg. Mit Auflegung des Kreuzpartikels wird jeder Wallfahrer am Ende der Andacht gesegnet.

Die Wirtshäuser in Thalkirchen hielten für die hungrigen Pilger nach Labung der Seele die nötig gewordene Labung des Leibes bereit. Beim Alten Wirt gegenüber der Kirche gab es während der Ablaßzeit die berühmten Thalkirchner Bratwürste. Die bayerischen Ablaßwürste waren etwa 15 cm lang, wurden in der Pfanne braun gebraten und lagen geschmacklich zwischen Rostbratwurst und Schweinswürstl. Auch andere Schmankerl sowie Kaffee mit Zwetschgenbavesen standen auf der Speisekarte. Mit Altmünchner Musik unterhalten, konnte das wallfahrende Volk den Nachmittag in Thalkirchen ausklingen lassen. „Bei der Mutter Gottes in Thalkirchen ist das Wirtshaus vorzüglich", hieß es im Volksmund schon seit alters her.

Hat man durch Gebet und Reue / seine Seele belebt aufs Neue – / hier, da löscht man seine Dürste, / ißt ein Dutzend Ablaßwürste. / Volksmund

Bis heute zählt der traditionelle Frauendreißiger am Gnadenort St. Maria Thalkirchen zu den wichtigsten religiösen Ereignissen im Jahr, was gut an dem mit Fahnen und Blumen geschmückten Gotteshaus zu erkennen ist. Hunderte von Wallfahrer besuchen während der dreißig Tag die Kirche und nehmen an den täglichen Andachten mit Kreuzpartikelauflegung und Segnung teil. Eine Pilgermesse mit Krankensegnung ist am Freitag. An den Wochenenden werden vom Stadtpfarrer Kirchenführungen angeboten. Während des Frauendreißigers ist auch das Ordinari-Modellfloß beim Altarumgang aufgestellt, welches der Flößer-Kulturverein München-Thalkirchen e. V. als Dauerleihgabe der Pfarrei überließ. Im Pfarrgarten findet nachmittags beim „Wallfahrer-Treff" ein Devotionalienverkauf statt. Die Eröffnung des Frauendreißigers beginnt festlich mit der „Thalkirchner Muttergottes-Messe", die vom Schäftlarner Musikdirektor Evermod Groll (1756–1809) komponiert wurde. Mit einer langen Lichterprozession geht der Frauendreißiger jeweils am 14. September am Marienwallfahrtsort feierlich zu Ende.

WALLFAHRTEN DER ISAR- UND LOISACHFLÖSSER

Wenn auf Isar und Loisach die Flöße wieder heruntertreiben, ist das Frühjahr da. Meist sind es 18 m lange Fichtenholzstämme, die zu einer schwimmenden Floßtafel zusammengebunden sind. Das Ganze stabilisieren Querstangen, die sogenannten Aufbundrochen. Die eingeschlagenen Eisenkeile mit Querdorn, Schnallen genannt und Drahtschlingen, als Strempfen bezeichnet, halten die Floßstämme fest zusammen. Das Floßmachen ist eine eigene Kunst. Von einer Generation zur nächsten wird das Wissen weitergegeben. Vorne und hinten braucht ein Floß mindestens ein Ruder, das in einen geflochtenem Weidenring an der Rudersäule eingehängt wird. Am Hauptruder vorne steht der Ferge, sein scharfes Auge immer aufs Wasser gerichtet. Hinten bedient der Styrer das Steuerruder, wobei er sich nach dem Fergen vorne zu richten hat.

Zu den ersten Fahrten im Jahr, wenn sich die Natur wieder entfaltet, beginnt in den Orten entlang des Flusses die Zeit der Bittgänge und Prozessionen. Zünfte, Vereinigungen, Männer, Frauen, Kinder sind unterwegs zu Wallfahrtszielen in der näheren Umgebung. Seit 1531 war es den Münchner Floßmeistern erlaubt am Himmelfahrtstag für die Wallfahrer vom Heiligen Berg Andechs ein eigenes Floß zu stellen. Aus frommer Tradition oder wegen eines persönlichen Anliegens sind die Menschen dabei. Sie bitten um gutes Gedeihen der Feldfrüchte, um Vermeidung schwerer Unwetter, Verhütung von Überschwemmungen. Oft in heimatlicher Tracht gekleidet, geben sie dem Wallfahrtszug ein feierliches Ansehen, was durch die Kreuz- und Fahnenträger noch verstärkt wird. Auch Flößer sind darunter, die leicht zu erkennen sind an den hohen Stöpselhüten, dem kurzen blauen Janker mit Silberknöpfen und der Kniehose mit dem breitem Bauchgürtel, den sie „Geldkatz" nennen. Auffallend sind die blonden unter ihnen, die meist aus der Krüner und Wallgauer Gegend stammen.

Die Floßleute schlossen sich gerne den verschiedenen lokalen Wallfahrten an, denn ihr Handwerk war so gefährlich, dass man nicht oft genug den Schutz der himmlischen Mächte erbitten konnte. Gar zu häufig kam es zu tragischen Unglücks- oder Todesfällen. Auch mit den unberechenbaren Kräften der Natur war nicht zu spaßen. Sturm, Gewitter und Hochwasser während der Floßfahrt konnten schnell gefährlich werden. „Matthias Goldhofer während der Fahrt vom Gewitter überrascht und vom Blitz erschlagen", vermelden die Annalen. Auch das dauernde Kiesgeschiebe im Flussbett der reißenden Isar konnte die Flößer in Bedrängnis bringen. Waren sie erst einmal auf einer versteckten Kiesbank aufgefahren, mussten sie oft stundenlang im kalten Wasser stehen, bevor sie das mehrere Tonnen schwere Floß mithilfe des Trommels heben und ins Fahrwasser zurückschieben konnten. Zwischen Wallgau und Lenggries galt die Floßfahrt als besonders gefährlich. Vor allem die riffige Felsenge am „Süllfferstein" mit der Faller Klamm war bei den Flößern gefürchtet. Besondere Aufmerksamkeit erforderte auch die Flussstrecke kurz vor Grünwald. Eine gefährliche Strömung führte an den mitten im Flussbett liegenden voreiszeitlichen Nagelfluhfelsen vorbei. Gut aufpassen hieß es da, um nicht an den Großen Heiner oder Michaelistein abgedrängt zu werden, was zum Auseinanderbrechen des Floßes geführt hätte.

Viele Marterl entlang der Isar mahnten einst die Vorbeikommenden an die Gefahren einer Floßfahrt. Meist war auf den verwitterten Holztafeln das tragische Unglück bildhaft dargestellt. Manches Mal auch mit dem Wunsch versehen, man möge für den Verunglückten beten. Ohne Unglück sollte jede Fahrt verlaufen, das war der Herzenswunsch aller Flößer. Aus diesem Grund hielten die Isarwinkler Floßleuten einmal im Jahr einen eige-

St. Maria Thalkirchen mit dem Gnadenbild der wundertätigen Muttergottes [Sulzbacher Kalender von 1862]

nen Bittgang ab. Der Tag lag meist um Johanni und wurde, wie es der Brauch verlangte, untereinander abgesprochen. Ihr angestrebtes Wallfahrtsziel, das Gnadenbild der Muttergottes von St. Maria Thalkirchen in München, lag nahe der Floßlände. Doch erst nachdem jeder sein Floß abgeladen hatte konnte der Bittgang beginnen. Zuvor noch wechselten sie ihre feuchte Arbeitskleidung in die mitgenommene Sonntagstracht. Dann machten sich gemeinsam andächtig auf den Weg zur Kirche. Mit ihrer jährlichen Bittwallfahrt hofften die Männer auf besonderen Schutz und Fürsprache der als „wunderthätig" bekannten Muttergottes von Thalkirchen. Nach dem Kirchenbesuch traten sie den Heimweg an. Bis zum Ausbruch des Zweiten Weltkriegs versuchten sie, ihre Wallfahrt aufrecht zu erhalten. Einen Kalender über diese sensible Angelegenheit führten sie nicht. „Allerdings könnte solches in den Kirchenbüchern der dortigen Pfarrei zu finden sein", wird von Nachkommen der alten Flößerfamilien eingeräumt, „vorausgesetzt der Pfarrer oder die beauftragte Person haben sie äußerst ordentlich geführt". In St. Maria Thalkirchen ist dies nicht mehr nachprüfbar, weil die Kirchenbücher im Krieg verbrannt sind. In der Nachkriegszeit wurde der fromme Brauch von den überlebenden Flößern wieder aufgenommen. Doch sie verlegten ihren Bittgang weg von St. Maria Thalkirchen und stattdessen isaraufwärts in die St. Ulrichskapelle beim Isar-Kraftwerk im Mühltal. Alle Familienangehörigen kommen hier zusammen, beten um eine gesunde Floßsaison und gedenken ihrer Verstorbenen.

ZUNFTVORSCHRIFTEN

Seit dem 12. Jahrhundert beginnen sich die Handwerker je nach Berufszugehörigkeit in Zünften zusammen zu schließen, die als Vereinigungen die Interessen des jeweiligen Berufsstandes wahren. Rasch entwickelten sich daraus örtliche „Pflichtvereinigungen" mit Zunftzwang für jeden der sein Handwerk in der Stadt ordentlich betreiben wollte. Die Zünfte hatten Monopolrecht und verwalteten sich weitgehend selbst. Mit strengen Satzungen überwachten sie die Preise und Arbeitsleistungen, bestimmten die Zahl der Meister und regelten die Lehrlingsausbildung. Ein erfolgreiches Arbeitsleben außerhalb der Zunftgemeinschaft war bis ins 19. Jahrhundert kaum möglich. Jede Zunft hatte ihr eigenes Wappen, so auch das Handwerk der Flößer.

In Zunftordnungen war niedergelegt wie Arbeit und Leben zum Wohle dieses Standes zu gestalten seien. Ein ehrbarer Lebenswandel aller Mitglieder und religiöse Pflichterfüllung gehörten zur Zunftdisziplin. Auch bei den Flößern wurde größter Wert auf „christliche Zucht und Sitte" gelegt. In den Zunftregeln von 1159 der Wolfratshauser Flößer ist zu lesen: „Ein jeder Flößer soll sich des Fluchens und Gotteslästerns enthalten. Sofern solches nicht geschieht und sofern einer einen Gottesschwur tut, soll er 5 Pfennige in die Büchse einlegen. Wenn aber einer vielfältig das Schwören begeht, so soll solches dem Herrn Bürgermeister und Rat angezeigt und er nach Gelegenheit von ihnen gestraft werden." Doch auch Vorschriften über den Umgang in Geselligkeit sind in den Zunftregeln festgeschrieben. Die Zunftlade wurde dem gewählten Zunftvorstand anvertraut, in der Siegel, Urkunden, Zunftregeln, Rechnungsbücher und Amtsprivilegien aufbewahrt wurden. Als Einnahmen der Zunftkasse konnten das Quatembergeld, Gebühren für Meisterrecht, Aufdinggelder bei Einstellungen von Lehrlingen und Gesellen sowie die einzelnen „Strafgefälle" verzeichnet werden. Auf der Ausgabenseite standen Unterstützung von Bedürftigen der Zunft und Aufwendungen für kirchliche Zwecke. „Unser täglich Brot gib uns heute" aus dem Vater-unser-Gebet galt als Maßstab für den Lebensstandard. Als standesgemäß galt allgemein so viel wie der Meister für seine Familie brauchte, wozu auch Lehrling oder Geselle zählten. Nur sehr ehrenhafte und unbescholtene Meister durften Flößerlehrlinge aufnehmen. Beim Aufdingen mussten sich zwei ehrliche Männer mit 10 Gulden für den Lehrling verbürgen, dass er gegen seinen Meister allen schuldigen Gehorsam und die treuliche Bewahrung seines untergebenen Handwerkszeugs und dergleichen erzeigen werde. Wenn ein Flößer ausgelernt hatte, sollte er möglichst bald vor die Laden kommen, um sich nach altem Brauch „schleifen" zu lassen. Beim Schleifen wurde er auf einen Tisch gehoben und auf einen Schemel gesetzt. Anschließend zogen die Anwesenden einer nach dem anderen den Schemel unter ihm weg. Der Schleifpfaffe packte seinen Schleifpaten dann jedes Mal am Haar und setzte ihn wieder auf den Schemel zurück. Dann wurden ihm in gebundener Rede lange Unterweisungen über die Hand-

Stifterurkunde 1752. Der Kardinal von Freising bestätigt Jahresstiftung des Johann Weiss, die dieser mit 100 Gulden bei Johann Daisenberger, bürgerlicher Floßmeister zu Wolfratshausen für das St. Andreas Gotteshaus gemacht hat. [Foto: Bernd Ritschel]

werksbräuche gegeben. Anschließend musste der geschleifte Flößer laut „Feuer" schreien und wurde hierauf mit kaltem Wasser begossen. Wenn möglich heiratete er als Geselle in eine Meisterfamilie ein. Doch sollte er nicht eher heiraten bis er selbst ein Meister geworden war. Bei Hochzeiten vertrat eine Abordnung von Floßleuten die Zunft. Bei Todesfällen musste der neue oder jüngste Meister als „Zunftknecht" die nötige Ansage bei den Mitgliedern machen und beim Opfergang eine Kerze tragen.

Von März bis in den Dezember hinein gingen die Flößer ihrer Arbeit nach. Vom Morgengrauen bis zur Dunkelheit waren sie am Wasser unterwegs. Nur an Sonn- und Feiertagen war das Flößen verboten und der Floßmeister verpflichtet, seine Floßknechte fleißig zum Gottesdienst anzuhalten. Musste aufgrund eines wichtigen Umstandes ausnahmsweise doch am Sonntag ein Floß geführt werden, so hatten die beauftragten Flößer auf jeden Fall vorher den Gottesdienst zu besuchen. Sogar im entlegenen Vorderriß wurde jeden Sonntag in der Kapelle eine schlichte Messe für die Flößer, Jäger, Holzknechte und die wenigen Einwohner gelesen. Der zelebrierende Franziskanerpater musste dazu einen langen zweistündigen Anmarsch zurücklegen. Für bestimmte Gottesdienste, Feste und Feierlichkeiten galt eine Pflichtbeteiligung aller Zunftangehörigen. Vor allem die festliche Prozession am Antlaßtag (Fronleichnam) oder am Großen Frauentag (15. August) zählte dazu. In geschlossener Gruppe und im Festgewand gekleidet trugen die Flößer ihre Zunftfahne und die Zunftstangen mit den geschnitzten Schutzpatronen vor dem Allerheiligsten durch die Straßen. Der Wert der religiösen Requisiten entsprach im Allgemeinen den finanziellen Einnahmen der Zunft. Ihren vorgeschriebenen Jahrtag feierten die Flößer im Winter, wenn die Floßfahrt ruhte und sie zuhause Holz- und Heimarbeit betrieben. Er schloss sich dem Dreikönigsfest im Januar an und wurde mit einem heiligen Lobamt begonnen. Dabei gedachten die Flößer auch der verstorbenen Mitglieder des abgelaufenen Jahres. Nach der Messfeier kamen in der anschließenden Versammlung im Zunftlokal verschiedene aktuelle Fragen zur Sprache. Die Protokolleintragungen der Schriftführer begannen „Mit Gott" und endeten meist mit frommen Worten wie mit dem „Monatstag nach Christi unseres lieben Herrn und Heiligmacher Geburth."

WENN SICH IRRUNG UND ZWIESPALT ZUTRÜGE

Von Lebensnähe zeugen Zunftbestimmungen zur Regelung von Streitigkeiten innerhalb des Handwerkerstandes oder zur Wahrung der gegenseitigen Achtung innerhalb der Gesellschaft. Das gewünschte Verhalten der Mitglieder diente einem guten Auskommen untereinander. Schon im Jahre 1159 überreichte Graf Berthold III. den Wolfratshauser Flößern die Verleihungsurkunde des Zunftrechts mit entsprechenden Vorschriften:

„Handwerksstreitigkeiten dürfen nicht durch einfaches Davonlaufen geschlichtet werden. Wenn sich Irrung und Zwiespalt zwischen Meistern und Flößern zutrüge, so soll ein jeder dem Bürgermeister und Rat geloben und schwören, dass er nicht von hinnen ziehen wolle, bis solches gütlich oder rechtlich, hier und nicht an anderen Orten, ausgetragen und verglichen sei, bei Verhütung ernstlicher Strafe. – Bei Einberufung zu öffentlicher Lade oder Zusammenkunft sollen Meister und Flößer weder lange noch kurze Wehr tragen oder bei sich haben, bei Vermeidung 15 Pfennige Strafe in die Laden zahlen. Auch ohne Frag und Ursach nichts reden, sondern stillschweigen, bis die Umfrag an sie kommt. Alles Gotteslästern, Fluchen und Schwören meiden. Sich mit unbedecktem Haupt ehrbar zeigen und guter Bescheidenheit gebrauchen. Einander weder Lügen heißen, auf den Tisch schlagen, noch Handanlegen, bei Vermeidung der Ungnad. – Wenn ein Mitglied

Mittelalterlicher Trinkwettkampf [Aus: Geschichte der Münchner Stadtbäche, Gerhard Grüneisel und Margit Maschek]

etwas vorzubringen oder zu klagen habe oder einer von den Händel anderer wüßte, der soll vor den Tisch treten, ihn anzuhören, mit Gunst um Erlaubnis bitten, alsdann mit Gunst wieder an seinen Ort gehen. Wer das Stillschweigen nicht halten tut, oder dieses Verbot übertritt, der soll in der Handwerkerstrafe stehen und mit 24 Pfennig bestraft werden. – Alles neidische Herabsetzen der Arbeit soll streng verpönt sein. Auch anonyme Denunziation ist verpönt. Wenn aber einer ein unredliches Stück von einem anderen wüßte, und wollte dasselbe nicht öffentlich vor dem Handwerk anzeigen, sondern solches durch andere Leute oder durch Brief offenbaren, damit der andere nicht wisse, woher solches komme, derselbe soll, wenn es herauskommt, und seine Behauptung bezüglich des anderen nicht beweisen kann, als ein ‚heimlicher Ehrabschneider' für das Handwerk untauglich gehalten werden: der andere aber soll an seiner Arbeit ungehindert bleiben. – Wenn einer den anderen mit groben Stücken würde schmähen, als mit Dieberei oder dergleichen mehr, und er vermeint, solches beweisen zu können, dann sollen sie vor den Bürgermeister und Rat gewiesen werden.- Item wer einen Hader anfängt auf der Herberge oder auf der Gasse, der soll einen halben Gulden in die Büchse geben. Wer eine Wehr wider den andern ‚auszeucht', es sei Hacke, Messer oder Dolch, und den anderen damit verletzt, der soll straks vor das Gericht gewiesen werden. – Beim Trunk und Umtrunk auf der Herberge soll es ruhig und friedlich hergehen. Da sich aber einer mit Wein überladen würde, also daß er sich unlustig und ungebührlich auf der Herberge halten würde, der soll mit dem Wasserbaden bestraft werden. Wenn ihrer zwei oder mehrere miteinander kurzweilen und spielen wollten, es wäre mit Würfeln oder Karten, so sollten sie solches ohne Gezänk und Gotteslästerung aufrichtig und redlich tun. Wenn aber einer mit Betrug und Falschheit würde umgehen, also daß man es sähe und erkannte, daß er mit Betrug wäre umgegangen, der soll bei Vermeidung des Handwerks ein Fuder in das Armenhaus kaufen, abgesehen von der gerichtlichen Strafe."

Auch die Münchner Zunftordnung der Flößer sieht bei Verstößen ein Bußgeld vor. Wenn ein Zunftmitglied dreimal gegen die Ordnung verstieß, wurde ihm die Ausübung des Handwerks für einen bestimmten Zeitraum verboten. Eine beliebte Herbergswirtschaft der Münchner Flößer war die am Thaltor, dem heutigen Isartor. Die noble Herberge mit Wein- und Bierschänke durfte als Qualitätszeichen ein kunstvoll gestaltetes Schild vor der Tür aufhängen. Ausgestattet mit Sondergenehmigung, konnte sich der Wirt seine Gäste selbst auswählen, während die anderen Herbergen verpflichtet waren, niemanden abzuweisen. Der Herbergsvater vom Thaltor nutzte gelegentlich sein Sonderrecht. Er ließ den berüchtigten Wanderarzt Paracelsus Theoprast von Hohenheim (1493–1541) nicht ein, um sich das Geschäft mit den Münchner Stadtärzten nicht zu verderben.

In den Schlafräumen der Thaltor-Herberge teilten jeweils zwei Schläfer ein Bett mit Strohsack und grobem Leinentuch. Man schlief generell nackt, trug dabei aber eine Schlafhaube auf dem Kopf. Zum Zudecken gab es hier schon Federbetten. Im Gegensatz zu anderen Münchner Herbergen, die nur alle drei Wochen das Bettzeug wechselten, bekam der Gast alle drei Tage frische Wäsche. Für vornehme Reisende standen Himmelbetten in Einzelzimmern mit holzvertäfelten Wänden und Decken, schachbrettgemusterten Mosaikböden und Butzenscheibenfenster zur Verfügung. In der Nobel-Herberge waren bereits eigene Wandbrunnen installiert, sodass die Gäste nicht zum öffentlichen Stadtbrunnen laufen mussten. Zur Tradition des Hauses gehörte auch der Willkomm-Trunk, den der Wirt von seiner hübschesten Magd jedem Ankömmling kredenzen ließ. Das vorzügliche Essen gab niemals Grund zur Beanstandung. Um 1500 kostete die damals übliche Zweigänge-Mahlzeit mit gekochtem Fleisch und Kraut sowie Braten mit Gemüse 18 Pfennige. Die Münchner Flößer waren in der vornehmen Herberge gern gesehene Gäste. Sie hielten dort ihren eigenen Stammtisch ab, an dem es immer besonders fröhlich zuging. Nicht nur abenteuerliche Geschichten rund um die Floßfahrt gaben sie zum Besten, sondern sie trugen auch die damals üblichen Trinkwettkämpfe aus. Am beliebtesten war die Nagelprobe. Dabei wurden alle Trinkgefäße um die Wette bis auf den letzten Tropfen leergetrunken und dann umgestürzt, um zu prüfen, ob dieser allerletzte Rest noch auf einen Daumennagel passte. Der Thaltor-Wirt hatte für den Wettkampf sogar eigene Sturzbecher aus Keramik in Männleinform parat, die man erst abstellen konnte, wenn sie leergetrunken waren. Der Ausdruck „sturzbesoffen" erinnert noch an diese Scherztrinkgefäße.

ALTES FLOSSMEISTERTUM AUF ISAR UND LOISACH

Die seit dem 15. Jahrhundert weiter ansteigende Warenflößerei bis hinunter in den Donauraum brachte vielen Orten an Isar und Loisach ein glückliches Gedeihen. Lebten die Bewohner früher in der Hauptsache von Land- und Forstwirtschaft, so ergaben sich nun durch die geregelte Transportflößerei neue Erwerbsquellen. Der Absatzmarkt für landwirtschaftliche Produkte sowie für Erzeugnisse der Kalkbrennerei, Holzhändler und Köhler vergrößerte sich dadurch gewaltig. Zum wichtigen Flößerort entwickelte sich Lenggries an der Isar. Die bisher wilden Ufer weiten sich, der Alpenfluss zeigt sich verträglicher und auch die Berge werden zugänglicher. Hier übergaben die wagemutigen Mittenwalder Flößer nach ihrer gefährlichen Fahrt durchs obere gebirgige Isartal häufig ihre Fracht an die dort ansässigen der Zunft zum Weitertransport, während sie den Rückmarsch in den Heimatort antraten. Die Transportaufträge der Lenggrieser Floßmeister reichten bis zum Schwarzen Meer. Wenn man den Überlieferungen glauben darf, haben es die Lenggrieser Flößer sogar durchfahren. Auf ihre Fernflößerei sind sie seit jeher besonders stolz gewesen. Wie in Mittenwald, war auch im Isarwinkel die Anzahl der Floßmeister aus Konkurrenzgründen beschränkt und regional verschieden geregelt. So beherrschten in der Flößermetropole Tölz einige Jahrhunderte lang 24 Floßmeister mit 80 Floßknechten das Gewerbe. Bereits 1517 erhielt Tölz das Monopol für die obere Isar. Das beliebte Tölzer Bier, Käse, Fische, Knoblauch, Früchte, Stroh, Teppiche, Pergament, Draht, Sensen, Beuteltücher für Müller, „Cramerei, Puchtruckherey", die hübsch bemalten Truhen und Himmelbetten war häufiges Transportgut. Der Tölzer Floßmeister Nikolaus Greilinger brachte es um 1790 gar zum herzoglichen Hoflieferanten. Er hatte die große Ehre von Seiner Herzoglichen Durchlaucht Wilhelm von Birkenfeld in seiner Behausung besucht zu werden. Dieser „verweilte über eine halbe Stunde. Heil und Wohl den guten Fürsten, die sich nicht schämen, auch die Hütten des Landmanns zu besuchen!"

Doch welche Kaufmannsgüter transportierten die Floßmeister auf der Loisach? Auskunft über das vielfältige Frachtgut gibt der „Summarische Extrakt und beschreybung der Khauf-Handels und Schefleuth im Lands Bayrn" von anno 1501 bis 1599: Gebogenes Eibenholz, Papier, Pferdedecken, Käse, Schafwolle, Maultrommeln, Leinwand, Barchent, gestrickte Hemden, Kreide, Schuhe, Kupferwasser, Schmalz, Schleifsteine, Wetzsteine, Hopfenstangen, Seegras, Fische auch lebend. Von Garmisch bis Wolfratshausen konnte auf dem Flusslauf der ruhigeren Liubisa geflößt werden. Dann mündet sie unterhalb des Ortes in die schneller fließende Isar ein und wird regelrecht von ihr mitgerissen.

In der Wolfratshauser Chronik berichtet Quirin Beer, welche Voraussetzungen dort die Flößer erfüllen mussten: Floßmeister konnte nur sein, wer die Flößerei vorschriftsmä-

Ein Floßman oder Säumer
[Aus: Bayerntrachten aus dem bayerischen Hochland. Kunstantiquariat R. Wölfle]

ßig erlernte und förmlich in den Verein aufgenomen wurde. Wer die vorschriftsmäßige Gebühr an die Lade bezahlt und die Ansässigkeit als Flößer hier erworben hat, ferner die Flößerei als förmliches Gewerbe betreibt und die Gewerbesteuer hierfür bezahlt. Nur wer diese Befähigung besaß, dem war es erlaubt als Floßmeister die wertvollen Kaufmannsgüter zu befördern. Um 1800 gab es in Wolfratshausen sieben Floßmeister und 26 Flößer, welche allesamt Hausbesitzer waren. Weiter heißt es in der Chronik, „von den sieben Floßmeistern betreibe nur Josef Ploner sein Gewerbe ordnungsgemäß. Drei von ihnen führe meist fremde Flöße", was nach altem Gewohnheitsrecht nicht richtig war, denn ein rechter Floßmeister hatte seine eigenen Flöße zu führen. Die anderen drei mussten ihr Geschäft fast ganz aufgeben. Im Jahre 1904 wurden zum letzten Mal Wolfratshauser Floßmeister gebraucht, um wichtiges Frachtgut auf dem Wasser nach Wien zu bringen. Dabei handelte es sich um den Kupferdeckel einer Braupfanne mit einem Durchmesser von sechs Metern. Viel zu groß geraten für den Bahntransport, lud der damit beauftragte Sebastian Geiger das in einem Stück von der Münchner Maschinenfabrik J. Göggl und Söhne hergestellte Riesenteil auf sein breites Floßschiff. Mit Hilfe seines Bruders Michael und den Floßmeistern Fischbacher und Sebastian Seitner schaften sie es rechtzeitig nach Wien und konnten stolz den Kupferdeckel zur Spirituosen-Ausstellung übergeben.

„HEILIGER GEORG, HILF!"

Nicht immer zeigte sich die Isar von ihrer besten Seite, doch die Floßleute konnten mit ihren Männern darauf nicht Rücksicht nehmen. Beinahe bei jedem Wetter stiegen sie aufs Floß, um ihre Arbeit zu erledigen:

Michaeli 1803 – ein nasskalter grauer Frühherbsttag. Grauweiß zwängt sich die regengeschwollene Isar durch die Engstellen, zerrt gierig an den Uferwuhren und schießt geradeaus durch die breiten Windungen und Bögen, als hätt' man in Tölz eine Triftklause aufgetan. Wo sonst Kiesbänke aufbuckeln, strudelt und wirbelt es, macht's Wasser gefährliche Tänz'. An der Uferleiten hängen dünne Nebelschwaden, und von den Schirmföhren in der Au tropft der Nieselregen ohne End. Das Ordinarifloß von Tölz nach München kommt heute besonders zügig voran: wegen des hohen Wasserstands schießt es nur so dahin. Wie jeden Montag ist es vollbesetzt: wer ging auch schon wegen dreißig Kreuzern zu Fuß nach München? Marktleute mit vollen Körben, ein Schleifsteinhändler mit seiner Kraxen, eine Handvoll Bauern, die aufs Gericht müssen, ein Färber mit zwei Mordstrümmer Lodenballen, einige übernächtige Studenten und der Knecht vom Kolberbräu mit sieben Fassl prima Tölzer Bier fürs Münchner Länd-Wirtshaus „Zum Grünen Baum". Allesamt haben sich – so gut es geht – auf den Holzbänken eingerichtet. Sie ziehen die warme Lodenjoppen oder das Halstuch fest über der Schulter zusammen und sind froh, wenn ein End hergeht. „Zu Dach", also in der Floßhütte und um den doppelten Fahrpreis, heizt sich der Ratsherr Höck mit einem tiefen Schluck Obstler aus einem Zegerer ein und gibt das Flaschl an den Marktschreier Krettner weiter. „Aaah ... des duat guad!" Auf Passau fahren sie hinunter, eine neue Orgel anschauen. Der Tölzer Marktrat will es so. Im dunklen Winkel, gleich neben dem ledernen Postsack, hockt eine Klosterschwester und betet einen Rosenkranz nach dem anderen.

Am vorderen Ruderblatt steht breitspurig und wie angewurzelt der Floßmeister Georg Müller von Lenggries. Alle seine Muskeln, seine Sehnen sind zum Zerreißen gespannt. Seine Augen stechen nach vorn aufs Wasser. So unterhaltsam und lustig er sonst ist, heute spart er sich jedes Wörtl, denn hart und gefährlich ist heut sein Geschäft. Am Sterz hinten ist sein Knecht, der Anderl, ein flaxiger und verwegener Oberlandler. Er hat's Hütl ins Genick geschoben, stemmt seine ganze Bärenkraft gegen das Hinterruder und lässt alle Spassettln, mit denen er sonst den Fahrgästen die Zeit vertreibt. Da vorn die Schäftlarner Brücke oder besser gesagt, der übrig gebliebene Rest. Seit dem Krieg vor sieben Jahren ist sie abgerissen, und nun geht es bei Hochwasser jedes Mal an dieser Stelle um Kopf und Kragen, denn die Pfeiler sind in der Flut kaum zu sehen, und man hat so kein rechtes Ziel mehr. Wie Messer schneiden die drei Joch-Ruinen den Fluss in vier Rinnen. Fußhoch pflügt es den Widergischt an die Scharbretter, die wie Keile die Wellen von den mächtigen Standpfosten ablenken. Schon ahnt man die rechte Fahrrinne – zielen so gut es geht! „Heiliger Nepomuk, früher bist auf da Bruck'n drob'n g'stand'n, huif!" … Und durch sind sie mit dem Ordinarifloß. „Juchhui!" jodelt der Anderl von hinten und „Guad is ganga!" lacht der Floßmeister vorne und schnauft erleichtert auf. Drüben an der Schusstenne bei der ehemaligen Klosterländ steht wie eh und je ein Kutterer und winkt. Es ist der Pater Bernhard, der Prior, den sie als Seelsorger für die Schäftlarner im Haus des Klosterrichters belassen haben. Der Müller Schorsch legt sich mächtig ins Ruder und drückt das Floß so gut es geht gegen das Ufer. „Heit' ned!" schreit er, und schon schießt das Floß mit einem mordsmäßigen Rumpler über die Rutschbäum, dass sich die Fahrgäste bekreuzigen.

Unterhalb von Mühltal wird das Wasser immer reißender, man spürt schon von weitem die Isarschlucht. Hinein geht's wie in ein Kanonenrohr! Das Ufer fliegt vorbei und die Fahrgäste krallen sich fest. Eisern stehen der Schorsch und der Anderl auf den Floßstämmen. Kein Muskel zuckt in ihren Gesichtern, gegen die jetzt ein Schlagregen mit aberhundert Nadeln sticht. „Da vorn, der Große Heuner!". Sieben Meter schaut er aus dem Wasser, ein Nagelfluhbrocken, der vor Zeiten bei einem Bergsturz zu höchst am steilen Ufer ausgebrochen und mitten in den Fluss gekugelt ist. Wie alle rechten Flößer hoffen sie für einen kurzen Augenblick auf ein glückliches Vorbeikommen, während die Hände das zerrende Ruder bewegen. Dann tauchen sie an, links vorbei. „Geht scho'!". Wie ein Brett liegt das Floß, so akkurat. Da sieht der Müller Schorsch etwas Dunkles, das über das Wasser herausgreift: Ein ganzer Baum hat sich zwischen Ufergfraß und Stein verklemmt und langt mit seinem Wurzelwerk hinein bis in die Fahrrinne. Jetzt geht alles blitzschnell: die Wurzeln halten den rechten Außenstamm des Floßes fest, es will sich drehen! „Festhalten, um Gott'swuin festhalt'n!" schreit der Floßmeister den Fahrgästen zu. Er zieht das Ruder hoch, da kracht auch schon das Floß mit der rechten Spitze gegen den Felsen. Die Stämme stauchen sich gegenseitig, die Sitzbänke kugeln um und damit auch die Leute. Die Floßhütte begräbt ihre Insassen unter sich. „Um Gott's Christiwillen, festhalten!" schreit jetzt auch der Anderl. Hochauf springt der Bärenlackl und rammt sein Ruder in den Isarkies. Bremsen, bremsen muss er, das Floß nur ja jetzt nicht nach links dreht! Das Floß steht jetzt einen Moment – bricht es auseinander? „Liawa, heiliger Georg, Namenspatron, huif!", so bittet der Floßmeister inständig, und dann stemmt er das Ruder mit seiner ganzen Kraft seitlich gegen den Stein. „Loskemma, nach links ummadrucka muaß' is." Die Adern steigen ihm wie blaue Stricke aus dem Hals, er meint, der Kopf müsst ihm platzen. Er beißt sich die Lippen blutig. Zwei Mannsbilder gegen eine solche Naturgewalt, o mei! Und noch einmal bittet der Müller Schorsch: „Heiliger Georg, i' verlob mi zu dir, huif ma nur no' des oanemoi!". Da kracht und splittert es, dass alle meinen, das letzte Stünderl hat geschlagen. Aber der Heilige Georg hilft auf seine Weise: Der äußerste rechte Stamm splittert der Länge nach vom Floß ab. Mit lautem Krachen reißen die Verbindungen, eine nach der anderen von vorn nach hinten. Der abgelöste Floßstamm hängt jetzt am Felsen und in den Wurzeln. Um einen Floßstamm weniger schabt und kratzt sich das frei gewordene Floß unter der Fluh vorbei, die bösartig überhängt, kriegt volle Fahrt –

Der als Georgenstein bezeichnete Felsbrocken, mitten im Flussbett der Isar, fordert Erfahrung und Kraft am Ruder [Foto: Günter Schneider]

und ausgestanden ist der böse Spuk! Keine zwei Minuten hat es gedauert, und doch ist allen, wie wenn es eine Ewigkeit gewesen wäre.

Erst auf der Höhe von Grünwald finden sie die rechte Sprache wieder, laut und wie besoffen vor Freude die einen, staad und voll Dankbarkeit die anderen. Vorn aber steht der Müller Schorsch, wie wenn nix gewesen wär', und sticht mit den Augen nach vorn. Was er sich denkt, sagt er net! Wen geht es auch was an, wenn er seinem Namenspatron immer wieder Vergeltsgott sagt. Hinten aber werkelt der Anderl mit doppelter Wut: sein Ruderblatt ist zersplittert zu tausend Fetzen, und zum Leiten bleibt ihm nur mehr die lange ruinierte Stange. Angekommen an der Unteren Länd in München, sagt der Müller Schorsch: „Anderl, mach Du des heit'!". Er meint das Abfertigen der Fahrgäste und das Abladen der Fracht: „D'Stämm kriagt's Hofkastenamt und de sechs Kalkfassl a'!". Und dann geht er stadteinwärts: Seit er festen Boden unter den Füßen hat ist er ganz „tramhappi" und spürt des erstmal in seinem Leben weiche Knie. Durchs Isartor geht er, das Tal hinauf, am Radlsteg vorbei und hinein in die Heiliggeistkirche. Den Altar sieht er, die hellen Kerzen, und in der großen Ruhe wacht er plötzlich auf, wie aus einem bösen

Traum. Hat er das wirklich alles erlebt? Der Floßmeister Georg Müller aus Lenggries kniet sich in einen Betstuhl und ist mit seinem Herrgott allein. Da heißt es immer, die Floßleute wären ungehobelte leichtsinnige Leut – so leicht täuscht man sich! Wie der Müller Schorsch um fünf auf d'Nacht in die Wirtsstube vom „Grünen Baum" kommt, sitzt der Anderl mitten unter den Floßleuten und muss zum x-tenmal die Gschicht von heut Mittag erzählen. Nachdem er schon ein paar Maß intus hat, ist ihm nicht zu verdenken, wenn die Isar immer breiter und der Große Heuner immer größer wird. Seinem Floßmeister passt das gar nicht, er drängt zum Aufbruch. Vor dem „Grünen Baum" in der Schupf'n hat der Müller Schorsch etwas abgestellt, was er jetzt gar auf den Schultern wie ein Büßer heimschleppt bis nach Lenggries: eine Eisenblechplatte, anderthalb Meter lang und einen halben Meter breit. Jedesmal wenn der Anderl fragt, „zu was host denn de' kaft?", hört er das gleiche: „Des werst na' scho sehg'n!". Daheim aber fährt der Schorsch mit dem Wagl zum Zwinck Christl nach Winkl hinter. Der ist von Beruf Papiermüller, aber im ganzen Ort kennt man ihn nur als „Taferl-Maler". Einen heiligen Georg muss er auf die Platte zeichnen – untenhin den Großen Heuner und ein Floß, an dem akkurat der recht Baum aspleißt. Der Schmied von Wackersberg schneidet ihm die Figur aus, und feingemalt tritt das Bild nach dem großen Kirta' seine Reise an. In Lenggries hat der Müller Schorsch ein Floß mit lauter Brennholz zusammengestellt, und selbst der Anderl fragt jetzt nimmer unnütz, sondern ist mit von der Partie. Ein milder, ein goldener Herbsttag ist es diesmal, und die Isar ist brav und g'führi' wie noch einmal ein Wasserl. Licht und hell ist die Isarau und voller bunter Herbsttupfer. Bei der Obermühl im Mühltal schieben sie das Floß ins Altwasser und lassen es im Gries aufsitzen. Der dortige Müller, der Kottmiller Sepp, besorgt ein Mehlwagerl, auf das sie das „Buidl" legen und mit Steinmeißel, Hammer und einem Sackerl Blei zum Forsterangerl hinunterfahren. Vom Erta' (Dienstag), den 19. Oktober auf den Migga' (Mittwoch), den 20. Oktober 1803 steigen der Floßmeister und sein Knecht vom Land her auf den Großen Heuner und krallen sich an. Sie meißeln ein Loch ein, stellen den Heiligen Georg hinein und verkeilen ihn fest mit Blei. Der Mond hat ihnen dabei geleuchtet und das Isarwasser unter ihnen eingefärbt wie Silber. Der Georg Müller hat immer wieder über die Kante hinuntergeschaut, wo er mit dem Floß festgehangen war. Dabei hat er den Kopf geschüttelt und ein- ums andermal vor sich hin gebrummt: „Wia war des nur mögli'!" Anno 1872 hat die Münchner Freiwillige Feuerwehr den heiligen Georg entdeckt und renoviert. Damals wird wohl auch der Name „Georgenstein" aufgekommen sein.

Die Geschichte, gekürzt wiedergegeben, bekam Georg Preller oft von seinem Vater erzählt, wenn sie durchs Isartal gestreift sind. Nach dem Krieg trat der junge Preller als Lehrer seinen Dienst in Dingharting an. Im Unterricht versuchte er die Mundart der Gegend zu bewahren und den volkstümlichen Liederschatz zu pflegen. Als leidenschaftlicher Heimatkundler forschte der Münchner, so oft es ihm möglich war, in der Geschichte von Dingharting und Umgebung, verbunden mit den dazugehörigen Familienchroniken. Noch voller Pläne, verstarb er im Jahre 1986 als Schulleiter von Straßlach.

DIE MÜNCHNER FLOSSMEISTER

Seit die Untere Lände zum Ende des 19. Jahrhunderts aus der Innenstadt verbannt wurde, erinnert nur noch wenig an den einstigen Floßhafen, der sich entlang der heutigen Steinsdorfstraße befand. Er galt als der größte in Europa. Über 10.000 Flöße jährlich legten zu Hochzeiten der Flößerei dort an. Schon im Jahre 1310 erhielten die Münchner Floßmeister das Recht, Personen und Güter auf der Isar zu befördern. Ihre Flöße bauten sie selbst oder kauften sie im Sundergau meist in Mittenwald. Die Höchstmenge für den Floßeinkauf lag bei sechs Flößen je Fahrt. Unterwegs auf der Isar durften sie nicht einkehren. 17 Münchner Floßmeister sind bereits 1370 archivalisch nachgewiesen. Kurze Zeit später werden im Münchner Steuerbuch schon 24 verzeichnet. Ihnen allein stand das Monopol zu, Kaufmannsgüter ab München isarabwärts zu führen. Als Exportartikel hinunter zur Donau war „Münchner Golschen" sehr beliebt, wie die weiß-blau oder weiß-rot gewürfelte Leinwand genannt wurde. Stadtfremde Flößer mussten für die Weiterfahrt erst eine Genehmigung beantragen. Außerdem galt für sie die Stapelpflicht ihr mitgeführtes Kaufmannsgut drei Tage zum Verkauf an der Unteren Lände anzubieten. Für Weinflöße gab es eine eigens ausgesteckte Lände. Durch die enorme Baubereitschaft der Isar- und Donaustädte kam es zahlenmäßig zu einer Verschiebung der zugelassenen Flößer. Die mit Rohstoffen reich gesegneten Isarwinkler stiegen mächtig ins Geschäft. Um 1500 überboten sie die Münchner Floßmeister, von denen es nur noch zwölf gab. Im Dreißigjährigen Krieg (1618–1648) verringerte sich die Zahl erneut. Nur noch sieben übten den Beruf aus. Doch in der nachfolgenden Friedenszeit stieg die Zahl wieder auf zehn Floßmeister in München an.

In seinem Aufsatz „Der Verkehr auf der Isar, einst jetzt und künftig" erläutert der königliche Regierungsrat Hugo Marggraf wer in der Wittelsbacher Hauptstadt München seit dem Jahre 1596 als akzeptiert galt. Jeder Flößer musste vorher vier Jahre lang auf der Isar gefahren sein, auch schon einige Fahrten nach Wien mitgemacht haben, hierbei sowohl für einen Fering als auch Steurer gebraucht worden sein. Neu angehende Floßmeister durften zwei Jahre lang keine Personen führen. Der Frachtlohn war in München genau festgesetzt. Er betrug für ein den Bürgern angehöriges Fass auf ledigem (einfachem) Floß 15 Pfennig. Auswärtige zahlten 18 Pfennig. Ging aus Verschulden des Flößers ein Fass Wein oder anderes Gut zugrunde, so waren demselben die Stadt und die Floßfahrt so lange verboten, bis er den geschädigten Eigentümer befriedigt hatte. Bei Übertretung dieses Verbotes war er in eine hohe Strafe von 10 Pfund Pfennigen an die Stadt und 1 Pfund Pfennigen an den Richter verfallen. 240 Pfennige ergaben jeweils 1 Pfund Pfennige. Andernfalls wurde er in die Pflicht genommen und durch harte Strafe ihm die Hand abgeschlagen. Mit diesen Bestimmungen wurde der sorgfältige Umgang mit der beförderten Ware und der sichere Transport gewährleistet.

Stiftung der bürgerlichen Flossmeister
zu Ehren des Brückenheiligen, 1857
[Foto: Privat]

Im Laufe der Zeit änderten sich die Strafmaßnahmen in Berufsverbote von unterschiedlicher Zeitdauer. Nach Einführung neuer Statuten im Jahre 1831 hatten die zehn Münchner Floßmeister Gewinn und Verlust aus dem Flößereibetrieb miteinander zu teilen. Der gemeinschaftliche Versicherungsfonds bildete eine Assekuranz, aus der die erlittenen Schäden solidarisch vergütet wurden. Im Jahr 1862 löste sich im Zuge der Gewerbefreiheit die Münchner Flößerinnung auf, womit das jahrhundertealte Traditionsgewerbe für jedermann nun zugänglich war. Einzig der freie Verein der bürgerlichen Floßmeister zum hl. Johann Nepomuk bestand weiter fort. Noch im gleichen Jahr wurde eine neue Fahne geweiht. Schon seit 1717 gab es diese Vereinigung in München. Zum 200jährigen Bestehen fand ein festlicher Gottesdienst in der Klosterkirche St. Anna im Lehel statt. 1857 stifteten die bürgerlichen Floßmeister und Gebrüder Xaver, Johann und Josef Thadeus Heiß eine steinerne Nepomuk-Figur und widmeten sie ihrem Schutzpatron und Brückenheiligen. Aufgestellt wurde sie an der kleinen Praterwehrbrücke beim Floßablass – damals der perfekte Standort. Der Habitus ist die Amtstracht eines Angehörigen des Domkapitels. Die rechte Hand segnend erhoben und den Blick isaraufwärts gerichtet,

Kunstkarte Gruss aus München, 1898 [Histocard Norbert Haidl]

wartet er in heutiger Zeit vergebens auf die Flöße. Sein Aussehen ist durch die Luftverschmutzung sehr in Mitleidenschaft gezogen. Zudem ist ein Attribut verschwunden – der Strahlenkranz mit den fünf Sternen.

Vor Ort erinnern an den einst gewaltigen Floßumschlagsplatz nur noch das Steinrelief an der Ländstraße und die Statue eines Flößers am westlichen Brückenkopf der Ludwigsbrücke, die frühere Salzbrücke zur Zeit der Stadtgründung Münchens im Jahre 1158. Die große männliche Sitzfigur aus Stein stellt einen Flößer dar, der eine Ruderstange in den Händen seiner muskulösen Arme hält. Ein dickes aufgerolltes Ländseil liegt ihm zu nackten Füßen. Symbolisch ist hier die „Floßfahrt" dargestellt. Bildhauer Syrius Eberle, Professor an der Akademie der Schönen Künste in München, hat 1891/92 die Plastik gestaltetet. Es ist kein Zufall, dass gerade an dieser Stelle Bezug auf die Floßfahrt genommen wird, denn Münchens wichtigster Floßhafen Untere Länd reichte mit Kohlen- und Kalkinsel sowie den Lagerplätzen etwa von der Reichenbachbrücke bis zum Praterablass. Ein riesiger Umschlagplatz für Waren, Kohle, Holz und Baumaterial mit entsprechender Infrastruktur.

DIE BÜRGERLICHEN HERREN LÄND- UND HOLZMEISTER

Da es in der Haupt- und Residenzstadt München seit alter Zeit der löbliche und schöne Brauch war, dass alle Zünfte „zu Ehren der Geburt unseres Herrn und Heilandes Jesu Christi" ein Neu-Jahr-Amt halten ließen, haben auch die Länd- und Holzmeister im Jahre 1717 unter sich ein Verbündnis errichtet, das nachfolgende Bestimmungen enthält.

1.
Da Gott durch die Verehrung seines Heiligen eine besondere Ehre zugeht, so will das Verbündniß bezwecken „Gott wolle durch Fürbitten des heiligen Johannes von Nepomuk, als der Verbündniß absonderlichen Beschützer, alles Unglück, welches sich auf der Länd beim Wasser ereignen könne, abwenden, allen Mitgliedern der Verbündniß eine selige Sterbestunde verleihen", und wird sonach jederzeit in der Oktav dieses Heiligen am Sonntag nach der Predigt in der Kirche zu den PP. Franziskanern in der St. Anna-Vorstadt eine heilige Messe gelesen.

2.
In der Oktav des neuen Jahres wird in obiger Kirche früh 8 Uhr für die aus dem Verbündniß verstorbenen Mitgliedern eine Seelen-Messe gelesen nach selber die Verstorbenen abgelesen, und darauf um halb 9 Uhr ein solennes Lob- und Dank-Amt nebst 4 heiligen Messen zu Ehren der Geburt unseres Herrn und Heilandes Jesu Christi gehalten.

3.
Desgleichen wird am Sonntag in der Oktav des heiligen Sebastiani nach der Predigt in obiger Kirche um Abwendung aller schweren Krankheiten durch Fürbitten dieses Heiligen eine heilige Messe gelesen.

4.
Alle ersten Quatember-Sonntage nach der Predigt wird in obiger Kirche für alle aus dem Verbündniß verstorbenen Mitglieder eine heilige Messe gelesen.

5.
Wenn nach Gottes Anordnung ein Mitglied aus der Verbündniß stirbt, so werden für selbes am nächsten Sonntag in obiger Kirche zwei heilige Messen gelesen. Alles zu unserem Heile und größeren Ehre Gottes.

Aufnahme-Formel in die Verbündniß der bürgerl. Herren Länd- und Floßmeister. 1902.
[Archiv: Helga Lauterbach]

Ölgemälde vom Kloster St. Anna im Lehel 1840 [Aus: Die Bayerische Franziskanerprovinz]

Den Münchner Floßleuten war der Brückenheilige ein wichtiger Patron, unter dessen Schutz sie sich bei ihrer gefahrvollen Arbeit auf dem Wasser stellten. Im Mitgliederverzeichnis des „Verbündnis der bürgerlichen Herren Länd- und Floßmeister zum hl. Johann von Nepomuk" taucht über Generationen der Name Schittler auf. Seine Herkunft kommt vom Schindler, dem Beruf der Schindelmacher. In Endlhausen, bei Grünwald im Isartal, ist der Ursprung der Familie zu finden. Bereits im 14. Jahrhundert wird auch in München ein Floßmann aus Endlhausen erwähnt. Sesshaft wurde erst Floßmeister Valentin Schittler, der sich im Jahr 1826 mit einem Holzlager am Westermühlbach, niederließ. "Floßmeister und Holzhandlung" stand auf seinem Firmenschild an der Geyerstraße. Die dortige Obere Länd am Westermühlbach war ein perfekter Standort für den Umschlag mit Holz. Der Transportbetrieb zu Wasser und zu Lande lief bestens. Viel Holz wurde in der stetig wachsenden Stadt benötigt. München erhielt unter König Ludwig I. ein neues Gesicht, wandelte sich unter Baumeister Leo von Klenze in ein „Isar-Athen". Außerdem hatte der König die Absicht, die Universität von Landshut nach München verlegen zu lassen.

Familie Schittler brachte es in der nächsten Zeit zu weiterem Grundbesitz und konnte vier Wohnhäuser in der Geyerstaße errichten. Als angesehener Floßmeister und einflussreicher Bürger war Valentin Schittler den einfachen Leuten im Glockenbachviertel gerne behilflich. Wenn ein Pate fehlte, übernahm er das Amt oder half in rechtlichen Angelegenheiten mit der Obrigkeit. Gelegentlich schoss er dabei über das Ziel hinaus. Einmal ließ er ein Fuder Heu vor das Münchner Rathaus stellen. „Das Heu ist für die Ochsen da drinnen!", soll er immer wieder laut gerufen haben. Dabei trug er einen auffallenden roten Zylinder, um wahrgenommen zu werden. Auch Angehörige der großen Flößerfamilie Heiß sind im Verbündnis als Mitglieder verzeichnet. Sie stifteten 1867 dem Verein eine kostbare Prozessionsstandarte. Der Jahrtag wurde jeweils am Mittwoch nach Dreikönig in der Klosterkirche St. Anna begangen. Dabei wurden beim feierlichen Gottesdient die zinnerne Weinkanne und der Bündniskelch benutzt, die im 18. Jahrhundert von der „Ehrsamen Zumpft der Flos Knechte Allhier in München" gestiftet wurden. Auch Bruderbünde außerhalb der Residenzstadt, aus Tölz oder Wallgau fanden sich dazu ein in ihrer althergebrachten Tracht. Der kirchlichen Feier schloss sich ein geselliges Beisammensein mit Musik in einer der nahe liegenden Flößerwirtschaften an. Die meist besuchte war „Zum Grünen Baum" in der Floßstraße an der Unteren Länd, die schon seit 1758 das Schankrecht besaß.

Valentin Schittlers Sohn Joseph trat als Floßmeister 1906 dem Verbündnisverein bei. Als junger Flößer soll er noch bis Wien gefahren sein. Die Ausbildung zum Floßmeister dauerte vier Jahre, wovon einige Fahrten auf der Isar, die Donau hinunter bis nach Wien, dazugehörten. Schon sehr früh musste Joseph das florierende Geschäft seines Vaters übernehmen, da er als einziger männlicher Nachkomme von insgesamt elf Kindern überlebte. Trotz der hohen geschäftlichen und familiären Verantwortung übernahm er den Vorsitz des Verbündnisvereins. Die Mitgliederzahl belief sich im Jahre 1913 immer noch auf 110. Vielfältig sind die aufgelisteten Berufsbezeichnungen: Privatier, Floßmeister, städtischer

Ländaufseher, Prokurist, städtischer Ländgehilfe, Schenkkellner, städtischer Schleusenwärter, Sägewerksbesitzer, Badeaufseher, Platzmeister, Fuhrwerkbesitzer, Gastwirt, Zimmermeister, Holzhändler, Weinwirt, Kaminkehrermeister, Kaufmann, Fabikbesitzer, städtischer Holzmeister, Blumenfabrikant, Wasseraufseher, Kupferschmiedmeister, k. Flussmeister, k.b. Hofschlossermeister, Vertreter der Kunstmühle Tivoli, Steinmetzmeister, Hofkutscher, Tapeziermeister, Friseur, Malermeister, Posamentier, Glasermeister. Alle Witwen sind mit Berufsbezeichnung ihrer Männer im Mitgliederverzeichnis aufgeführt.

Ab 1923 begann sich der Verbündnisverein zum hl. Johannes Nepomuk der bürgerlichen Herren Länd- und Holzmeister allmählich aufzulösen; er war berufsmäßig nicht mehr zeitgemäß. Die beiden innerstädtischen Länden an der Isar waren längst aufgelassen. Als einzige gab es die 1899 im Süden Münchens neu errichtete städtische Zentrallände in Thalkirchen. Im Jahr 1929 entschlossen sich Nachkommen früherer Mitglieder die Tradition des Jahrtags wieder zu beleben. 46 Bündnismitgliedern feierten in St. Anna nach alter Sitte den Gottesdienst und reichten aus dem alten Zunftkelch geweihten Wein. Auch der Verstorbenen wurde gedacht. Ein Jahr später konnte Joseph Schittler stolz die Geburt seines Sohnes Alfred Valentin am 21. Oktober 1930 vermelden. Das Floßgewerbe innerhalb seiner Familie hatte er zu diesem Zeitpunkt aufgegeben. Der Betrieb am Westermühlbach wurde als reine Holzhandlung erfolgreich weitergeführt. Eine persönliche Tragik der Familie ist der Tod zweier Söhne durch Floßunglück, ein Schicksal, das sie mit anderen Flößerfamilien teilen. Das Ewigkeitsgrab der Familie Schittler befindet sich im berühmten Alten Südlichen Friedhof, in dem sich die Inschriften auf den Grabsteinen wie ein Geschichtsbuch der Stadt lesen lassen. Erst im Jahr 2020 ließ Alfred Schittler die Goldschrift auf der Doppelgrabplatte aus schwarzem Marmor nachziehen, um die Nachwelt an die Bedeutung der Flößerei für die wirtschaftliche Entwicklung Münchens zu erinnern. Mit dieser Intention fungiert er auch als Gründungsmitglied des 2013 in Leben gerufenen Flößer-Kulturverein München-Thalkirchen e. V.

VERFÜHRUNG AUF DEM WASSER

Welch prickelnder Reiz geht doch von dieser Vorstellung aus. Die Floßmeister des Isar-Loisach-Gebietes besaßen sogar ein besonderes Recht dazu. Von Amts wegen war es ihnen erlaubt, beinahe alles auf ihren massiven Holzschiffen zu verführen, was sich an den Floßländen anbot. Ein fesches Weibsbild und ein stämmiger Flößer drängen sich unwillkürlich in unsere Fantasie. Doch halt gemacht bevor es zu weit geht! Denn unter Verführungsrecht war früher lediglich eine Transportbefugnis zu verstehen. „Nach dem Erkenntnis der königl. Regierung des Isarkreises und Bestättigung des königl. Rathes in

Grafik „Flößer auf der Isar" von C.O. Rostosky, 19. Jh. [Bayerisches Wirtschaftsarchiv]

München ist die Verführung von Güter um Lohn allerdings ein Vorrecht der Flossmeister … und sind daher befugt … die Ordinari auch sogenannten Wochen Flöße, dan Kaufmanns Güter, und Passagiere auf der Isar zu führen", stellte das Königliche Landgericht Weilheim im Jahre 1820 fest.

Die Münchner Floßmeister verführten schon seit 1581 Wochenflöße mit Fahrgästen nach Freising, Moosburg und Landshut. Seit dem Jahre 1623 waren sie durch Kurfürst Maximilian I. dazu verpflichtet ein fahrplanmäßig verkehrendes Ordinari-Floß für die Fahrt München-Wien zur Verfügung zu stellen. Es legte an der Unteren Lände in München ab und die Floßmeister hatten es „leibgedingsweise" selbst zu führen. Abfahrtszeiten und Fahrpreise waren der Fahrplantafel bei der Wirtschaft „Grüner Baum" angeschlagen. Sie standen aber auch in Kursbüchern und Kalendern sowie in den beliebten Sackkalendern für die Weste- oder Hosentasche.

Nach Wien jeden Montag / im Sommer um 1 ½ Uhr nachmittags / im Frühjahr oder Herbst um 12 ½ oder 1 Uhr mittags / im Winter (solange der Strom fahrbar ist) um 10 Uhr oder 11 Uhr vormittags. / Fahrpreise: / München Freising 18 Kreuzer / München-Landshut 30 Kreuzer / München Dingolfing 43 Kreuzer / München Vilshofen 1 Florin 17 Kreuzer / München-Passau 1 Florin 30 Kreuzer / München-Wien 3 Florin.

Auch die Tölzer Floßmeister hatten ab 1649 auf Anordnung des Kurfürsten ein Ordinari-Floß zu stellen, das fahrplanmäßig am Montag und Freitag um 7 Uhr gegen billige Taxe nach München fuhr. Bei einer Fahrtzeit von etwa 6 Stunden bis München konnte bei schnellem Wasser noch der Anschluss ans Wienfloß in München geschafft werden. Die Zeit vertrieb man sich mit frohen Liedern oder den Neulingen wurde weisgemacht, dass sie kurz vor München „eine große Kette abbeißen" müssten, welche über die Isar gespannt sei. Auch zeitlich ungeregelt, nahmen die Flößer nach Absprache Personen mit aufs Floß, wenn es die geladene Ware zuließ. Da die Flößer bei ihrer Arbeit auf dem Wasser auch stets das Wohlbefinden der Passagiere im Auge haben mussten, wird es wohl dann und wann „zum Anbandeln" mit besonders reizenden weiblichen Fahrgästen gekommen sein. Ob ähnlich wie bei den Seeleuten ein kleines „G'spusi" an jedem Ländhafen auf sie wartete, konnte nicht mehr in Erfahrung gebracht werden. Sicher aber ist, dass einige der Isarflößer weit drunten an der Donau eingeheiratet haben und dass umgekehrt so manches saubere Madl aus dem Niederbayerischen und den Donaustädten ihre neue Heimat im gebirgigen Oberland fand.

Fahr ma obi am Wassa / Häng ma's Ruaderl an Zam / Gehn ma hinteri zum Diandal / Sitz ma nieda auf Bam. / Aus „Die Isarflößerei, ein aussterbendes Gewerbe" 1921, von Expositus Noderer

FLÖSSERMADONNA

Tagelang waren die Isar- und Loisachflößer bei ihren Donaufahrten auf dem Wasser unterwegs und fern der Lieben. Die häusliche Gemütlichkeit auf dem Floß beschränkte sich auf die kleine Bretterhütte mit Kochstelle für warme Mahlzeiten. „Wir hatten immer genug Lebensmittel, ausgezeichnetes Ochsenfleisch, Zungen, Geräuchertes und gutes Bier", erinnerte sich Flößer Sebastian Goldhofer, dessen Erzählungen in einem Typoskript von Josef Schnellrieder 1929 festgehalten sind. Um schnell voranzukommen, steuerten sie ihre Flöße bis zum Eintreten der Dunkelheit auf dem Wasser, dann erst wurde am Ufer angeländet. Die Nacht über schliefen sie auf Stroh. Beim ersten Morgengrauen ging die Fahrt auf dem Fluss Richtung Wien weiter. Waren die Tage lang, konnten die Flöße von morgens um drei Uhr bis abends um acht oder neun Uhr gefahren werden. Bis Wien dauerte es dann nur sechs Tage. Wurden die Nächte länger, dann benötigten sie für die Strecke acht bis neun Tage. Mancher der Flößer nahm auf die lange Fahrt einen kleinen Reisealtar mit, der im Rucksack mit dem üblichen Handgepäck jedes Mal wieder in die Heimat zurückgebracht wurde. Er musste deshalb handlich sein und vor allem mit wenig Gewicht.

Flößermadonna [Foto: Kurt Gramer, Kleiner Kunstführer NR. 287, Verlag Schnell & Steiner, Regensburg ⁵1974]

Meist war ein Flößeraltärchen aus Holz gearbeitet und mit Blech abgedeckt. An einem Nagel konnte das Kleinod in der Hütte aufgehängt werden. Beim Öffnen des im Stadtmuseum Bad Tölz noch erhaltenen Flößeraltars zeigt sich ein liebevoll gestalteter Sakralraum, in dem sich religiöse Symbole, geschmückt mit winzigen Trockenblumen und Kunstwerk auf engstem Raume drängen. Darin zierliche Marienfigürchen von unterschiedlicher Gestalt. Der Jungfrau Maria brachten die Flößer von jeher große Verehrung entgegen. Zur Muttergottes beteten sie schon als Kinder und die Marienfeste im katholischen Kirchenjahr waren die zahlreichsten. An den Häusern ihrer Heimat zierten Muttergottesfiguren und Fresken die Mauern, wobei am häufigsten die Darstellung der Maria-Hilf-Madonna aus Passau abgebildet war. Bei ihren Fernreisen fanden die Flößer aus dem Isarwinkel das Vertraute ihrer Heimat wieder, wenn sich das Floß auf der Donau der Stadt Passau näherte. Droben auf dem rechten Hügel liegt der liebliche Wallfahrtsort Mariahilf mit dem nicht nur ihnen bekannten Muttergottesbild. Bei diesem Anblick der Kirche und angesichts der noch bevorstehenden Gefahren wird wohl jeder Flößer ein „Gegrüßt seist Du Maria voll der Gnaden!" oder wenigstens den kurzen Anruf „Maria hilf!" gebetet haben.

Als „Flößermadonna" wurde die Muttergottes von Mariahilf ob Passau bei den Floßleuten verehrt, berichtet Hans Greither 1976 in seinem Artikel „Die Isarflößer: das unromantische Ende einer stolzen Tradition". Nach langen Reisen wallfahrteten sie nach Passau zurück und erklommen die gedeckte Stiege mit über 300 Stufen, die vom Ort hinauf zum Gnadenbild führt. Hier dankten sie, wenn es nötig war oder trugen ein persönliches Anliegen vor. Die ansprechende Mariendarstellung hat Lukas Cranach d.Ä. (1472–1553) als kursächsischer Hofmaler auf eine kleine Holztafel gemalt, als er noch katholischen Glaubens war. Es gilt als eines seiner besten religiösen Werke. Die Muttergottes stellte er als liebreizende junge Frau mit langem rotblondem Haar dar. In ihrem rechten Arm hält sie fürsorglich das nackte Jesuskind, welches innig die Nähe seiner Mutter sucht und unter dem über den Kopf gezogenen hauchzarten Schleierumhang findet. Eine einfühlsame Szene zwischen Mutter und Kind. Fürstbischof Erzherzog Leopold von Österreich brachte dieses Bild als selbst gewähltes Gastgeschenk nach einem Besuch beim sächsischen Kurfürsten Johann Georg im Jahre 1611 nach Passau. Auch der damalige Domdekan Marquard Freiherr von Schwendi war von der warmherzigen Darstellung mehr als angetan. Er bat den Fürstbischof um Erlaubnis das Original durch Hofmaler Pius nachgestalten zu lassen, welcher die Kopie ein wenig größer malte. Das Originalgemälde jedoch nahm Erzherzog Leopold mit nach Innsbruck, als er Landesfürst von Tirol wurde.

Eine Vision, die Domdekan von Schwendi mehrmals heimsuchte, sagte ihm, dass die Mutter Gottes auf der Höhe des Berges von Passau ein Heiligtum wünschte. „Vielmahlen (hat er) an den Samstag-Nächten und der allerseligsten Jungfrau Mariae-Fest-Abend sehr lieblich, und mehr englisch als menschliche Musicas sowohl Vocales als Instrumentales auf dem Berg gehöret. Einstmahls auch die glorwürdigste Jungfrau und Mutter Gottes Maria mit vielen adeligen Jungfrauen begleitet, in großem Glanz und Herrlichkeit auf den Inn-Strom bis unterhalb der Brücken abfahrend, und alsdann wiederum verschwindend gesehen". Im Jahre 1622 ließ er deshalb eine Holzkapelle für das Marienbild auf der Höhe des Berges errichten, weihte den Wallfahrtsort der Muttergottes und gab ihm, bezogen auf die herrschende Zeit des Dreißigjährigen Krieges und der Schwarzen Pest, den Namen „Mariahilf". Bald schon konnte die Kapelle die Scharen der Pilger nicht mehr aufnehmen, die eine „Stiegenwallfahrt" von der Stadt aus hinauf auf den Hügel zum Gnadenbild unternahmen. Schwendi stiftete eine neue Kirche aus Stein und übertrug die geistliche Betreuung der Wallfahrer den Kapuzinermönchen. Mit 10.000 Pilgern, welche die heilige Kommunion empfangen hatten, begann die Wallfahrt in Mariahilf. Sie erreichte ihren Höhepunkt im Jahre 1738 mit 125.000 kommunizierenden Christen. Die Mönche hatten große Seelsorgearbeit zu leisten, denn früher musste vor dem Empfang der geweihten Hostie von jedem die Beichte abgelegt werden. Wallfahrer aus Bayern, Österreich, Böhmen, Oberitalien, Ungarn, vom Unterrhein machten sich auf zur Mariahilf-Wallfahrt. Die Mirakelbücher und Votivgaben, auch der Flößer, mit den Worten: „Maria hat geholfen!", verkündeten damit allen nachkommenden Pilgern vom ungeheuren Hilfsreichtum der Muttergottes und Flößermadonna.

DIE STRENGE DES GESETZES

In einer von Hast und Eile geprägten Zeit, sind Meldungen von tragischen Verkehrsunfällen fast täglich in den Presseberichten zu lesen, die es nicht versäumen, auch auf das persönliche Schicksal der Betroffenen einzugehen. Die Anteilnahme der Leser am Leid der Verunglückten ist groß, manch Schicksal prägt sich ins Gedächtnis ein. Bis heute rührt das Floßunglück vom 17. April 1660 die Gemüter, welches sich im niederbayerischen Isartal bei Mamming ereignet hat. Zu lesen war die Geschichte 1959 in der Zeitschrift Almfried, unter den Bayerische Erinnerungen mit dem Titel „Die Prüfung des Floßmeisters Josef Pichlmayr", erzählt von L. Schiekofer:

Im April des Jahres 1660 beschlossen 17 ehrbare und fromme Münchner Bürger, eine Wallfahrt zu unternehmen. Weil nun Mämming, der erwählte Wallfahrtsort unterhalb Landshut, auf dem Wasser günstiger zu erreichen war, so zog die christliche Pilgerschar eine bequeme und schnelle Floßfahrt auf der Isar einem unbequemen und beschwerlichen Marsch auf staubigen Straßen vor. Der Münchner Floßmeister Josef Pichlmayr sollte, wie ihm seine Innung hieß, die eifrige Schar an das ersehnte Ziel schiffen. Frohen Mutes wurde das Floß zu vorgeschrittener Tagesstunde bestiegen. Als die abendliche Dämmerung hereinbrach, trieb es samt seiner Last erst zwischen Freising und Landshut. Wie hier plötzlich das Furchtbare geschehen konnte, ist nicht aufgezeichnet:

Das Floß stieß gegen einen Damm, die Pilger fielen ins Wasser und die reißenden Fluten wurden ihnen zum Grabe. Nur der Fährmann Pichlmayr konnte schwimmend das rettende Ufer erreichen. Dieser tragische Unfall erregte die Gemüter der Menschen in der damals noch kleinen Stadt München stark. Das Gericht bezichtigte den Fährmann der alleinigen Schuld an diesem für damalige Verhältnisse schrecklichen Unfalls. Obwohl Pichlmayr seine Unschuld aufs eindringlichste beteuerte, wurde über ihn schwerste Strafe verhängt:

Auf Anordnung des Kurfürsten mußte er das Land verlassen, die Ehefrau und sieben kleine Kinder in großer Armut zurücklassend. Die Zunftgenossen, von denen man ein mutiges Einstehen für den an sich schon genug Bestraften erwartet hätte, ließen ihren Kameraden fallen; sie verboten ihm vielmehr auf vorerst unbestimmte Zeit die Ausübung seines Berufes. Pichlmayr verdingte sich für fast zwei Jahre als Tagwerker fern der Heimat. Eigene Not und Entbehrung, dazu die Leidenszeit des geliebten Mannes ließen die Ehefrau Pichlmayrs nicht zur Ruhe kommen. Auf ihre wiederholten Bitten hin wurde sie am 15.3.1662 beim Kurfürsten Ferdinand Maria vorgelassen. Dieser ließ sich von der flehentlich bittenden Frau und Mutter erweichen und versprach, das harte Los der Familie Pichlmayr zu lindern. Der so in Aussicht gestellte Gnadenakt ließ in der Frau berechtigte Hoffnungen aufkommen; nicht lange aber währte das Glück. Noch am gleichen Tag erging ein kurfürstlicher Befehl an den Magistrat der Stadt München, in dem von Mildtä-

Floßunglück in Dingolfing, 1792 [Foto: Otmar Reiter]

tigkeit keine Rede war. Der Kurfürst selbst hatte sich diesen Akt der Barmherzigkeit wohl anders vorgestellt, als ihn sein Kabinett verfasst hatte.

„Wir haben … eröffnen lassen, daß selber (Pichlmayr) 2 Jahre in dem Schanzgebäude zu Ingolstadt jedes Jahr zwei Monate auf seine Unkosten arbeiten und drei Kirchfahrten und zwar nach Altötting, Ettal und Tuntenhausen verrichten, jederorts etliche Messen für diejenigen abgelebten Personen, welche durch seine Fahrlässigkeit im Floßfahren um das Leben gekommen sind, lesen lassen, auch beichten und kommunizieren und solches, daß es geschehen, gebührend bescheinigen solle…"

Pichlmayr, der so die Strenge des Gesetzes wie wohl kein anderer Floßmeister vor ihm zu spüren bekommen hatte, fügte sich von neuem diesem „Gnadenakt" des Kurfürsten. Auch die Zunftgenossen zeigten sich höchst ungnädig. Sie sparten nicht mit Vorwürfen, die in der Beschuldigung gipfelten, Pichlmayr sei der Trunksucht verfallen. Erst vier Jahre nach diesem unglückseligen Ereignis auf der Isar ließ man Mildtätigkeit walten. Pichlmayr wurde wieder in die Innung aufgenommen, und am 9. September 1664 konnte der jahrelang Ausgestoßene seine erste Fahrt nach Wien unternehmen. Er mag sich wohl mit gemischten Gefühlen dieser Aufgabe entledigt haben, zumal die Fahrt an der verhängnisvollen Stelle zwischen Freising und Landshut vorbeiführte. Pichlmayr brachte aber Floß und Fahrgäste sicher nach Wien, was ihm durch folgendes Zeugnis bestätigt wurde:

„Jesus Maria. Ich Unterschriebener bekenne hiemit, daß wir 4 Patres am Ende des Septembris oder Herbstmonat des jüngst verflossenen 1664 Jahres uns auf dem Floß Josef Pichlmayrs begeben haben, den er und sein Sohn Jergl geleitet haben und bezeugen kraft dieses, daß er uns durch alle Päß, Reiben und Brücken und andere Orte der Isar und Thonau glückselig und ohne Schaden aufgeführt und nachher Wien wohl kontent geliefert habe. In dessen Zeugnis ich mich hab unterschreiben wollen und mit des Ordens Petschaft bekräftigen. Wien, 24. Mertz 1665, P. Sylvester vom hl. Dominico Barfüßer Carmeliter."

UM SECHS UHR KAMEN WIR BEI FREYSINGEN AN

Wer im 18. Jahrhundert auf Bildungsreise durch Europa unterwegs war, kam im Kurfürstentum Bayern an einer Fahrt auf der Isar mit dem Ordinarifloß nach Wien wohl nicht vorbei. Der Umstieg auf das schnelle und preiswerte Verkehrsmittel entlastete den Reisenden für eine Woche von seinen beschwerlichen Kutschfahrten über Land. Sorgfältig plante der englische Musikwissenschaftler Carl Burney (1726–1814) jeweils die Reisen auf den europäischen Kontinent, auf denen er aus erster Hand die Materialien für sein geplantes Werk „A General History of Music" sammelte. Auf seiner ersten Grand Tour ging es nach Frankreich und Italien, 1772 auf seiner zweiten nach Flandern, in die Niederlande, an den Rhein und die Donau, seine dritte führte zu den nördlichen Regionen in Deutschland. Dabei besuchte er Konzerte, plante die Begegnungen mit Komponisten und Musikern, erforschte auch die einfache Musik, wie sie auf den Straßen zu hören war. Seine Eindrücke schrieb er in Tagebuchaufzeichnungen nieder, wobei er nicht vergaß, das tägliche Umfeld und die geografischen Begebenheiten zu schildern. Da sich Reiseberichte im 18. Jahrhundert großer Popularität erfreuten, veröffentlichte er seine Tagebücher. Schon 1773 wurden sie in Hamburg ins Deutsche übersetzt und erschienen unter dem Titel „Tagebuch einer Musikalischen Reise". Band 2 vermittelt die Eindrücke einer Ordinarifloßfahrt:

„Von München ging ich auf der Iser und Donau hinunter nach Wien; und da der musikalischen Begebenheiten auf dieser Fahrt nur wenige sind, und ich mich nicht erinnere, daß ein Reisebeschreiber die Art und Weise, wie man auf diesen Flüssen von einem Ort zum andern gebracht wird, beschrieben hat; so mache ich mir keine Bedenken, zu meinen wenigen musikalischen Anmerkungen dasjenige hinzuzufügen, was ich sonst noch bemerkt habe, und in meinem Tagebuche aufgezeichnet finde. Die Iser, an welcher Mün-

Kupferstich J.B. Deyrer, 1772, Stadtmuseum Freising – Sammlung des Historischen Vereins Freising
[Foto: Bungartz]

chen liegt, und welche hernach in die Donau fällt, fließt sehr schnell, ist in viele Arme verbreitet, und also für Barken und Böthe, die einen tiefen Boden und Kiel haben, zu flach. Der Fluß strömt auch zu heftig, daß auf demselben irgend etwas heraufgebracht werden könnte. Allein Bayern hat Ueberfluß an Holz, besonders an Tannen. Von diesen Bäumen macht man Flößer, welche den Strom hinunter gehen und des Tages einen Weg von 14 bis 16 deutschen Meilen zurücklegen. Auf diese Flößer wird eine allgemeine Hütte für die Reisenden gebauet; Will jemand eine Cajüte für sich alleine haben, so kann er solche vor ungefehr vier Gulden bauen lassen. Ich wählte das Letztre, nicht allein um schlechter Gesellschaft auszuweichen, sondern auch um Gelegenheit zu gewinnen, meine Gedanken und Anmerkungen in Ordnung zu bringen und niederzuschreiben, weil ich dazumal mit meinem Tagebuche ziemlich zurück war. Es war um zwey Uhr des Nachmittags, als ich München verließ. Das Wetter war schwülheiß und ich war mit nichts gegen die Hitze versehen; ein heller Himmel und die vom Wasser zurückgeworfenen Sonnenstralen hatten meine Cajüte ebenso unerträglich gemacht, als es unter ofnen Himmel war. Sie war von grünen Tannenbrettern zusammen geschlagen, welche so nach Harz dufteten, daß alle Wohlgerüche Arabiens nichts dagegen vermocht hätten.

Da ich das Land, durch welches ich zu reisen hatte, gar nicht kannte, und nicht wußte, daß man darin so wenig zu leben vorfinden würde, so hatte mich meine Vorsorge auf nichts weiter gebracht, als eine Matraze, eine wollne Decke und Bettücher, etwas kalte Küche, Brodt und eine Flasche Wein anzuschaffen. Ich fand aber ziemlich bald, daß mir sehr viel andre Sachen fehlten; und sollte ich diese Wasserreise in meinem Leben noch einmal thun müssen, wie ich nicht hoffe, so glaube ich, sollte mich die Erfahrung gelehrt haben, aus der Cajüte, auf eine Woche oder zehn Tage, eine ganz erträgliche Wohnung zu machen. Wenn man von München zu Wasser abgeht, macht die Stadt einen schönen Anblick. Das Land aber, wodurch wir fuhren, schien sehr armselig zu seyn; man erblickte nichts als Wasserweiden, Schilf, Sand und Strand. Das Wasser war an etlichen Stellen so untief, daß ich dachte, das Floß müßte festzusitzen kommen. Um sechs Uhr kamen wir bey Freysingen an; der Pallast des hiesigen Fürst-Bischofs liegt auf einem hohen Hügel, nicht weit von der Stadt, und macht nach der Wasserseite ein sehr hübsches Ansehen. Ich möchte nicht an Land steigen, um für das, was ich schon in meiner Cajüte hatte zu bezahlen, ein schlechtes Abendessen und Nachtlager. Mein Bedienter ging indessen mit den übrigen Passagieren hin, die sich an funfzig belaufen mochten, um frisches Brodt einzukaufen; nur hatte der Ort keins. Es hatte in dieser Gegend Deutschlands seit sechs Wochen nicht geregnet. Als wir aber bei Freysingen ankamen, ward ich in Westen einer kleinen schwarzen Wolke gewahr, welche in weniger als einer halben Stunde das heftigste Gewitter, mit Donner, Blitz, Regen und Wind hervorbrachte, dessen ich mich jemals erinnere.

    Ich erwartete wirklich jeden Augenblick, daß der Blitz meine kleine Hütte anzünden würde. Das Gewitter wüthete die ganze Nacht durch so heftig, daß mein Bedienter nicht zurückkommen konnte, und ich auf dem Wasser blieb, als der einzige Bewohner des Flosses, das mit einem Seil an eine hölzerne Brücke gebunden war. Man hatte zu beyden Seiten meiner Hütte ein viereckstes Loch in die Bretter gemacht, statt der Fenster bey Tage. Eins von den Bretterstücken, die hineinpaßten, war verloren, und sah ich mich also genöthigt, mit Stecknadeln ein Taschentuch vor dem Loche zu befestigen, um Wind und Regen abzuhalten; es half aber nur sehr wenig, und dazu drang der Regen an hundert anderen Stellen herein; plitt, platt, plitt! gings in meiner ganzen kleinen Cajüte; dann ins Gesichte, dann auf die Beine, und immer einerwärts hin. Dieses und das unaufhörliche Blitzen und Krachen des Donners hielten mich beständig wacker; zum Glück für mich vielleicht, denn ich hätte eine arge Verkältung davon tragen können, wenn ich in der Nässe geschlafen hätte. Man hatte mir gesagt, die Bayern wären in der Philosphie und andern nützlichen Wissenschaften, wenigstens drey hundert Jahre weiter zurück, als die übrigen Europäer. Man kanns ihnen nicht ausreden, die Glocken zu läuten, so oft es donnert, oder sie dahin bringen, daß sie an ihren öffentlichen Gebäuden Blitzableiter anbrächten; obgleich die Gewitter hier so gefährlich sind, daß das vergangne Jahr in dem Churfürstenthum Bayern nicht weniger als dreyzehn Kirchen dadurch verheert worden; die Erinnerung hieran war eben nicht geschickt, mich zu beruhigen. Die ganze Nacht bimmelten die Freysinger mit ihren Glocken, mich an ihre Furcht zu erinnern, und an die wirkliche Gefahr, worin ich schwebte. Ich legte meinen Degen, meine Pistolen, Uhrkette und alles, was als ein Conductor den Blitz auf mich leiten könnte, so weit von mir als möglich auf die Matratze. Ich hatte mich sonst eben niemals vorm Gewitter gefürchtet, aber itzt wünsche ich eins von D. Franklins Betten zu haben, welche an seidnen Schnüren in der Mitte eines großen Zimmers aufgehängt werden. Ich hielt das Gewitter aus, bis gegen Morgen, ohne einen Wink von Schlafe in die Augen zu bekommen. Mein Bedienter sagte mir, die Herberge auf dem Lande sey erbärmlich gewesen; es hatte in alle Zimmer geregnet, und für alle fünfzig Leute hatte man nichts anders zu Essen anzuschaffen vermocht, als schwarz Brodt und Bier, worin zwey oder drey Eyer geschlagen waren. Um Sechs kamen wir wieder im Gang. Regen und Wind waren noch immer gleich heftig, und nach der stärksten Hitze ward die Luft so herzlich kalt, daß ichs unmöglich fand, mit allem was ich mir über den Leib warf, mich zu erwärmen. Denn ob ich gleich, außer meiner gewöhnlichen Kleidung noch ein paar dicke Schuh, wollne Strümpfe, einen flanellen Brusttuch, einen Ueberrock anzog, und eine Schlafmütze aufsetzte, und mich einhüllte so gut ich konnte, war ich doch vor Kälte erstarrt." - Am Ende der Ordinarifloßfahrt sieht er Wien, das viel "Ähnliches mit Venedig hat, obgleich nicht so viel Wasser zu sehen ist, weil die Donau oberhalb der Stadt sich in drey Arme geteilt hat. Man entdeckt von der Wasserseite aus vierzig bis fünfzig Thürme und Thurmspitzen. Der Mauthof betrog mich nicht in meiner Erwartung, daß ich hart durchsucht werden würde, besonders über den Artikel der Bücher…"

FÜR FLOSSKNECHTE HOLZ UND KALK

Meist aus der ländlichen Unterschicht gingen die Floßknechte hervor, die saisonal vom Frühling bis Herbst vom Floßmeister eingestellt wurden. Sie besaßen oft nur einen kleinen Grund- oder Hausbesitz und verdienten auch mit der Holzfällerei oder bei Triftarbeiten ihren Unterhalt. Zwischen Meister und Knecht unterscheidet erstmals die Tölzer Flößerordnung von 1517. Der Knecht hatte die Weisungen des Meisters zu befolgen, ansonsten wurde ihm das Handwerk verboten. Knechten war es zwar erlaubt, unterwegs Ladung aufzunehmen, der Erlös aber stand dem Meister zu. Der Tageslohn eines in der Jachenau angeheuerten Flößerknechts betrug 14 Pfennige. Wenn ein Knecht des Handwerks nicht kundig war, standen ihm nur 12 Pfennige zu. Der Floßmeister hatte das Recht sich die Knechte selbst auszusuchen. Sollte der Knecht sich in den Weinhäusern betrinken und sich nicht ordnungsgemäß verhalten, wurde er entweder vom Gericht oder vom Meister bestraft.

Die häufigsten Transportaufträge der Floßknechte waren Bauholz, „Holzscheid Waaren", Schnitt- und Brennholz, auch Holzkohle sowie Holz, das sie bei öffentlichen Ver-

Ansicht München 1687 von W.A. Ertl, Churbaierischer Atlas, Farbgebung 2013 Franz Schiermeier

steigerungen in Stiftungs- oder Kommunalwaldungen an sich bringen konnten. Zu den Hauptabnehmer zählten die Städte München, Freising, Landshut mit ihren großen Bauvorhaben. Viel Geld konnte damals damit verdient werden. Kostete ein Floß im Jahr 1473 noch durchschnittlich 336 Pfennige, verteuerte sich der Preis bis 1533 schon auf 584. Als Übertreibung mag es zunächst erscheinen, dass wohl alle Dachstühle auf den alten Gebäuden der Isarstädte einst als Flöße den Fluss heruntergeschwommen sind. Doch andererseits wird es wohl keine größere Stadt entlang der Isar geben, die das Holz für ihre prächtigen Bauwerke nicht aus den Wäldern des Isarwinkels bezogen hat. Für die Schlösser in Menzing, Dachau und die Veste in München lieferte der Floßmann Schäper aus Tölz im Jahre 1438 „ain Floß von 50 schuchen gen mentzing, 6 flöß, die ettlich bei 55 Schuh lang haben gehabt, zum turm und zum gang und stall im castenhaus".

Auch zu Brennzwecken wurden den Flößern buchene und feuchtene Flöße für die Veste abgekauft. Für die Frauenkirche zu München, als größtes Bauprojekt im Spätmittelalter, ist im Rechnungsbuch der Stadtkammer mehrfach der Ankauf einer beachtlichen Menge von Flößen aufgeführt. Allein für den Dachstuhl benötigte Zimmermeister Heinrich 147 Flöße, davon 49 Zimmer- und 43 Schnittholzflöße mit zusammen etwa 630 Festmeter Rundholz. Die aus einer Inschrift herrührenden oft genannten 1400 Flöße können nach heutiger Berechnung nicht mehr standhalten. Die Zahl wurde außerdem erst 300 Jahre später dem Originalgemälde des porträtierten Zimmermeisters Heinrich von Straubing zugefügt. Das Werk des bedeutenden spätgotischen Maler Jan Polack hing ursprünglich in der Frauenkirche. Eine Kopie davon ist im Diözesan-Museum Freising zu finden. Es war Floßmann Balthasar von Huppenberg der auf fünf Flößen für den herrliche Dom zu Freising die Eichenbäume „für den Grund des Gestühls" lieferte. Das Eichenholz für das kunstvolle gotische Chorgestühl sägte zu passenden Läden die Valeis-Säge unterhalb von Tölz. Der Holzhandel mit den Isar- und Donaustädten bis hinunter nach Wien war zwischenzeitlich so rege, dass er die großen Waldbestände in Tölz in Gefahr brachte. Der bayerische Herzog Albrecht IV. der Weise sah sich deshalb im Jahre 1476 gezwungen, ein Landgebot zur Schonung der Junghölzer zu erlassen, um der „Holzkauderey" Einhalt zu gebieten. Im Jahre 1492 flößten nach Münchner Kostenrechnung drei Wolfratshauser Floßleute insgesamt 5.100 fichtene Zaunstecken nach Grünwald, die vermutlich für den Tierpark des Herzog Sigismund bestimmt waren. Er weilte gerne auf dem Jagdsitz und ließ unterhalb der Burg einen Wildpark anlegen. Im Garten hielt er sich ausländische Tiere und Vögel. Der Geschichtsschreiber Veit von Arnpeck wusste, „im was wol mit schönen frauen, und mit weißen tauben, pfaben, swein und vögeln und allen selczamen tierlein".

Die reichen Herzöge aus der niederbayerischen Residenzstadt Landshut orderten für ihre prachtvollen Gebäude ebenfalls Holz aus dem Oberland. Laut Hofkastenamtsrechnung kamen dort im Jahre 1493 unter anderem 112 Riemlingsbretter, und 521 Kalkfässer auf Flößen an. Das Gewerbe florierte so gut, dass es im Jahre 1696 vorübergehend zum Mangel an Floßholz kam. Als sich im Jahre 1746 die Forstprodukte stark verteuerten, verordnete Kurfürst Maximilian III. der Vielgeliebte eine Ausfuhrsperre für Holz aus Bayern. Auch im 18. Jahrhundert bezog München immer noch das meiste Bauholz durch die Tölzer Flößer. 4.088 Flöße mit 39.163 Baumstämmen kamen allein im Jahre 1795 an. Jedes Floß hatte damals einige Sand- oder Kalksteine für die Straßenpflasterung Münchens mitzubringen. Doch bereits 1130 sollen 1.000 Landfuder Hornsteine auf der Isar nach München gebracht worden sein. Für den Dachstuhl des Münchener Aktien-Volkstheaters am Gärtnerplatz wurden im Wolfratshauser Wald, dem Burgholz, die Stämme geschlagenen und 1864 zum Weitertransport in die königliche Residenzstadt auf Flöße verladen.

Die ersten historisch bezeugten Kalkfuhren kamen 1327 von Tölz nach München. Um den Kalk vor Nässe zu schützen, wurde zum Transport ein gedecktes Floß mit Dach verwendet. Baurechnungen existieren von Grünwald aus den Jahren 1486/87. Floßmann Hirsperger aus Tölz erhielt „an eritag vor dem Pfingsttag anno 86 umb 60 väßl kalch" den Preis bezahlt. Auf Margarethä gingen 4 Gulden für ebenfalls 60 Fässer Kalk an den anderen Tölzer Flößer Heinrich Hausmann. Auch der Baumeister der Münchner Frauenkirche, Jörg von Halspach, genannt Ganghofer, ließ sich Kalk vom Oberen Isartal liefern, der wegen seiner Qualität einen guten Ruf besaß. In zwanzig Jahren (1468–1488) entstand unter seiner Leitung Münchens Wahrzeichen, der Liebfrauendom mit den beiden 99 m hohen Türmen, als eine der größten spätgotischen Hallenkirchen Süddeutschlands. Gegen Ende des 18. Jahrhunderts kamen jährlich 800 bis 900 Kalkflöße in der kurfürstlichen Residenzstadt München an. 1803 lieferte Floßmann Wenig für den Universitätsbau in Landshut 90 Muth Kalk und 3.300 Bretter, mit ausgestelltem „Passaschierschein" zur Durchfahrt Münchens. Kalksteine wurden im Flussbett der Isar gesammelt, meist von

Frauen, den „Stoaklauberinnen". Sie schichteten die Kalksteine zu einem Haufen am Ufer auf. Dort wurden die „Isarkugeln" auf Pferdefuhrwerke umgeladen und zum Kalkofen gefahren. Über 79 Öfen gab es zwischen Mittenwald und München, in denen die Steine bei einer Temperatur von etwa 1.000 Grad Celsius zu reinem weißem Kalk gebrannt wurden. Dazu waren 40 bis 50 Festmeter Holz erforderlich. Vielseitig konnte der gebrannte Kalk verwendet werden: Zum Anstrich von Wänden, als Maurermörtel, Bodenbefestigung, Farbstoff oder Düngemittel. Hauptabnehmer waren die Städte und Klöster und Hauptumschlagplatz die Untere Lände in München.

Das geschäftige bunte Treiben um die ankommenden und abfahrenden Flöße zog Menschen aus allen Gesellschaftsschichten magisch an. Auch seine Majestät König Ludwig I., der unermüdliche Bauherr seines klassizistischen Münchens schaute gelegentlich vorbei. Während seiner Regierungszeit (1825–1848) lieferte ihm Steinmetz Franz Höllriegel mehrfach Tuffsteine aus seinem Steinbruch bei Grünwald. Wenn seine Majestät in der Gastwirtschaft „Grüner Baum" an der Lände einkehrte, konnte sie sich wohlfühlen gemäß dem eigenen Wahlspruch: „Wir wollen Teutsche sein und Bayern bleiben." Für lustige Geselligkeit sorgten die durstigen Floßleut die nach erledigter Arbeit auch gerne „beim Grean Baamwirt" eingekehrt sind und so manche Anekdote entstand hierbei über den König.

Hier geht es lustig zu, / wer lechzt nach braunem Bier, / der finde sich hier ein, / da kann er sich erquicken. / Von Tölz flüßt solches Oel / nach dieser Lust-Revier. / Sehr viele tut es oft / gestärkt nach Haus schicken. / Spruch unter dem Kupferstich von Franz Xaver Jungwirth, 1767. Die Lände am Grünen Baum.

TRIFTHOLZ FÜR WARME STUBEN

Seit urdenklichen Zeiten wird die Tragkraft des Wassers für die Beförderung von Lang- und Rundholz genutzt. Einerseits für das gebundene Floß, andererseits für die Trift, bei der einzelne Stämme von allein an den Bestimmungsort geschwemmt werden. Im Jahr 1584 versuchte man das erste Mal, das zur Belieferung der Hofhaltung erforderliche Brennholz in zweieinhalb Meter langen Stammabschnitten aus den landesherrlichen Waldgebieten des Oberlandes nach München herabzuschwemmen. Eine größere Trift fand 1587 statt. Davor wurden einige Vorbereitungen getroffen. Herzog Wilhelm V. der Fromme ließ bei der Praterinsel einen alten Mühlrechen als Abweisrechen mit starken Spindeln besetzen, womit das auf der Isar ankommende Triftholz aufgefangen und von Holzknechten herausgezogen werden konnte. Im Jahr 1589 zerstörte eine große Überschwemmung

Monachium München, 1644, Matthäus Merian d. Ä. Ausschnitt Untere Lände mit Holzrechen [Stadtatlas München, Franz Schiermeier]

den Holzrechen. Infolgedessen wurden 180.000 Holzriegel fortgeschwemmt. Daraufhin wurde durch den Wasserbaumeister Reiffenstuel ein neuer Abrechen errichtet. Gleichzeitig nahm man die Gestaltung eines Hofholzgartens in Angriff. Er befand sich zwischen Lehel und Hirschanger, in der Gegend des heutigen Nationalmuseums. Die Konstruktion war so beschaffen, dass das Triftholz am Abrechen hängen blieb und durch eine Schleuse hindurch in einen seitwärts abfließenden Triftbach geleitet werden konnte. Von diesem Triftbach aus trieben die Stämme zu den auf beiden Bachufern verteilten Auen des Holzgartens. In den ersten Jahren des 17. Jahrhunderts wurden an den Trifteinrichtungen einige Verbesserungen vorgenommen und der Holzgarten vergrößert.

Bis zur Einstellung der Trift in der zweiten Hälfte des 19. Jahrhunderts blieben alle Vorrichtungen erhalten. Der Geschichtsschreiber Lorenz Westenrieder berichtet 1792 von der Trift: „Die Bauern in den Gebirgen sägen in ihrer Heymath die Bäume, nach einem bestimmten Maaß ab, und werfen sie in die Isar, so sie dann bis München herabschwimmen. Zur Zeit, wo dieß geschieht, schließt man vermög starker Balken den sogenannten Abrechen, oder großen Wasserfall auf allen Seiten, und öffnet einen Seitenkanal, durch welchen dann das ankommende Holz, das man Triftholz nennt, bis nach dem Holzgarten geführt, und da niedergelegt wird." Das Triftholz hatte meist eine Länge von etwa zwei Meter, die „Tölzer Prügel" maßen sechs Schuh. Mit Brandzeichen war das Triftholz markiert. Zur Lieferung des Triftholzes nach München wurden die der herzoglichen Kameralverwaltung unterstellten Waldungen des Reviers Riss ausersehen. Um Unglücksfälle zu vermeiden, kam es während der Dauer der Trift zu Regularien mit den Floßleuten. Eine Neuordnung erfuhr das Triftwesen im Jahre 1798, bei der die Triftwaldungen an der Riss und Isar sowie die Tiroler Wechselwaldungen neu vermessen und in Triftschläge eingeteilt wurden. Die Aufsicht über das gesamte Triftwesen hatte nun der Revierförster des Reviers Mittenwald, während die Abwicklung der eintreffenden Trift in den Münchner Holzgarten dem Triftamt in München übertragen war. Für die Brücken wirkte sich das herunterschwimmende Holz allerdings sehr nachteilig aus. Häufig wurden sie beschädigt oder das Triftholz verstopfte die Wehre. Auch an Ufern blieben die Stämme und Scheiter oft hängen und mussten mit Grieshaken und Stangen losgerissen werden. Eine sehr gefährliche Arbeit, bei der man schnell von einem Baustamm erwischt und gequetscht werden konnte. Besonders am Endpunkt der Trift in München oberhalb des Hauptrechens kam es häufig zu einer „Stemmung" der Hölzer, die durch Zerschießen mittels schweren Geschützes beseitigt werden mussten. Bedeutende Hochwasserschäden in den Jahren 1807 und 1813, wobei die Ludwigsbrücke einstürzte, nahm deshalb das Wasser- und Brückenamt München zum Anlass, einen Antrag wegen Aufhebung der Trift einzubringen. Der Antrag wurde zwar abgelehnt, erreichte aber eine Verbesserung der Trift. Von nun an durften die Holzprügel nur noch in der gewöhnlichen Scheiterlänge zu 3 ½ Fuß getriftet werden. Erheblichen Zuwachs erhielten die Staatswaldungen durch die Säkularisaton mit den ehemals unter geistlicher Herrschaft befindlichen Waldungen bei Garmisch und Ettal. Die dortigen Holzbestände konnten nun auch zur Trift herangezogen werden. Die Loisach erhielt deshalb einige Ufersicherungen durch Steinbauten, sodass ab 1821 das Triften nach München begonnen werden konnte. Die Regierung ließ es auch in der Folgezeit nicht an Verbesserungen des Triftwesens fehlen, da sie in der Prügelflößerei auf der Isar den wichtigsten Faktor der Holzversorgung des Hofes und der Behörden sah. So wurden die Thalkirchner Überfälle südlich der Stadt fester gebaut und allgemein die Isar durch dauernden Unterhalt von Uferbauten versichert.

Als sich die Unglücksfälle an den Länden infolge Aufstauungen häuften, schritt die Regierung ein. Sie erließ 1841 eine Ländordnung, die nur während der Triftzeit Gültigkeit besaß und die Floßfahrt bis zur Beendigung der Nachtrift gänzlich sperrte. Meist wurde im Frühjahr getriftet, wenn sich durch Schneeschmelze das Flussbett anfüllte. 1847 kam es zum Ausbau des Kanals bei Großweil, der eine Umgehung des Kochelsees ermöglichte. Am 19. Juni 1852 schloss das bayerische Aerar mit dem österreichsen Staate einen Vertrag, wonach die folgenden 10 Jahre aus den Tiroler Waldungen in Riss- und Bächental jährlich 3.250 Klafter Brennholz zum Lokalverbrauch nach München getriftet werden durften. Im Gegenzug wurde das gleiche Quantum aus den für den Verkehr mit Innsbruck günstig gelegenen bayerischen Staatswaldungen der Reviere Mittenwald, Krün und Walchensee an den österreichischen Staat abgegeben. In den folgenden zwei Jahrzehnten erreichte die Isartrift, immer von günstigen Wasserständen begleitet, mit einer jährlichen „Einrunst" von durchschnittlich 16–20.000 Klafter Holz ihren höchsten Stand. Diese Jahre der Blüte waren aber auch die letzten für die Münchner Holztrift. Die Bewegung so großer Holzmassen auf der Isar innerhalb der Stadt bildete eine große Gefahr für die vielen Brücken und Uferbauten sowie für die nahe an die Isar gerückten Gebäude. München hatte im Jahre 1852 über 100.000 Einwohner und wurde zur Großstadt. Als dann 1868 durch Aufstauung der Triftprügel vor dem Abrechen ein Teil der St. Anna Vorstadt im Lehel überschwemmt wurde und die Mühlen an den Stadtbächen still liegen mussten, sah man auch an oberster Stelle die nachteiligen Folgen und die Gefährdung der Sicherheit durch die Trift verursachten Überschwemmungen ein. So fand 1869 die letzte die Holztrift statt. Im Lehel erinnern heute noch die Länd- und Triftstraße an jene Zeit, als getriftetes Brennholz so manche Stube erwärmte. Seine Sehnsucht nach dem wärmenden Holz drückt der kurbayerische Hofpoet Matthias Ettenhuber (1720–1782) auf ganz eigene Weise aus:

Mit Tölzer Garnison / – Acht Regimenter stark / – Rechtschaffene Bergrekruten, / Die Tölz anher geschickt auf raschen Isarfluten /sind meiner Meinung nach die beste Garnison.

DER TÖLZER PRÜGEL

Von Karl Stieler
Die starken Schnittbaam von 7 Fuaß
Die hoaßt ma Tölzer Prügel,
So hoaßt ma aa die Tölzer Buab'n
Dös is a zacher Zügel.

Auswenid sa'ns a bisl grob.
Aber guats Holz steckt drinna!
Und wer fest hischaugt, kunnt auf d'Letzt
A Häufi Gold drinn finna.

S' is über's Sach und über d' Leut
Wohl d' Moanung oft verschieden.
Wer aber den g'winnt, der is g'wiß
Mit 'n Tölzer Prügel z'frieden.

Postkarte Isarflößer [Archiv: Helga Lauterbach]

Historische Anmerkung: Karl Stieler (1842–1885) war schon zu Lebzeiten als Hochlanddichter bekannt und beliebt. Durch seine Weltoffenheit wurde er zum Mittler zwischen Süd- und Norddeutschland. Sein Gedicht der Tölzer Prügel stammt aus der Zeit als es noch auf der Isar die Flößerei als Gewerbe gab, zu der auch die Trift zählte. Darunter verstand man das frei im hochgehenden Frühjahrswasser im Fluss treibende Holz, das auf der Isar bis München getriftet wurde. Das Triftholz waren meist zwei Meter lange Holzprügel, die nach der Gegend ihrer Herkunft so bezeichneten „Tölzer Prügel". In alten Erzählungen ist die Rede von Tölzer Flößern, die während der Fahrt für die arme Bevölkerung Münchens Kleinholz oder Prügel als unentgeltliches Brennholz ins Wasser warfen, bevor sie ihre Flöße anländeten. Diese guten Taten wurden von den am Ufer wartenden Holzbettlern mit den Rufen, „Tölzer Prügel", als eine Gottesgabe angesehen und dankbar aus der Isar gefischt. Seit dieser Zeit wird der Name auch für die Bezeichnung der Tölzer Einwohner verwendet. Das Tölzer Stadtmuseum ist im Besitz eines einzigartigen Humpens aus dem 19. Jahrhundert, wegen seines Aussehens "Tölzer Prügel" genannt.

Eine Kopie fertigten im Auftrag die Handwerker des Tölzer Heimatwerks an, als symbolträchtiges und ausgefallenes Geschenk an den Oberbürgermeister Christian Ude, anlässlich des 850. Stadtgeburtstags München. Der Sockel des Humpens ist aus einem der Isar entnommenen Kalkstein gefertigt und symbolisiert den gebrannten Kalk, der über Jahrhunderte hinweg von Tölz nach München geflößt wurde. Die Umhüllung des Humpens ist aus noch berindetem Holz und verweist auf das transportierte Bau- und

Humpen in Form eines Tölzer Prügels. Geschenk der Stadt Bad Tölz zum 850. Stadtgeburtstag Münchens. Der Humpen befindet sich heute als Dauerleihgabe im Fundus des Flößer-Kulturverein München-Thalkirchen e. V. [Foto: Helga Lauterbach]

Triftholz für die Residenzstadt. Der Glaseinsatz im Gefäß erinnert an das aus Tölz angelieferte wohlschmeckende Bier. Am Henkel des Humpens sind Floßhack und Rücksack angebracht, unverwechselbare Attribute für das Handwerk der Flößer. – Auch in süßer Form ist der „Tölzer Prügel" vor Ort in einer Conditorei-Confiserie zu finden, als kräftige Stangen-Praline zum alsbaldigen Verzehr bestimmt.

KEIN PLATZ FÜR BERAUSCHTE PERSONEN, WEIBER ODER KNABEN AN DEN MÜNCHNER LÄNDEN

Um 1300 war die Isarflößerei bereits voll im Gang. München hatte sie fest im Griff und durch Gesetze allgemein geregelt. Anländen, Ausladen, Ankauf, Verkauf, Lagern, der Transitverkehr alles sollte reibungslos nebeneinander funktionieren. Die seit 1318 erhaltenen Stadtkammerrechnungen bezeugen einen lebhaften Floßverkehr. Als Transportgut nennen die ältesten städtische Quellen Holz, Kalk, Schindeln, Wein, Öl oder das in Ballen verpackte „Truckengut", im Gegensatz zu den Fässern für Flüssiges. Hauptumschlagplatz war die Untere Länd bei der heutigen Ludwigsbrücke. Den Ländbetrieb überwachte und betreute ein vom Rat eingesetzter vereidigter Pfleger. Ab 1404 ändert sich die Bezeichnung in Ländhüter. Für das Amt wurden in der Regel angesehene und einflussreiche Meister ausgewählt. Als städtische Bedienstete erhielten sie das übliche Quatembergeld, jährlich einen schlichten Rock, zinsfreie Wohnung und dazu als Teil des Lohnes eine „Bierzäpflersgerechtigkeit", um Bier ausschenken zu können. Sie überprüften vor Ort, dass „die flöss ir rechte Stangen", die rechte Breite hatten und kassierten das Länd- und Hängegeld sowie die Lager- und Magazingebühren. Die Länd stellte damit eine einträgliche Einnahmequelle für die Stadt dar. Auch die Überwachung der vorgeschriebenen Liegezeit der Flöße und der Holzverkauf gehörten zu den Aufgaben der Ländhüter. Flöße die zu lange unverkauft im Wasser lagen, waren herauszunehmen und auf „Ganter" zu legen. Alle Flöße mussten an den Uferwänden anlegen und ihre Frachten auf Bretterstiegen ausladen. Nur Flößen mit schweren Steinen oder schwerem Bauholz beladen war das Anlanden an den „Ausmähnen" erlaubt, damit sie von Pferdegespannen auf den schrägen Ufereinschnitten herausgezogen werden konnten. An diesen Ausladeplätzen durften weder Floßbäume noch Waren länger als 24 Stunden liegen bleiben.

Helfer der Ländhüter waren die Ländknechte. Die Münchner Länd erhielt 1511 durch den Magistrat der Stadt eine feste Ordnung mit „Pueßbuch", die im Laufe der Jahrhunderte nach Bedarf verändert und erneuert wurde. Die Floßleute hatten sich nach ihr zu richten oder mussten bei Nichtbeachtung mit Strafen rechnen. 1625 wurde mit der neuen Länd- und Ländhüter-Verordnung erstmals der Versuch gemacht, durch genaue Aufzeichnungen einen Überblick über den Münchener Ländverkehr zu bekommen und diese wöchentlich bei der Stadtverwaltung anzuzeigen. Auch im 30-jährigen Krieg kam der Waren- und Floßhandel in München nicht ganz zum Erliegen und erholte sich danach schnell wieder. In Anbetracht des großen Andranges an den Ländeplätzen wurde 1668 dem Ländhüter ein Ländschreiber beigestellt und gleichzeitig die Gebühr für das Anländen eines Floßes von 4 Kreuzer auf 6 kr. erhöht. Die Erhöhung des Ländgeldes rief bei den Flößern des Oberlandes Unzufriedenheit hervor.

Um „Abstöllung dieser Novitäten" baten die Floßleute von Tölz und Hohenburg, da sie bei den niederen Holzpreisen draufzahlen müssten und demzufolge kaum ihre Familien ernähren könnten; zunächst ohne Erfolg. Erst 1685 kam es zur Rücknahme der Erhöhung durch einen Befehl des Kurfürsten Ferdinand Maria, der die vom Stadtrat vorgebrachten Gründe der Ländgelderhöhung nicht anerkannte. 1727 wurde die Ländordnung erneuert. Trotz mehrerer Stadterlässe in den folgenden Jahren sowie einer Verordnung von 1791 des Kurfürsten Carl Theodor zur Wiederaufnahme des Stapelrechts für Kohlenflöße, hatte die alte Ländordnung von 1727 noch ihre Gültigkeit, die jedoch kaum mehr Beachtung fand. Schließlich trat 1821 eine weitere Floßordnung in Kraft, mit welcher der Güter- und Personenverkehr auf der Isar von Mittenwald nach München neu geregelt wurde.

Beliebte Flößerwirtschaft „Grüner Baum" an der Unteren Lände in München. [Aus: Ausstellungskatalog, 1983, Die Isar. Ein Lebenslauf]

§ 1 dieser Ordnung hob die bisherige Form der Floßmeisterzunft auf. An ihre Stelle trat eine neue Gesellschaft von Floßmeistern, „als eine zur Sicherung der Floßfahrt notwendigen Polizeianstalt." Die Floßmeister wurden von der Lokalpolizeibehörde aufgenommen. Sie waren nach § 2 zum Transport der Kaufmannsgüter und zur „Unterhaltung des Wochenfloßes nach München berechtigt und verpflichtet. Die Produkte der Umgebung wie Gips, Kalk, Kohle usw. durften frei transportiert werden. Dieses Durcheinander von Verordnungen durch die Jurisdiktion auf der Isar konnte erst mit einer neuen Ländordnung von 1833 behoben werden. Die Aufstockung des Personals an den Länden war ein Teil davon. Auch die im Jahre 1864 neugefasste Ländordnung für die königliche Haupt- und Residenzstadt regelte das Treiben an der Lände. Sie durfte nicht für andere Zwecke, wie Baden, Schwemmen von Tieren, Ableeren und Ausgießen von Unrat, benutzt werden. An der Unteren Lände befand sich der Amtssitz der Länd-Inspektion. Für die Oberleitung des gesamten Ländwesens zeichnete der Länd-Inspektor verantwortlich, wozu die Handhabung der Ländordnung, Lagerung und „Magazinirung", Überwachung des Handels sowie Buch- und Cassaführung zählten. Wo die Flöße anzuländen hatten, legte der Inspektor fest. An anderen Plätzen ihr Holzschiff festzumachen, war den Flößern verboten, außer in Notfällen.

Die Ländhüter, jetzt Ländmeister genannt, leisteten beim Anländen die erforderliche Beihilfe. Sie warfen vom Ufer aus das Ländseil mit dem schweren Eisenhaken hinüber zum Fergen, der ihn an der vorgesehenen Spange am Floß einhackelte. Das andere Ende des Seils wurde am Ufer an der Ländsäule, auch Schrickpfahl genannt, festgemacht, wodurch das Floß zum Stehen kam. Zur vorschriftsmäßigen Ausstattung gehörte mindestens ein gutes hanfenes Seil. Richtungszeichen am Ufer gaben an, wie die Lände mit den Flößen an- oder zu durchfahren war. Wenn die weißblaue Fahne an der Reichenbachbrücke wehte, hatten alle Flöße oberhalb der Steinernen Brücke (Ludwigsbrücke) anzuländen. Um bei den vielen Flößen die Übersicht nicht zu verlieren, mussten sie mit einer vom Lande aus leicht erkennbaren, mit weißer Ölfarbe gestrichenen Standarte ausgerüstet sein, auf welcher in großen schwarzen Buchstaben Vor- und Zuname des Flößers zu lesen war.

Dass solche Vorschriften nicht nur auf dem Papier existierten, sondern auch geahndet wurden, kann der aufgesetzten Beschwerde von 1863 der Floßmeister auf Isar und Loisach in den Amtsbezirken Werdenfels, Weilheim, Wolfratshausen, Tölz entnommen werden: "Die Bestrafung wegen Mangels einer Standarte auf den Flößen geschah bisher mit einer Rigorosität, welche jeden, selbst den trifftigsten Entschuldigungsgrund, ausschloß, in den bei jedem vorkommenden Falle ohne Rücksicht auf die Ursache des Fehlens der Standarte Strafe exekutiert wurde. Es wäre der Billigkeit angemessen, wenn darin ein Unterschied gemacht würde, ob die Standarte aus Vergeßlichkeit oder Nachläßigkeit fehlt, oder ob dieselbe wegen eines unterwegs erlittenen Unglücksfalles ohne Verschulden zu Verluste ging. Hiernach dürfte das Strafverfahren zu bemessen und einzurichten seyn, demnach die Strafe in jenen Fällen wegzufallen habe, wo ein Selbstverschulden erweislich nicht vorliegt."

Grundsätzlich musste jeder Floßmann nach Ankunft an der Unteren Lände sofort in der Länd-Inspektion antreten und den Namen des Floßeigentümers sowie Warengattung und Ladung angeben. Sie befand sich bei der heutigen Obermaierstraße. Danach galt es, sich um die Ausgabe einer Nummer zu kümmern, welche mit roter Ölfarbe am Floß anzubringen war und erst nach Entfernung des Floßes aus dem Wasser abgenommen werden durfte. Wenn jedoch Floß und Ladung frei verkäuflich waren, konnte sie der Flößer sofort nach Ankunft auf die Lager- und Magazinplätze bringen lassen. Mit einem Strohbüschel, „Schaub" genannt, wurde die verkäufliche Ware markiert. Nach Verkaufsabschluss bestand die Auflage, die Ware innerhalb drei Tagen zu entfernen. Wer die Bestimmungen über „Räumung der Lager- und Magazin-Plätze" nicht befolgte, musste mit der Versteigerung von Floß und Ware rechnen. Die erlösten Beträge wurden nach Abzug der Gebühren und Kosten dann dem Eigentümer zugestellt.

Die öffentliche Bekanntgabe des Versteigerungstermin geschah durch Anschlag am Geschäftslokal der Länd-Inspektion und „mittelst Einrückung in ein gelesenes Lokalblatt" acht Tage vorher. An Sonn- und Feiertagen, nach Sonnenuntergang sowie überhaupt nach sechs Uhr abends durften Flöße nur dann geländet werdet, wenn hierüber schon vor Eintritt dieser Zeit Anzeige erstattet war. Zur Zeit der Neufassung der Ländordnung 1864 hatte die Isarflößerei mit 11.145 Flößen im Jahr ihren Höhepunkt erreicht. Die jetzt geltende Gewerbefreiheit, wonach jedermann zum Flößereigewerbe Zugang hatte, erforderte eine vom Magistrat der Stadt München klare Deklination, wer für das Floßführen eine Erlaubnis erhalten kann: Das Floß muss mit einer hinreichend des Fahrens wohl kundigen Person bemannt sein. Speziell in § 6 Abs. 2 der Ländordnung ist festgehalten: „Es ist verboten, berauschte Personen, Weiber oder Knaben hiezu zu verwenden, und das Ländpersonal ist ermächtigt, dergleichen ungenügend ausgerüstete oder bemannte Flöße anzuhalten und an der Weiterfahrt zu hindern." Dieses Verbot hat seine absolute Berechtigung im Hinblick auf die Sicherheit von Fahrgästen und Ladung. Immerhin brachte es ein unbeladenes Floß mit meist 18 Stämmen auf das beachtliche Gewicht von 18 Tonnen. Das Führen eines solchen verlangte deshalb ein g'standenes Mannsbild mit Muskelkraft, damit weder Brücken oder Wasserbauten noch andere Flöße beschädigt wurden.

Münchens zweite Floßlände, die Obere Lände, befand sich am Westermühlbach vor dem Sendlinger Tor. Auch hier galten die Ländbestimmungen uneingeschränkt. Sie lag nicht direkt an der Isar, sondern an einem Nebenarm des Flusses. Als Kopflände war sie für den Floßtransit nicht verwendbar und hatte deshalb nicht die Bedeutung wie die Untere Lände. Doch auch sie stand als Gemeindeeigentum unter Verwaltung der Stadtkammer und schon um 1310 bestimmte der Rat drei Pfleger „oben bei der lent". Fast ausschließlich Holzlieferungen kamen an der Oberen Lände an. Mit der Vergrößerung Münchens war die Holzversorgung die Hauptaufgabe der Isarflößerei. Das Holz wurde mit Pferden aus dem Bach gezogen und auf den vorhandenen Stapelplätzen an Holz- und Baumstraße zum Trocknen gelagert. Zum Schutz der aufgestapelten Vorräte gegen Diebstahl und Feuergefahr waren Holzwächter und Ländknechte zugegen. Vor allem die Müller, Bäcker und Brauer hatten hier ihre Holzlagerplätze. Aber auch die Münchner Bürger konnten zur Aufstapelung ihres Brennholzes, das sie an der Oberen Lände gekauft hatten, städtische Holzlegen pachten, die meist 40 Quadratschuh groß waren. Unmengen an Holz benötigten die Kalköfen oder die Öfen der Ziegeleien. Viereinhalb Flöße mit einer Holzmenge von etwa 18 Kubikmetern waren für den Brand von 15.000 Ziegelsteinen nötig. Auch der Holzverbrauch der Bäder und Badstuben sowie der Brauer, Bäcker, Branntweinbrenner war nicht gerade gering. Dazu kam das Werkholz für die ansässigen Kistler, Zimmerer, Drechsler, Wagner, Schmiede, die Öfen und Kochherde der Familienhaushalte. Das meiste Holz kam aus Tölz. Im Jahre 1785 wurden 4.088 Flöße mit 39.163 Baumstämmen an der Oberen Lände gezählt. Jeder Holzverkäufer war verpflichtet, sein Holz auf der Lände durch den Landhüter oder einen Holzmesser messen zu lassen. Die wichtigste Aufgabe der Stadtkammer lag stets in der Versorgung des Gewerbes mit Brennholz, um einer eintretenden Lebensmittelverteuerung bei Mangel an Holz vorzubeugen. Anlässlich eines starken Preisrückgangs für Holz im Jahre 1865 tätigten die Holzhandelshäuser vom Rhein und Neckar beachtliche Ankäufe von Langholz an den Münchner Länden und ließen es mit der Bahn weiterbefördern.

Die dritte Münchner Lände befand sich südlich vor den Toren Münchens in Thalkirchen, das als Dorf noch nicht eingemeindet war. Bei den gefürchteten Thalkirchner Überfällen unterhielten die Flößer seit Jahrhunderten eine Notlände, die regelmäßig vor dem Passieren der Gefahrenstelle von ihnen angefahren wurde. Über lange Zeit kämpften sie mit den Behörden um Anerkennung ihrer Notlande und deren Unterhalt. Es bedurfte vieler Anträge und Versuche seitens der Flößer, bevor aus dieser lebensnotwendigen Lände eine offizielle wurde und schließlich in die Ländordnung der königlichen Haupt- und Residenzstadt vom 31. August 1864 aufgenommen wurde.

REVOLUTION. FRAUEN AM RUDER!

Eine schwierige Zeit hatten die Floßunternehmen während des Ersten Weltkriegs (1914–1918) zu bewältigen. Zahlreiche junge Flößer wurden als bekanntlich gesunder Menschenschlag zum Kriegsdienst fürs Vaterland eingezogen. „Wohl an die 800 bis 1.000 Mann dürften es gewesen sein, die in den ersten Augusttagen am Tölzer Bahnhof Abschied von der Heimat nahmen", ist in der Lenggrieser Chronik festgehalten. Große Lücken an Arbeitskräften im Floßgewerbe entstanden, die kaum geschlossen werden konnten. Aushilfskräfte für die spezifische Flößerarbeit waren nur schwer zu bekommen. Doch die geschlagenen Bäume konnten nicht liegengelassen werden, sondern mussten den Auftraggeber auf dem Wasserweg erreichen. Kriegsbedingt kam es zum Rückgang der Transportfloßfahrten. Ländeten im Jahre 1914 noch 3.543 Flöße mit Holz aus dem Oberland in München an, so gingen im letzten Kriegsjahr die Holzlieferung auf 1.303 Flöße zurück. Die rückläufigen Zahlen begründete das Bayerische Statistische Landesamt durch den Mangel geeigneter Arbeitskräfte im Flößereigewerbe.

Im Schnellverfahren war diese Arbeit von Außenstehenden nicht zu erlernen. Der Floßzusammenbau und das Beladen erforderten Kraft, Mut und Verantwortung. Das Führen des Floßes ein Gespür fürs Wasser. Gute Voraussetzungen hatte deshalb die junge Floßmeisterstochter Anna Taubenberger aus Lenggries, die sich seit ihrer Kindheit für das Floßfahren auf der Isar interessierte und vom Vater die entsprechende Ausbildung erhalten hat. Jetzt konnte sie ihr Können unter Beweis stellen, wenn sie für den Vater leichte Ladungen, auch bis nach München, auf dem Floß beförderte.

In der Kochler Kriegschronik von Dr. Otto Freiherr von und zu Aufsess ist zu lesen, dass der Kochler Flößer Kögl (genannt zum Döller Thoma) durch den Krieg in seinem Gewerbe keine Beeinträchtigungen erfahren hat. Die Floßfahrten auf der Loisach von hier nach München gingen bei dem stets großen Holzbedarf immer in gleicher Weise wie früher. Kögl arbeitete nach wie vor allein, höchstens noch mit einem Mann. Während des

Floßmeister Josef Taubenberger und seine Tochter Anna [Privatbesitz]

Krieges musste er sich entweder mit einem Dienstbuben oder einer weiblichen Arbeitskraft aushelfen. Im Geschäftsbuch des Floßmeisters Jocher aus Schlehdorf wird zwar keine Flößerin erwähnt, aber 1920 erhält Agathe Leiß mehrfach einen Fuhrwerkslohn.

Zu Verordnungen des Floßführens mit Frauen während des Ersten Weltkriegs liegen keine konkreten Signaturen vor. Doch werden Frauen am Ruder erstmals 1922 von Dr. Leonhard Achner in einem Beitrag zur Bayerischen Binnenschiffahrtsstatistik erwähnt: „Dass dieser Mangel an gelernten Flößern nicht gering war, zeigt die Tatsache, dass in der Kriegszeit ab und zu ein weiblicher Steuerer den Floßknecht an der Ruderstange vertrat". Eine zusätzliche Anmerkung erläutert: „Der Steuerer hat die weniger verantwortungsvolle Aufgabe mit der rückwärtigen Ruderstange auf die Anweisungen des an der vorderen Ruderstange stehenden Fergen, das Floß lenken zu helfen, während der am Vorderteil stehende Ferge sehr erfahren in der Kenntnis der sich jährlich ändernden Wasserrinne sein muß." Eine namentliche Erwähnung der weiblichen Steuerer gibt es im Text nicht. Auch in den vorhandenen Zählkarten, die von den Ländinspektionen Tölz und München für die alljährliche Statistik der Bayerischen Binnenschifffahrt zu führen waren, sind keine Frauennamen als Floßführer eingetragen. Nur wenige Zählkarten des Königlich Bayerischen Statistischen Landesamtes aus der Zeit des Ersten Weltkriegs existieren noch im Stadtarchiv Bad Tölz. Die vom jeweiligen Floßmeister ausgefüllten Zählkarten gaben Auskunft über den Floßeigentümer, den Floßführer, die Fracht, die Abfahrts- und Ausladestelle.

Bezeichnend für die Kriegsjahre ist die Überschreibung von Vermögen an die in der Heimat lebende Gattin, wie nunmehr Rosina Mangold als Eigentümerin der Sägemühle in der Nockhergasse in Bad Tölz genannt ist, wobei das Dokument im dortigen Stadtarchiv verwahrt wird. Im privaten Familienarchiv Kuchenbaur-Metzger aus München ist ein ähnlicher Vorgang zu finden. Als sich Ludwig Kuchenbaur, Besitzer des Anwesens Hinterbrühl, mit Ausflugslokal und beliebte Flößereinkehr, dem Wehrdienst nicht entziehen konnte, stattete er als Realitätenbesitzer seine Frau Katharina mit einer allgemeinen Vollmacht aus, die sie ermächtigte, für ihren Mann alle Rechtshandlungen und Rechtsgeschäfte vorzunehmen und ihn vor dem Gericht und sonstigen Behörden zu vertreten. Die ungebrochene Weiterführung der Floßmeisterbetriebe an Isar und Loisach während des Ersten Weltkriegs durch die Ehefrauen können die zugestellten geschäftlichen Briefe bezeugen. Die Floßmeistersgattinnen kannten sich aus mit dem Familiengeschäft, sie waren ständig involviert und deshalb auch in der Lage, den Betrieb bis zur Rückkehr ihrer Männer weiterzuführen. Schon in Friedenszeiten vertraten sie bei berufsbedingter Abwesenheit ihre Männer in geschäftlichen Dingen. Wenn es die Umstände erforderten und sie die Kraft dazu hatten, übernahmen sie auch Arbeiten auf dem Floß.

Vor Ausbruch des Ersten Weltkriegs gab es in Lenggries und Tölz noch 17 Floßmeister und 150 Floßknechte. Auf dem Feld der Ehre sind 602 Soldaten im Landkreis Tölz, mit Lenggries, gefallen. Viele Flößerfamilien hatten den Tod ihrer Söhne, des Gatten, des Vaters zu beklagen, woran die erhalten gebliebenen Sterbebilder schmerzlich erinnern. Am 22. Dezember 1918 hielten die katholischen Kirchen Bayerns Bittandachten für einen gerechten, dauerhaften Frieden ab.

Die nachfolgenden unruhigen Jahre der Revolution und Räterepublik, waren geprägt von Arbeitslosigkeit und wirtschaftlicher Not. Ein Kampf um Gleichberechtigung der Frauenarbeit auf dem Floß blieb auch während der Revolutionsjahre und danach aus. Ein Handeln war wohl nicht nötig, denn das schwierige Floßführen als selbständigen Beruf dauerhaft auszuüben, strebte niemand der wenigen Frauen am Ruder an.

Über den Sachverhalt um Gleichstellung der Frauen am Ruder lassen sich im Bayerischen Staatsarchiv schon ab 1820 fortlaufend Dokumente finden. So heißt es in der Bekanntmachung von 1841 im Namen seine Majestät König Ludwig I.: „Es kommt vor, dass ledige Weibspersonen bei den Floßfahrten zur Lenkung der Flöße verwendet werden. Da aber weibliche Individuen im allgemeinen als des Floßfahrens kundig und hinglänglich rüstig hiezu nicht angenommen werden können, anderseits aber durch die Art der Lebensweise der Flößer und namentlich durch Zusammenleben mit diesen in den Nachtherbergen die Sittlichkeit sehr gefährdet wird, worüber auch bereits Klagen erhoben werden, so sieht sich die unterfertigte Stelle veranlasst auf die Unzulässigkeit der Verwendung lediger Weibspersonen zur Lenkung der Flöße hiermit aufmerksam zu machen, und die Distrikts-Polizei-Behörde zur öffentlichen Bekanntmachung dieses Verbotes in den betreffenden Gemeinden – und dessen fortgesetzte Handhabung hiemit aufzufordern. – Königliche Regierung von Oberbayern."

Viele Flößer nahmen an der Bekanntmachung Anstoß, da die Vorschriften nicht den Tatsachen entsprachen. Entschlossene 16 Floßmeister aus Lenggries verfassten einen Brief an den „Durchlauchtigsten großmächtigsten allergnädigsten König und Herrn betreffend das Verbot des Führens der Flöße durch Weibsleute." In ihrem langen Brief versichern sie, dass keine Gefahr für die Sicherheit durch die Flöße lenkenden Weibs-Personen bestehe und auf Sittlichkeit Rücksicht genommen werde. In ihrer Begründung führen sie aus, „Weibsleute sind etwas schüchterner und deswegen vorsichtiger als junge Burschen und da sie dabey auch die nötige Kraft in den Armen haben, und durch langjährige Übung erlangte Geschicklichkeit im Fahren haben, so kommt es, dass sich bei Flöße, welche von Weibsleuten geführt werden, weit weniger Unfälle ereignen als bei den von jungen Burschen geführten Flößen. Diese langjährige Erfahrung wird durch Fakten nicht widerlegt werden können."

Die weitere Begründung zum Vorwurf der Unsittlichkeit auf dem Floß lautet: „Was die Sittlichkeit betrifft, so sind auf Flößen während der Reise, wo fortwährend Arbeit den Menschen fordert und anstrengendste Aufmerksamkeit auf dem Wasser und die früheste Ermüdung während der kurzen Ruhezeit die Menschen von böse Gedanken und Werken abhält, können je außereheliche Kinder gezeugt werden, diese treffen aber nicht nur die einzelnen Beteiligten, sondern selbst den öffentlichen Verkehr, und es ist nicht zu verkennen, dass Ruhe und Mäßigung, dann die Bequemlichkeit und Bekanntschaft der Lokalitäten und Gelegenheit zu Hauß hiezu nicht geneigter mache."

Ferner schildern die Lenggrieser Flößer der königlichen Obrigkeit, dass es bei der Bevölkerung in den Gebirgen sehr schwer ist Hände zum Arbeiten zu bekommen, weswegen in der Regel die Söhne zur Feldarbeit und die Töchter zum Flößen herangenommen werden. Sollte das nicht mehr geschehen dürfen, so müssten entweder Flößer oder Feldarbeiter gemietet werden, was bei den hohen Arbeitslöhnen den Ruin mancher Familien herbeiführen würde. Dies sei aber nicht genug, denn die örtlichen Verhältnisse erlauben es nicht, dass geschlagenes Holz nicht unmittelbar an die Isar gebracht werden könne. „So bringt mancher Floßmeister dann auf einmal oft 30 oder mehr Flößer zusammen, welche auf der Isar zugleich miteinander fortkommen müssen." Die vorgebrachten Argumente überzeugen, was der Stellungnahme des Königlichen Landgerichts vom 16. Juni 1842 zu entnehmen ist: „Namentlich gehört hierher, daß Holzhändler und Flößer ihre Weiber, Töchter und Mägde hauptsächlich zur Floßfahrt abrichteten. Die Gewohnheit hab bey vielen schon Platz gegriffen … wenn ihnen dieses Geschäft – an ein anderes sind sie wenig oder nicht gewöhnt – ganz untersagt wird, gingen sie zugrunde. Ein angemessener und billiger Ausweg wäre, daß die Weibspersonen die Floßfahrt nur bis München respektive gestattet werde." Das Königliche Ministerium des Innern verbesserte daraufhin die Bekanntmachung vom 13. Dezember 1841 durch die Möglichkeit der Ausstellung von Lizenzscheinen an die geeigneten Weibspersonen.

Die Münchner Floßmeister ließen sich mit ihren Unternehmen rund um die Untere Lände, bei der heutigen Ludwigsbrücke, nieder. Es war ihr Privileg, das fahrplanmäßige Ordinarifloß mit Passagieren nach Wien zu führen. Auch sie hatten Grund sich an die Obrigkeit zu wenden, als die Floßtransporte in Zeiten der Industrialisierung nach oben schnellten und eine nicht unbedeutende Zahl von sogenannten Floßhändlern, ohne Floßmeisterausbildung, sich mit allen Mitteln ins Geschäft drängen wollten. Ein besonderer Dorn im Auge waren ihnen dabei die nicht ausgebildeten Frauen, mit denen es die Floßhändler wagten, auch außerhalb Münchens tätig zu sein und damit drastisch gegen die Floßordnung von 1841 verstießen. Sie prangerten diesen Zustand mit dem Schreiben vom 3. März 1845 an die Königliche Regierung an. „Allein, daß sie auch Frauenzimmer, die doch gewiss keine thätige Hilfe in Führung des Ruders leisten können, auf ihre Flöße aufzunehmen, kann ihnen kein Recht zu Transportübernahmen gewähren, denn nach ausdrücklicher Vorschrift unserer obrigkeitlich genehmigten Vereinsstatuten muß ja der Floß, worauf Personen transportiert werden, durch einen Floßmeister selbst persönlich bis zu dem Bestimmungsort geführt werden." Ihrem Schreiben schließen sie die Bitte an, die Münchner Floßmeister zu stärken und unterzeichnen mit den Worten, „in allertiefster Ehrfurcht versterben wir". Im Jahre 1864 war der Höchststand der in München ankommenden Flöße mit einer Zahl von 11.145 erreicht.

Als 1862 die allgemeine Gewerbefreiheit galt, kam es zur Lockerung der davor streng reglementierten Vorschriften beim Floßtransport. Das führte zunehmend zu Unfällen auf dem Wasser und Beschädigungen von Brücken, worauf der Magistrat der Stadt München reagierte. 1864 erließ er eine entsprechende Verordnung mit Strafandrohung bei Beschädigungen. Gleichzeitig wurde die Bestimmung aufgenommen: „Aus Sicherheitsgründen wird berauschten Personen, Weibern und Knaben verboten ein Floß zu führen".

Frauen auf dem Floß waren für die Kunstmaler und später für die Fotografen, ein attraktives Motiv. Die Gemälde erschienen auf dem Kunstmarkt, Zeichnungen in illustrierten Journalen, reizvolle Abbildungen auf Trinkgefäßen, die heute noch zu beliebten Kunstobjekte zählen.

Unschätzbar aber ist das Schicksal jeder Flößerfrau, die durch persönliche Teilhabe ein Spektrum an Wissen über die guten und schlechten Zeiten erzählen und an die nächste Generation weitergeben kann. Der eigentliche Meilenstein im Kampf um die Gleichberechtigung aber wurde mit dem politischen Wahlrecht für alle Frauen gelegt. Symbolisch übernahmen die Flößerfrauen am 12. Januar 1919 mit ihrer Stimmabgabe bei der Bayerischen Landtagswahl das Ruder und brachten sich in die Gesellschaft ein.

„D' MUSKELN SAN VON ALLOA G'WACHSN"

Die 1905 in Lenggries geborene Anna Taubenberger war die Jüngste von fünf Geschwistern. Im alten Bruckner Haus an der Isarbrücke wuchs sie bei ihrem Vater Josef Taubenberger auf, der als Floßmeister auch Landwirt im Nebenerwerb war. Manchmal nahm er die Kinder zur großen Freude aller auf dem Floß mit nach München und besuchte mit ihnen den Tierpark nahe der Zentrallände. Schon früh entdeckte er dabei die Neigung bei seiner Tochter Anna zur Flößerei. Das Getragen werden auf dem Wasser, die kühle Brise auf dem Floß, das Pfeifen der Vögel entlang des waldigen Isarufers gefielen ihr sehr. Viel lieber als die Stallarbeit oder das Heuen verrichtete sie Hilfsdienst auf dem Floß, wie das Auseinandersortieren von Keilen und Drahtschlingen mit Einräumen in die bereitstehenden Kisten. Systematisch förderte Josef Taubenberger die Begabung seiner Tochter, war ihr ein vorzüglicher Lehrmeister. Wenn sie als Schulmädchen dabei sein durfte, kletterte sie mit Vorliebe auf die Holzladung am Floß, um möglichst weit den Wasserlauf beobachten zu können, die sich durch ständig wechselnde Kiesbänke schlängelte. Das Auge fürs Wasser war ein wichtiges Kriterium zum späteren Floßführen. Auch die richtige Handhabung des vorderen und hinteren Ruders brachte ihr der Vater bei. Schließlich konnte er seine Tochter sogar am Hauptruder als verantwortlichen Ferg einsetzen. Eigentlich war es nicht üblich, dass Frauen, noch dazu ganz junge, am Ruder standen, denn ein Floß mit achtzehn Tonnen Leergewicht verlangt beim Transport auf dem Wasser viel Muskelkraft. Doch Annas Muskeln wuchsen in den Jahren. Bis zum Ende der Schulzeit hatte sie starke Arme. Nach dem Ersten Weltkrieg, als viele Flößer nicht mehr in die Heimat zurückkehrten, schlug die Stunde der Floßmeistertochter. Endlich konnte sie das vom Vater Erlernte unter Beweis stellen. Immer häufiger stand sie nun ihren Mann bei Floßtransporten bis München. Die vom Vater aufgeladene Holzlast war vom Gewicht her für Anna gerade richtig, dass sich das Floß noch leicht steuern ließ. Ehrgeizig wie sie war, dachte sie noch im Schlaf darüber nach, ob sie gut gefahren ist und was sie besser machen könnte.

Auch andere Floßmeister wollten sie verpflichten. Doch das blieb eher die Ausnahme, denn Anna wusste, dass man auch an sogenannte Leuteschinder geraten konnte. Diese packten so viel Last aufs Floß, dass es zu tief im Wasser lag und deshalb noch schwerer zu steuern war. Durch das Gewicht blieb es außerdem häufiger mit viel Wucht im flachen Kiesbett der Isar hängen. „Nur einmal", erinnerte sich Anna „hab i aan Floß aufg'setzt". Da half es nur ins Wasser zu steigen, sein Irxenschmalz unter Beweis zu stellen und gemeinsam mit der Mannschaft die langen Hebelstangen anzusetzen, um das Floß wieder aufs Wasser in Fahrt zu bringen. Ein kräftezehrendes mühsames Unterfangen, das viel Zeit kostete.

Sechs Stunden dauerte damals der Wasserweg von Lenggries über Tölz, Ascholding nach München. Meist konnte um 15 Uhr in der Zentrallände Feierabend gemacht werden. Die Geschwindigkeit der Isar betrug zehn Flußkilometer pro Stunde. Nicht von ungefähr heißt es in einem alten Lied: „Fahr'n ma auf Minka mit 'm Floß, dös geht vui schnella wia mit de Ross'..." Wenn allerdings bei Trockenheit die Isar wenig Wasser führte und die Fahrt entsprechend länger dauerte, war es fraglich, ob die Floßmannschaft den Abendzug zurück nach Tölz erreichen konnte. In solchen Fällen wurde nach Absprache mit der Ländinspektion erlaubt, die beladenen Flöße bereits oberhalb der Großhesseloher Brücke an die Ländsäulen anzuhängen. „Da Schwarz Toni hat's dann nach Thalkirchen g'fahrn", erinnerte sich Anna an den städtischen Ländmeister bei einem Interview mit der Autorin. Eines nach dem anderen steuerte er die Flöße über den Floßkanal zur Zentrallände.

Damals wurde noch an beiden Uferseiten angelegt. Links, wo heute der Campingplatz liegt, reichte das Eisenbahngleis für den Holztransport fast bis ans Wasser der „Bull-Länd", wie die Flößer das Areal nannten. Am rechten Ufer warteten die Pferdefuhrwerke auf die Stämme aus dem Oberen Isartal. Auch sogenannte „g'scharpte Floß", die durch angehängte Flügel vergrößert waren, legten an. Doch ein solches hat Anna nie gesteuert. Nach dem Anländen musste sie sich zuerst beim Ländmeister melden, der ihren Zettel mit Adresse des Auftraggebers entgegennahm. Das Papier hatte auch die Anzahl der gelieferten Stämme zu enthalten. Anschließend überprüfte ein Helfer die Fracht und vermaß auch das Holz. Fehlte nur noch die Bezahlung der Floßmannschaft an Ort und Stelle. Zwölf Mark erhielt ein jeder für die Fahrt von Lenggries nach München, eine vorzügliche Entlohnung. Gelegentlich kam es vor, dass ein Flößer leer ausging, nämlich dann, wenn seine Ehefrau schon vor ihm beim Floßmeister war und Vorschuss verlangt hatte. Auch für die Floßmeisterstochter wurde bei der Bezahlung kein Unterschied gemacht. Anna Taubenberger verwahrte ihr Geld in einer tief eingenähten Rocktasche. Wenn sie nach dem Floßfahren nicht zu müde war, ging's noch weiter zum Einkaufen ins Münchner Zentrum. Stück für Stück kaufte sie sich ihre Aussteuer zusammen, vor allem beim Oberpollinger, der besonders schöne Tisch- und Bettwäsche im Sortiment führte.

Die Männer dagegen kehrten meist vor ihrer Heimfahrt im Gasthof Hinterbrühl ein, wo es laut zuging und das Bier schmeckte. Auf der gemeinsamen Rückfahrt mit der Eisenbahn nach Tölz bemühte sich Anna stets nur ja nicht im Abteil einzuschlafen. Denn kaum war sie eingenickt, steckten ihr die Flößer gerne eine Virginia-Zigarre in den Mund. Doch zu frech durften sie nicht werden, das wussten sie genau. „Wenn oana g'schert g'wen wär, hätt' i eahm oane runterg'haut!".

Sobald der Schnee geschmolzen war, manchmal schon im März, ging das Floßfahren los und dauerte bis in den November hinein. Nie jedoch über Annas Geburtstag, den 18. November, hinaus. Denn bis dahin waren die Floßbäume meist gefroren und die Keile für das Zusammenhalten der Stämme konnten nicht mehr eingeschlagen werden. Zehn Jahre hat sie die Flößerarbeit verrichtet, wobei sie „aan guat'n Arm kriagt hat". Oft war sie in Eigenverantwortung als Hauptferg im Einsatz. Nicht etwa in der Stallhose, sondern

Die junge Anna Taubenberger, später verheiratet mit Floßmeister Hans Simon aus Lenggries [Fotos: Privat]

im Rock, in Strickstrümpfen und Stiefeln nahm sie ihre Aufgabe wahr. Zum Schutz vor Sonne, Regen, Wind und Kälte packte sie Hut, Kopftuch, Weste, Pullover und Wechselstrümpfe in den Rucksack. Zur Stärkung auf der Fahrt hatte sie Geräuchertes und einige Butterbrotscheiben dabei. Manchmal gab es auch Brennsuppe auf dem Floß. Dankbarkeit empfand sie immer, dass alle Floßfahrten glücklich verliefen. Schließlich waren auch welche darunter, die in Fall begannen, an der gefährlichen Grindl-Wand vorbeiführten und durch die berüchtigte Faller Klamm am Sylvenstein. Entlang der Isarufer, zeugten zahlreiche Marterl von verunglückten Flößern von den ausgehenden Gefahren. Ausreichende Gründe für Anna sich in Sankt Maria Thalkirchen bei der Muttergottes „anzuempfehlen", wenn ihr noch die Zeit vor dem Abendzug blieb. Auch die Flößerschutzpatrone begleiteten sie ihr Leben lang. Bemalte Schränke oder Bilder schmückten ihr Heim. Die glücklichen Jahre auf dem Floß aber fanden ihren Höhepunkt, als sie mit 22 Jahren den temperamentvollen Floßmeister Johann Simon heiratete, den auch ihr Vater sehr schätzte. Sie standen nun gemeinsam auf dem Floß. Bald schon konnte ein kleines „Zua-Häusl" erworben werden und Anna hielt den eigenen Hausstand in Schwung. Vier Kinder trugen zum Glück der jungen Familie bei. Da blieb keine Zeit mehr für die Arbeit auf dem Floß.

Die Harmonie endete jäh mit dem Einberufungsbescheid Johann Simons zur Wehrmacht. Mit Feldpost-Briefen aus Frankreich und Russland mussten sich Anna und die

Kinder in den nächsten Jahren begnügen. Fronturlaub gab es selten und auch gemeinsames Weihnachten mit der Familie war nicht garantiert. Am 3. Dezember 1939 schrieb Anna ihrem Johann nach Rußland: „Der Krieg kostet Geld und es wäre gut, wenn er nicht zu lange dauern würde." Da sich die Ersparnisse dem Ende neigten, beschloss Anna mit ihrer Waschmaschine aus dem Heiratsgut eine Wäscherei zu betreiben. Die notarielle Unterschrift des Ehemanns und sein Einverständnis zur Finanzierung musste aus dem fernen Russland erfolgen. Doch auch den Floßmeisterbetrieb vernachlässigte Anna nicht und sorgte dafür, dass die im Auftrag geschlagenen Bäume ans Ufer der Isar kamen, um sie bei Gelegenheit nach München flößen zu lassen. Bei jedem Flößerjahrtag in Lenggries war sie dabei und vertrat ihren im Kriegsdienst stehenden Mann. Wie hoffte sie doch auf ein Wiedersehen und baldiges Ende des Krieges. Am 18. Februar 1942 schrieb Johann Simon „aus Russland in der Gegend von Wjasma", den letzten Brief an sein „Liebstes Weiberl". Einen Tag später starb er im Alter von 42 Jahren in der russischen Winteroffensive als Wachtmeister in einem Artillerie-Regiment bei einem Spähtruppunternehmen den Heldentod. Auch Annas Sohn Josef Simon musste im 20. Lebensjahr, als Gefreiter im Hochgebirgs-Pionier-Bataillon, in Ungarn sein Leben für die Heimat opfern. Nachdem es keine Männer mehr in Annas Familie gab, der jüngste war erst sieben, übernahm ihr Bruder Franz Xaver Taubenberger ihren Floßmeisterbetrieb

Als Kriegswitwe führte sie die Wäscherei als Existenzgrundlage weiter, auch mit Unterstützung ihrer Tochter Anna, die das Handwerk der Wäscherei und Plättnerei erlernte. Das Geschäft florierte und brachte gesellschaftliche Anerkennung. Doch im Innersten blieb sie der Flößerei eng verbunden, ihrer eigentlichen Berufung. In all den arbeitsreichen Jahren erschien es ihr wichtig, ihr großes Wissen um die Flößerei für die Nachwelt festzuhalten. So oft es ihre freie Zeit zuließ, kümmerte sie sich darum und arbeitete an der Aufbereitung alter Dokumente, sortierte und beschriftete Fotografien, beschrieb bis ins Detail die Festtagskleidung der Urahnen, sammelte Bilder und alte Lieder bis zu ihrem Tod im 93. Lebensjahr. Dabei lag ihr ein Flößerlied besonders am Herzen. Ihr jüngster musikalischer Sohn Hans sang es im Andenken an seine Mutter bei Veranstaltungen immer wieder. Im Jahr 2017 wurde es mit ihm vom Volksmusikarchiv des Bezirks Oberbayern aufgenommen.

Nur noch einmal in meinem Leben / meine Heimat möchte' ich sehn, / nur noch einmal an heit'ren Ufer an der Isarbrück'n möcht ich stehn. / Da kommen Flößer gar lustige Leut / man hört sie jodeln schon von weit. / D' Lenggrieser san do. / Seht was dort für Leute wohnen / oh wie herrlich, oh wie guat / auf der Stirne kannst Du 's lesen, / was das Herz sich denken tuat. / Ein Lenggrieser ist 's gewesen / auf seinem Grabstein kannst Du 's lesen. / Heut schlafst bei mir. / Wir sind geschieden voneinander, / denn es kann nicht anders sein. / Zu meinem Schatz, da möcht ich wandern, / bei meinem Schatz da möcht ich sein. / Wir singen Lieder, hin und wieder / bis die Posaun erschallt zum letzten mal / Schatz leb wohl.

Tochter Maria sollte nach dem Willen der Mutter Hutmacherin werden. Nach der Lehre, Berufsschulabschluss und zusätzlichen Qualifikationen in Miesbach zur Technik des traditionellen Schnürlhuts, konnte sie schon mit 22 Jahren ihren eigenen Laden in Lenggries führen. Auch die hohen Stopselhüte, nicht nur für die Lenggrieser Flößer, wurden bei ihr bestellt. Als verheiratete Maria Heiß führt sie heute das Familienarchiv akribisch weiter. Auch sie ist darauf bedacht, dass nichts von der Flößerei verloren geht, weshalb sie und ihr Bruder Hans einige der Objekte dem Flößer-Kulturverein München-Thalkirchen e. V. überlassen hat für das geplante Flößermuseum in München. Ganz im Sinne ihrer Mutter, der einstigen und einzigen Flößerin von Lenggries. Eine wahrhaft starke Frau!

GEBÜHREN FÜR „NEUMODEFUHRWERKE"

Zur Kostendeckung für Instandhaltung und Beaufsichtigungspersonal war die Benutzung der Münchner Länden mit Gebühren verbunden. Abgestuft nach Floßgröße und Typus wurde die Taxe berechnet. Zur Vermessung eines Floßes galt die Maßeinheit des altbayerischen Schuhs mit etwa 29 cm, die später auch vom Bayerischen Statistischen Landesamt als Bezeichnung eingeführt wurde. Ein 40er Floß konnte nach Schuhen gerechnet demnach eine Länge bis zu 13 m erreichen. Nach der Ländordnung vom 19. Juni 1864 kostete ein solches die Gebühr von 12 Kreuzer. Für ein 50er Floß oder 60er Floß mussten 24 kr entrichtet werden und für das bis zu 21 m lange 70er Floß betrug die Taxe 36 kr. Zusätzliche Kosten in Form einer Hängegebühr entstanden beim Abladen der Ware vom Floß. Sie beliefen sich auf die halbe Höhe der Ländgebühr. Für die ordnungsgemäße Bezahlung haftete der Eigentümer des Floßes. Die Gebühren waren in der Ländinspektion zu zahlen. Vor Entrichtung dieser, durften weder Ware noch Floß von der Lände entfernt werden. Auch der Typus Waldschragen-Floß, den die alten Flößer „Neumodefuhrwerk" nannten, kostete 36 kr an Ländgebühr. Diese Floßart wurde nur zum Transport von Brettern verwendet und verschwand von der Isar als Holzaufträge zunehmend über die Eisenbahn abgewickelt wurden.

Ein Waldschragen-Floß bestand aus drei oder vier in gewissem Abstand nebeneinander gelegten Langstämmen über welche die zu transportierenden Schnittbretter quer aufgelegt wurden. Auf die erste Bretterschicht wurden nacheinander weitere Lagen dachziegelartig aufgeschichtet. Eine weitere Floßform stellte das „Gestrickt" dar, worunter mindestens zwei zusammengebundene Flöße zu verstehen waren. Die Ländgebühr dafür betrug ebenfalls 36 kr. Mit zunehmender Flussbreite konnten sich auch die Gestrickten verlängern. Ab Eintritt der Isar ins Niederbayerische waren hintereinander gebundene Flöße sogar bis zu einer Länge von 38 m erlaubt. Auf dem breiten Donaustrom, in Höhe von Deggendorf, verstärkten die Flößer ihr Holzgefährt zu einem gestrickten „Wienfloß" mit beträchtlichem Gewicht. Auch lebende Ware wie Rinder, Kälber, Geflügel, Schweine konnten darauf transportiert werden. Die schwer zu lenkenden gestrickten Flößen bedeuteten aber auch eine Gefahr auf den Wasserstraßen und ihren Brücken. Dementsprechende Strafe traf die Flößer, wenn sie die Isarbrücke in München beschädigten.

Schon seit dem frühen Mittelalter verlor ein fremder Flößer zur Wiedergutmachung sein Floß an den Zöllner, der als Brückenmeister oder „Bruckhay" für den Bauunterhalt der Brücke zuständig war. Dagegen musste ein sesshafter Münchner Flößer im Schadensfall die Isarbrücke auf eigene Kosten reparieren lassen. Die Breite der Brücke und ihrer Joche bestimmte über Jahrhunderte der Münchner Rat, der für eine hindernisfreie Durchfahrt die Sorge trug. Das Münchner Maß für die Breite eines Floßes war auf 16 Schuh festgelegt. Zur exakten Messung ließ der Rat eine Eisenstange anfertigen, die sich jeder, der ihrer bedurfte, ausleihen konnte. Jedoch gaben die durch Stricke hintereinander gebundenen gestrickten Flöße immer wieder Veranlassung, sie auf längere Zeit ganz zu untersagen. Im Jahre 1787 erging ein kurfürstliches Schreiben an den Münchner Rat wegen der Münchner Floßmeister, die sich „anmaßten" mit den längst verbotenen gestrickten Flößen auf der Isar zu fahren und damit die „importantesten" Beschädigungen an Brücken- und Wasserbauten anzurichten.

Sämtliche kurfürstlichen Mautämter an der Isar wurden durch Kurfürst Carl Theodor angewiesen, ab 1. Juni 1787 jeden Floßmeister, der mit dem verbotenen Floßgestricke auf der Isar fuhr, anzuhalten und mit zehn Gulden zu bestrafen. Sieben Jahre später wurde durch Regierungsverfügung das Floßstricken wieder erlaubt, allerdings erst auf der unteren Isar ab Plattling. Die Flößerordnungen von 1820 und 1843 verboten das Stricken von Flößen komplett, um es schließlich ab 1849 auch wieder in München zu erlauben, allerdings erst unterhalb der Bogenhausener Brücke. Das Gestrickte durfte nicht breiter als 22 Schuh sein und die Ruder waren dementsprechend zu vermehren.

Personen durften nicht darauf befördert werden. Gebühren fielen auch an beim Lagern von Waren, Gütern oder Gegenständen auf den Magazinplätzen der Unteren Länd. Die Lagergebühr für eine Woche betrug „1 Pfennig vom Gulden des erlösten Kaufschilling". Der Kaufschilling war keine geprägte Münze, sondern wurde als Recheneinheit verwendet. Bestand gegen die Richtigkeit der Angabe des Kaufschillings ein Bedenken, so trat bei der Berechnung an seine Stelle der Wert der Gegenstände. Die Feststellung des Wertes oblag der Länd-Inspektion. Bei Beanstandung wurden zwei Sachverständige hinzugezogen. Für die Bezahlung der Lager- und Magazingebühren haftete der Eigentümer der eingelagerten Gegenstände. Die Gebühren konnten nach dem Strafgesetzbuch in Bayern zwangsweise eingetrieben werden. Wenn an der Unteren Länd Arbeitskräfte zu irgendwelchen Tätigkeiten benötigt wurden, konnten sich die Floßleute zugelassene Tagelöhner anheuern, die im Besitz einer Legitimationskarte sein mussten. „Die Verwendung

Modell eines Bretterfloßes. Gefertigt 1870 vom Münchner Floßmeister Kaspar Heiß. Exponat aus Münchner Stadtmuseum. [Foto: Thomas Eisentraut]

anderweitiger Individuen zu den Arbeiten auf der Lände ist verboten", heißt es in § 33 der Ländordnung. Welchen Betrag die Floßleute den angeheuerten Tagelöhnern bezahlen wollten, war dem freien Übereinkommen der Beteiligten überlassen. Doch durften die festgesetzten Maximallöhne nicht überboten werden. Sie betrugen für das Ausladen von Brennholz 9 Kreuzer per Klafter, bei Ausladen von 3- und 4-zölligen Läden 2 Pfennige pro Stück, bei Riemlingen 3 Heller per Stück, bei Tafelbrettern, gemeinen und sogenannten 16-schuhigen Brettern 1 Heller per Stück, bei Falsbrettern und kleinen Gipsfässern 1 Pfennig per Stück und bei großen Gipsfässern 2 Pfennige per Stück. Sollte das Brennholz auch noch ausgetragen werden, durfte das Doppelte von den Ansätzen und bei den übrigen Gegenständen die Hälfte zugeschlagen werden.

Für eine ordentliche Brotzeit zahlten die Tagelöhner damals etwa 7 Kreuzer für eine Maß Sommerbier, 1 Kreuzer für die Semmel und 60 Kreuzer für Schinken, Mortadella oder Salami, was 1 Gulden entsprach. Die Erlaubnis Holzkohle und Kalk nach fest vorgeschriebenen Tarifsätzen zu bemessen oder auszutragen besaßen nur drei Arbeiter an den Länden. Die „hiezu erforderlichen geaichten Gemäße" stellte die Stadt zur Verfügung und nur diese durften benutzt werden. Per Sack Kohle erhielt der legitimierte Arbeiter für das Messen und Austragen 3 Kreuzer vom Verkäufer und 4 Kreuzer vom Käufer. Im Jahr 1879 kamen an der Kohleninsel (heute Deutsches Museum) noch 30.608 Zentner Holzkohle als wichtiger Brennstoff in München an. Beim Geschäft mit dem Kalk musste der Verkäufer an den ausgewiesenen Arbeiter 15 Kreuzer per Muth bezahlen und der Käufer 18 Kreuzer. Das alte bayerische Kalkmaß 1 Muth entsprach gleich 4 Schäffel oder 24 Metzen und stand für ca. 890 Liter. Ein Kalkfloß konnte vier bis fünf Muth transportieren.

An der Unteren Lände wurde ein durch Los bestimmtes Fass auf seinen Inhalt überprüft und je nach Ergebnis die ganze Ladung taxiert. Erst wenn dies geschehen war, durfte der Kalk vom Floß gebracht werden. Im Jahr 1874 kamen 90.502 Muth Kalk in München an. Die legitimierten Arbeiter, die mit dem Bemessen des Kalks und der Kohle betraut waren, durften weder für sich noch für andere Ware oder Flöße kaufen oder verkaufen, auch sonst keinen Zwischenhandel mit ihnen betreiben. Bei Übertretungen hatte dies nachteilige Folgen, die zur Zurückweisung von der Lände und „nebstdem disciplinärer Ahndung" führen konnten. Auch für die anderen beiden Länden galten analog die meisten dieser Vorschriften.

Trotz straffer Organisation an den Länden kam es zwischendurch zu Ärgernissen wie eine Information aus dem Archiv der Flößerinnung Wolfratshausen in Sachen Beschwerde vom 5. Juli 1863 erkennen läßt: „Zur Zeit des früheren Ländmeisters wurde gegen die von demselben gehaltenen Ländknechte, die geschäftskundig waren und die Floßleute anständig behandelten, keine Klagen laut; seit neuerer Zeit werden aber als Ländknechte ganz gewöhnliche und unerfahrene Taglöhner verwendet, die mit ihrer Unkenntniß noch Brutalität und Grobheit verbinden, was schon zu mancherlei unangenehmen Auftritten zwischen diesen und den Floßmeistern sowie ihren Knechten Veranlassung gegeben hat. Schließlich glauben die Floßmeister schon aus dieser Hinsicht Abhilfe ihrer gerechten Beschwerden zu verdienen, da die Floßfahrt nicht nur dem Staat, sondern auch der Stadt-Commune München eine reiche Einnahmensquelle bilden und die Flößerei mit immer neuen Auflagen und Abgaben belastet wird, von welchen man früher nichts gewußt hat."

STREITHANSL'N

Obwohl die Flößer versuchten nach den Gesetzen ihrer Zunft und den Geboten der Kirche zu leben, waren sie deshalb noch lange keine „Heiligen". Auch bei ihnen kam es gelegentlich zu Zwietracht untereinander, insbesondere dann, wenn sie nach der Floßarbeit noch im Wirtshaus zusammenhockten. Jeder hatte von sich eine große Meinung und war durch seine Tätigkeit im täglichen Kampf mit den Kräften der Natur dementsprechend gestärkt. Deutlich sprachen sie daher aus, was ihnen nicht passte und dann konnte es unter den Floßleuten laut hergehen. Es musste nicht gleich zum handfesten Streit kommen. Nein, es gab verschiedene Möglichkeit den anderen aus der Reserve zu locken und seiner Gemütsruhe ein wenig auf den „Zahn" zu fühlen. Oft fing alles ganz harmlos an mit einem gegenseitigen „Derblecken". Wenn beispielsweise die Isarflößer von der langsamer fließenden Loisach als „Mooslacha" sprachen, durften sie sich der Aufmerksamkeit der gekränkten Loisachflößer sicher sein. Gingen sie aber noch weiter und bezeichne-

Prozession in Wackersberg, W. Marc, 1890 [Archiv Verlag Werner, München]

ten die dortigen Floßleute als „Loisach-Batscher", dann kam Stimmung auf. Das konnte nicht unwidersprochen bleiben. Doch beide Parteien waren sich gleich wieder einig, wenn es um die gemeinsame Ehre des Floßhandwerks ging. Die Oberlandler Flößer wussten untereinander genau, dass sie das Flößern besser beherrschten als die Unterlandler, wo doch ab München die Isar nur noch ein träger Fluss ohne großes Abenteuer war. Im Kreis der Oberlandler Flößer galt wiederum der etwas, welcher als Ferge ein Floß wenigstens nach Thalkirchen heruntergeführt hat. Doch den größten Respekt wurde den Kameraden der Zunft gezollt, die das gefährliche Obere Isartal und die Faller Klamm mit Floß und Ladung durchfahren haben oder als Fernflößer auf der Donau die gefährliche Strecke bei Grein.

Schnell hatte man auch seinen Spitznamen weg, der einen das ganze Leben lang verfolgte, wie der „Galopp-Stutzl". Er bekam ihn verpasst, weil er meist zu spät aus dem Bett kam und dann im Laufschritt zur Arbeit rannte, wobei er sich nebenher noch die Hose zumachte. Auch beim Floßbauen bevorzugte der Galopp-Stutzl das flotte Tempo: Hin zur Ganter – Baam runterkugeln lassen ins Wasser - zurück zur Ganter ... Das lustige G'schichterl hat der längst verstorbene Wolfratshauser Floßmeister Sebastian Seitner gerne seinen Kindern erzählt und immer wieder die spannenden Geschichten von seinem Vater Sebastian, der noch bis Wien gefahren ist und als einer der ersten Flößer ein Fahrrad für die Rückfahrt mitgenommen hatte. Auch von der Unart der Flößer, sich gegenseitig das Werkzeug wegzunehmen, wenn das eigene nicht griffbereit war, erzählte er. Da konnte es schon vorkommen, dass man auf dem persönlichen Besitz plötzlich lesen musste: Das darf nicht gestohlen werden. Es gehört dem X ...!

Von weiteren derben Späßen, mit denen sich die Floßleute gegenseitig ärgerten, wusste er noch etliche. Da gab es doch tatsächlich Burschen unter ihnen, die sich ins seichte Wasser knieten, um den anderen Flößern Wassertiefe vorzutäuschen. War dann ein Floß in Sicht, winkten sie es in ihre Richtung heran, bis der Ferge zu spät die Falle bemerkte und unweigerlich im seichten Wasser auflief. Das brauchte einen gesunden Humor, um darüber noch lachen zu können! Als harmloser Streich galt, dass die Flößerlehrlinge bisweilen ganz versehentlich ein Stoß traf und sie ins Wasser fielen. So konnten sie gleich das Schwimmen versuchen. Was aber mag die alten Wolfratshauser Flößer dazu getrieben haben, ihre Zunftgenossen in Tölz ausgerechnet als „Tölzer Prügel" zu bezeichnen? An eine Schmeichelei dachten sie dabei gewiss nicht, denn in Wirklichkeit war es ein etwa 1,80 m langer grober Holzprügel, der im Wasser getriftet wurde.

Die um Einfälle nicht verlegenen Tölzer Flößer titulierten ihrerseits die Loisacher Kollegen als „Besenbinder". Damit waren solche Flößer gemeint, die von sich glaubten, sie würden recht gescheit sein und die in Wirklichkeit doch nichts von der Sache verstanden. Aber eigentlich handelte es sich immer nur um „liebevolle Kosenamen", wie mir ein alter Flößer aus Wegscheid vor vielen Jahren versicherte. Denn in diesem harten Gewerbe war doch ein jeder auf den anderen angewiesen. Der von den Tölzer Flößern erfundene Kosename „Wolfratshause Krautlöffel" ist in die Heimatgeschichte eingegangen. Über den massenhaften Transport von Krautköpfen nach München begannen sie zu spotten und derbleckten die Wolfratshauser Flößer damit, dass sie angeblich das Sauerkraut mit dem Löffel statt mit der Gabel „fressen". Die Geschichte trieben die Tölzer weiter auf die Spitze und ließen den Wolfratshausern als Geschenk einen riesigen über einen Meter langen Holzlöffel anfertigen. Doch die Loisach-Flößer verstanden es als Spaß und zeigten Größe. Bis heute ist das hinterkünftige Geschenk aus dem Jahr 1779 im Heimatmuseum aufbewahrt. Einmal im Jahr verlässt der übergroße Krautlöffel seinen Platz, weil ihn der Bürgermeister benutzen will. Allerdings nicht um damit sein Sauerkraut zu essen, sondern um beim närrischen Umzug am Faschingsdienstag „Guatln" zu verteilen.

Es war allseits bekannt, dass die Flößer deftige Streiche liebten. So ist es nicht verwunderlich, wenn vom Flößer-Festtagsbraten schwadroniert wurde, nach dessen Verzehr immer irgendwo eine Katze abging. Doch so schlecht wird es ihnen mit den Floßgeschäften nicht ergangen sein, bei denen sich auch die Floßknechte auf ihre Art den Lebensunterhalt ein wenig aufbesserten. Ohne Wissen des Floßmeisters „wanderten" Schnupftabak, gute bayerische Zigarren und andere Schmuggelware die Isar und Donau hinunter. Begehrte Tauschobjekte waren Wein, Feigenkaffee und Pferdedecken. Nur erwischen lassen durfte man sich nicht und für das Verstecken der Schmuggelware die erforderliche Fantasie haben.

Der als 94jährige verstorbene Wolfratshauser Floßmeister Sebastian Goldhofer war erstmals Jahr 1865 auf einer Fahrt nach Wien dabei. Seine Geheimnisse plauderte er aber viel später aus: „Manche Kontrolleure wollten es ganz genau nehmen. Ich steckte einmal mehrere Zigarrenkistchen unter das Landungsbrett. Auf dem Brett stehend kontrollierte der Beamte, aber zu meiner Freude sah er nicht unter das Brett. Die Zigarren gehörten für das Hotel ... in Wien. Ich gab sie ohne ein Wort zu sagen dem Portier. Dann ging ich ins Hotel, wo mich Herr ... fragte: Wie geht's? Ich antwortete: Gut. Das war das ausgemachte Stichwort für die bestellte geschmuggelte Ware. Schweigend öffnete er seine Brieftasche und legte mir ein paar Banknoten hin – für mich ein schöner Nebenverdienst." Ungemütlich konnten die Flößer bei externen Konflikten werden, vor allem wenn es um das für sie existentielle Isarwasser ging, das auch von Mühlen und Sägewerken wirtschaftlich genutzt werden durfte. Auch in Bezug der Sicherheit der Isar als Wasserstraße verstanden sie keinen Spaß. Ihre fahrbare Wasserrinne im Fluss, die nach jedem Hochwasser neu gefunden werden musste wegen des mitgeschleppten Gerölls und Steinen aus dem Karwendel, durfte keinesfalls durch Kiesbettverschiebungen bei Schleusen und Wehrbauten gefährdet werden. Wenig Verständnis zeigten die Wolfratshauser Floßmeister auch gegenüber den Loisach-Fischern, die ihnen für mehrere Tage im Jahr das Floßwasser wegnahmen, um die „Nasenfischerei" betreiben zu können. Jedes Mal musste dazu der Floßkanal fast trockengelegt werden, um nach altem Brauch die Fische mit der Hand fangen zu können. Ging es um arbeitsrechtliche Vorschriften, achteten die Flößer auf die korrekte Auslegung. Andernfalls kam es nicht nur zu Abmahnungen, sondern es ging weiter bis zum Landgericht. Im Jahre 1843 beschwerten sich zwei Wolfratshauser Flößer, dass seit längerer Zeit fremde, ledige Floßknechte aus Lenggries und Tölz ohne Arbeitspapiere hier herumsäßen und den hiesigen Flößern das Brot wegnähmen, obwohl hier verheiratete Floßknechte in Mengen seien. Darauf verfügte das Landgericht die Ausweisung dieser „Individuen".

Die Lenggrieser Buabna, / Die Wackersberga. / Die raaffa, wann's sei' muß, / Mi'n Teifi schon aa'.

Schnaderhüpfl (Spottvers), Franz von Kobell (1803–1882), Universitätsprofessor und Schriftsteller in München

ES SITZT AN DEN ISAR-UFERN
EIN STATTLICHES, SCHÖNES VOLK

Als sich der bayerische Kronprinz Max, der spätere König Max II., ernsthaft auf seine künftige Arbeit vorbereitete, wünschte er eine ethnographische Bestandsaufnahme des Landes Bayern, dessen Herrscher er werden sollte. Der Gymnasiallehrer Friedrich Lentner (1814–1852) wurde ihm empfohlen und erhielt den Auftrag. In den Sommern 1846 bis 1851 wandert er mit Papier und Bleistift durch das Land, um im Winter das Gesammelte zu sichten und in endgültige Form zu bringen. Diese Arbeiten werden später zum Teil als Unterlagen für die „Bavaria. Landes- und Volkskunde des Königreiches Bayern" mitverwendet. Aufgeteilt in regionale Landschaften beschreibt er das „Isar-Thalgebiet von Tölz bis in den Fall und die hintere Riß wie bis zur Landesgrenze an der Scharnitz. Ein freundliches, wohlbebautes Vorderthal, bis hinter Lenggries mit einer wunderschönen Hochebene, auf welcher die stattlichen Orte Wackersberg, und Arzbach etc. zum linken Ufer des jungen Flusses herabsehen. Ein herrlicher Baumschlag durchzieht die Raine der Hochwiesen und Felder. Tiefer hinein beginnen einförmige, wilde Tannenforste und eine rauhe Thalschlucht, zwischen den höchsten Gebirgen folgt dem Bergstrom bis in die öde Gegend an den Grenzen gegen Tyrol. Die Ansiedelungen im Thale sind meist hübsch und malerisch vereinzelt gelegen. Lenggries ruht stattlich und behaglich am breiten Kiesbett des Flusses. In einsamer Thalweitung zwischen Felsen und Wäldern des Falls stehen die Wohnsitze der 2 größten, vermöglichsten Bauern der Gegend, die aus dem Holzschlage in ihrer Wildniß die reichsten Erträgniß ziehen."

Im 2. Abschnitt beschreibt Lentner die Bewohner der Landschaft. „Es sitzt an den Isar-Ufern ein stattliches, schönes Volk, groß und wohlgebaut, meist von regelmäßigen Zügen, die Männer hübscher als die Weiber, gelenk, kräftig und ausdauernd. Ihr Charakter ist gut bayerisch, sie besitzen einen offenen, lebensfrischen Sinn, Guthmütigkeit und Redlichkeit; doch ist leider beim jüngeren Geschlechte ein Ueberhandnehmen sittlicher Gebrechen, Trunksucht, Rauflust und in geschlechtlicher Beziehung die laxeste Moral nicht zu verkennen. Am meisten soll der Verkehr der Floßleute dieser Gegend mit den großen Städten der Fläche, das rohe genußsüchtige Wesen dieses wandernden Geschlechtes überhaupt zur Entsittlichung, zumeist der größeren Wohnorte beigetragen haben. So erhält unter Anderem die Gemeinde Lenggries 9 durch Trunksucht Blödgewordene. Bei der durchschnittlichen Wohlhabenheit ist der Luxus im Zunehmen. Es ist viel Selbstbewußtsein, ein großer Sinn für Unabhängigkeit und ebenso treue Anhänglichkeit an Altes und Ererbtes unter diesen Bauern; sie sind auch nur durch Güte und verständige Vorstellung zu lenken. Ihre Religionsbegriffe sind von äußerst formeller, sinnlicher Natur, dennoch sind die Leute aufrichtig fromm und trotz vielen Betens keine Kopfhänger. –

Flößer aus Oberbayern von Emil Doepler.
1875. Kolorierte Litographie.
[Archiv: Helga Lauterbach]

Das Land zwischen Lech und Isar zeichnet Joseph Friedrich Lentner folgendermaßen auf: „Vom Gebirgsfuß mit dem See und Moorgründen von Kochel und Murnau steigt südwärts diese Landschaft an zum wichtigsten Theile der südbayerischen Bergkette. Wir wandern hier im Thale der Loisach und Partnach im Garmischgau, an der jungen Isar bei Mittenwald im Schatten der Zugspitze und des Karwendelgebirges. Boden und Ansiedlungsart sind daher gebirgisch."

Im 11. Abschnitt schreibt Lentner über das Gemeinde- und Zunftwessen: „An der Loysach wohnt ein starkes, rüdes Geschlecht von Floßleuten. Vom obern Flußgebiet bei Oberau und Garmisch geht die erste Fahrstraße bei Bayerberg, wo neue Flöße bis Wolfratshausen eintreten, es sind daher die meisten Söldner (Kleinhäusler) dieser Gegend Floßleute, überall hängen in den Wirtshäusern ihre Gewerbeschilde: zierliche kleine Flöße mit Hütten und Fährleuten aus Holz geschnitzt, das Floß meist in den bayerischen weiß und blauen Rauten bemalen. Die Flößer halten auch ihre Jahrtage mit Gottesdienst und Tanz. In diesen Gegenden finden sich auch sogenannte-Vereine oder Soldaten-Bruderschaften, die keinen anderen Zweck haben, als den Mitgliedern so lange sie leben, jährlich einen fröhlichen Tag mit Tanz und Mahl und nach dem Tode einen Seelengottesdienst zu verschaffen. Nach gutem Handwerksbrauch halten auch sie sich in den Schenken ihren Herbergschild. So steht z. B. in Bayerberg in einem Glaskasten aufgehängt die ganze bayerische Armee alter Waffengattungen durch hölzerne Figürchen repräsentiert als Denkzeichen der dortigen Soldatenzunft.

DER WEG DER LOISACH

Im Ehrwalder Becken in Tirol sind auf 1060 m Höhe die Quellen der Loisach zu finden. Aus einem ihrer frühen Namen „Liubasa" lässt sich ein lieblicher Verlauf des 113,2 km langen Flusses ableiten, der unterhalb von Wolfratshausen in die Isar mündet. Die ersten Flusskilometer der Loisach führen von der Gemeinde Biberwier in Richtung Zugspitze zur bayerischen Grenze. Ab Garmisch hatte sie durch Zuflüsse genügend Wasser, um floßbar zu sein. Dort im Werdenfelser Land blühte der Handel auf den Rottstraßen. Die Loisach wurde zum wichtigen Transportweg für die Orte und Städte flussabwärts. Zunftflöße transportierten Weihrauch, Baumwolle und Gewürze, die aus dem Orient über Italien kamen. Amtsflöße des Bischofs von Freising lieferten neben Korrespondenzen und Steuergeldern auch Fisch und Wild für seine Hofhaltung am Domberg. Bauernflöße brachten vor allem Holz zu den Auftraggebern. Nach Garmisch setzt die Loisach ihren Weg entlang des Estergebirges über Farchant nach Oberau fort. Hauptabnehmer für den dortigen Gipsabbau war im 18. Jahrhundert die Residenzstadt München. Der nächste Flößerort Eschenlohe verflößte aufgrund seines Waldreichtums vor allem Stämme und Rundholz. Ohlstadt an der Loisach war wegen seiner Wetzsteine bekannt, die als Exportartikel in Holzfässern, bis nach Wien geliefert wurden.

Bei Murnau erhält die Loisach durch die einmündende Ramsach Verstärkung. An der Lände in Hechendorf legten im 19. Jahrhundert jährlich 1.000 Flöße ab. Etwa die Hälfte ihrer Flussstrecke hat die Loisach in Großweil erreicht. Häufiges Transportgut der dortigen Flößer waren Mühl- und Schleifsteine sowie Steintröge. Oberhalb Großweil liegt der Ort Glentleiten, der sich als Siedlung an der Loisach unter dem Namen "Glent" bis ins 13. Jahrhundert zurückverfolgen lässt und damit auch die Existenz der Flößerei. In Großweil gab es auch eine Zusteigemöglichkeit für Einzelreisende, Mitfahrgelegenheit für Handwerksgesellen und Auswanderer, die ihr Glück in Österreich versuchen wollten. Zu wirtschaftlich schlechten Zeiten kam es im 17. Jahrhundert zu Zwangsausweisungen von Familien nach Österreich, wie in den Gemeindebüchern von Oberammergau festgehalten ist. Auch die Delinquenten aus dem freisingischen Werdenfels, die in Freising ihrem Prozess erwartete, wurden auf das Floß verfrachtet. Bei Großweil fließt die Loisach weiter, an Schlehdorf vorbei, bevor sie als Fluss durch den Kochelsee treibt. Mit Zusatzwasser verstärkt, verlässt sie ihn wieder westlich des Ortes Kochel. Die mühsame Kochelsee-Passage kostete die Flößer je nach Wetter etwa 3 Stunden an Zeit. Viel zu lange für den bayerischen Kurfürsten Max Emanuel, der nach Rückkehr aus seinem Exil in den spanischen Niederlanden, die Bautätigkeit in der Residenz und seinen Schlössern Schleißheim und Nymphenburg zügig fortsetzen wollte.

Im Jahr 1716 ließ er deshalb für den Transport des Baumaterials den 4 Kilometer langen Loisach-Trift-Kanal von Großweil bis Benediktbeuern errichten. Mit einer Zollgebühr

Alte Lände in Garmisch [Museum Werdenfels, Landkreismuseum Garmisch-Partenkirchen]

von 6 Kreuzer je Floß nutzten wohl die meisten Flößer die zeitsparende Passage. Westlich des Klosters Benediktbeuern mündete der Kanal wieder in die Loisach ein. Die nächsten Orte am Flusslauf sind Schönmühl und Penzberg mit dem Kohlebergbau. In Maxkron wurde die Pechkohle von Fuhrwerken auf Flöße umgeladen. Vorbei an Eurasburg, konnten in Beuerberg die Flößer auf ihrer Fahrt nach München übernachten, denen das Floßfahren bei Einbruch der Dunkelheit untersagt war. Zum letzten Ort an der Loisach, nach Wolfratshausen, war es nicht mehr weit. Danach mündet sie 3,5 km flussabwärts in die Isar ein.

Oft hatten die Loisachgemeinden unter schlimmen Hochwassern zu leiden, besonders das Dorf Eschenlohe. Erst 1852 waren die rechtlichen Voraussetzungen für ein umfassendes Hochwasserschutzprogramm auf der gesamten Flussstrecke geschaffen. Die schrittweisen Maßnahmen begannen in Garmisch und zogen sich flussabwärts weiter. Gleichzeitig wurden Verbesserungen der Floßpassagen vorgenommen. Zur Regulierung von Überschusswasser entstand in den Jahren 1921 bis 1924 der Loisach-Isar-Kanal, der bei der Beuerberg abgeleitet wird. Renaturierungsmaßnahmen in den 1990er Jahren an der Loisach mindern durch den Einbau von Sohlrampen ins Flussbett die Tiefenerosion, die durch die teilweise Begradigung der Loisach entstanden ist.

FLÖSSERSTADT WOLFRATSHAUSEN

Die Lage an der Italienstraße München-Innsbruck-Brenner mit Zollstation prägt den Ort, der heute noch von einer großen Flößertradition getragen wird. Die Stadt in den Flusstälern zwischen Isar und Loisach ist erstmals im Jahr 1003 in einer Urkunde König Heinrich II. als „Wolueradeshusun" erwähnt. Mit Marktrecht im 13. Jahrhundert versehen, blühte Wolfratshausen wirtschaftlich und kulturell auf. Im 15. Jahrhundert stellte Herzog Albrecht III. den Wolfratshauser Flößern einen Zunftbrief mit Transportmonopol aus, womit sie für lange Zeit die Loisach beherrschten. Bei einem Marktbrand im 16. Jahrhundert wird die zwischen Bürgerhäusern eingespannte Kirche St. Andreas ein Raub der Flammen.

1705 beim Aufstand der Oberländler gegen die Besetzung Bayerns durch österreichische Truppen, lautete die Parole: „Lieber boarisch sterben, als kaiserlich-österreichisch verderben". Die Floßleute hatten dabei die Aufgabe, den Proviant nach München nachzuführen. Mit reichlicher Marschverpflegung legten sie ihre Flöße in Thalkirchen an, als letzte Raststätte für die Churbayerische Landesdefision, die mit etwa 3000 Mann die Münchner Stadttore stürmen wollten. Der Aufstand gegen die drückende Besatzung wurde blutig niedergeschlagen und ging als Sendlinger Mordweihnacht in die Geschichtsbücher ein. Unter den 1.000 Opfern waren auch viele aus dem Landgericht Wolfratshausen zu beklagen. Am 7. April 1734 erlitt der Markt und die neue Andreaskirche beträchtliche Schäden, als durch Blitzeinschlag der Pulverturm des ehemaligen Wolfratshauser Schlosses explodierte. An Festtagen wird die Pfarrkirche mit alten Zunftstangen und Fahnen geschmückt.

Im 19. Jahrhundert kam es durch den Deutschen Zollverein, dem auch Bayern beigetreten war, zu einem neuen Vereinszollgesetz. Die vielfältigen Einfuhr-, Durchfuhr- und Ausfuhrzölle zwischen den einzelnen deutschen Staaten wurden einheitlich geregelt, wovon auch Wolfratshausen als alte Zollstation betroffen war. Die wesentlichen Änderungen zur aufkommenden Transportfreiheit der Floßfahrt, die alte Bestimmungen verdrängte, enthielt die Land- und Wasserbotenordnung von 1822. Waren es im Jahr 1864 noch 5.840 durchfahrende Flöße, die in Wolfratshausen registriert wurden, begann das Floßaufkommen kontinuierlich sich rückläufig zu entwickeln. Schließlich kam Ende des 19. Jahrhunderts durch Eisenbahn und Lastkraftwagen die Transportflößerei in den Orten entlang der Loisach zum Erliegen. Für die Wolfratshauser Flößer dagegen entwickelt sich mit Inbetriebnahme der Isartalbahn 1891 das neue Geschäftsmodell der Passagierfloßfahrten. Mit der Eisenbahn ins Loisachtal und mit dem Floß zurück nach München. Es wird zum touristischen Erfolgsmodell. Durch den wachsenden Zuzug von Arbeiternehmern bei der Isartalbahn, der Glashütte, des Torfwerks, der landwirtschaftlichen Schule, der Kreisverwaltung vergrößerte sich auch die protestantische Gemeinde, die für ihre

Postkartenmotiv Wolfratshausen. Abfahrt an der alten Lände. [Sammlung: Lore Köhler, München]

Abendmahlfeier keine eigenen Räume besaß. Erst 1909 konnte die evangelische Kirche St. Michael in der Bahnhofstraße eingeweiht werden, auf einem Grundstück der ehemaligen Krautäcker an der Loisach.

Zum Ersten Weltkrieg 1914–1918 erhielten viele Wolfratshauser Flößer die Einberufung zum Kriegsdienst. So manche blieben als Gefallene auf dem „Feld der Ehre" zurück. Allen Kriegsteilnehmer gedachte die Stadt ihrer Verdienste ums Vaterland mit einem Ehrenblatt. Floßmeister Sebastian Seitner konnte seine Heimat wiedersehen und seinen Floßbetrieb von neuem aufnehmen und fortführen. Auch im Zweiten Weltkrieg wurden Wolfratshauser Flößer zur militärischen Verteidigung des Landes einberufen und mussten sich den grausamen Geschehnissen stellen. Beim Feindeinmarsch im April 1945 ergaben sich die Wolfratshauser kampflos.

Jahre nach dem Krieg wurde der Markt aufgrund der Einwohnerzahl und Siedlungsform 1961 zur Stadt erhoben. 1986 publizierte der Fotoclub Wolfratshausen e.V. die Dokumentation „Erinnerungen an alte Tage" zum 25-jährigen Jubiläum der Stadterhebung, um wichtiges Kulturgut zu bewahren. Beim Münchner Stadtgründungsfest 1993, und gleichzeitig dem 600. Todesjahr des Brückenheiligen St. Johannes Nepomuk, stellte der Wolfratshauser Bürgermeister Peter Finsterwalder seine Flößerstadt auf der Bühne am Marienplatz vor. Als Frachtgut der Loisachflößer nannte er auch die vielen Krautfässer. Sie wurden für die Loisachstadt derart typisch, dass man deren Bürger „Krautlöffel" nannte. Die Isarflößer ließen als Spottgeschenk einen überdimensionalen hölzernen Krautlöffel anfertigen, der heute im Heimatmuseum zu sehen ist. Ein nachgeschnitztes Exemplar übergab Bürgermeister Finsterwalder für die Flößerausstellung im Münchner Alten Rathaus an die Kuratorin Helga Lauterbach. Das praktische Know-how der Floßbautechnik lieferte der Loisacher Floßmeister Josef Seitner und seine Flößer, die mit einem Prachtgespann am Marienplatz einfuhren.

1994 wurde in Wolfratshausen das neue Kastenmühlwehr mit Floßgasse, im Beisein von Ministerpräsident Edmund Stoiber eingeweiht und gleichzeitig zum Anlass genommen, die alte Tradition der Johanni-Wasserprozession zu Ehren des Brückenheiligen wieder zu beleben. Im Jahr 2003 konnte Wolfratshausen stolz seine 1000jährige Geschichte feiern. Aus diesem Anlass erhielt das Heimatmuseum eine Neukonzipierung. In den Räumen Stadtleben wird der gesellschaftliche Stellenwert des Flößerhandwerks sichtbar, das über Jahrhunderte als Hauptgewerbe des Ortes galt. Einen „Historienpfad" mit Begleitheft erarbeitete der Historische Verein Wolfratshausen. Der geschichtliche Rundgang führt durch den Altstadtkern zu 34 Stationen mit stadtgeschichtlicher Bedeutung, wie das Floßmeisterhaus am Obermarkt.

Aus touristischen Gründen beschloss der Stadtrat im Jahr 2007 sich „Wolfratshausen, die Flößerstadt" zu nennen. Mit Pauschalangeboten wurde das Projekt „Flößerei im Tölzer Land" auf den Weg gebracht. Seit 2009 bereichert die alte Floßlände an der Loisach ein in Bronze gegossener Flößer der Bildhauerin Barbara Hoyer als Denkmal. 2010 gab der Historische Verein Wolfratshausen das Buch „Amboss, Zwirn & Flößerhack. Handwerk im Isar- und Loisachtal" heraus, in dem das jahrhundertealte Handwerk der Flößer ausführlich vorgestellt wird. Im Mai 2011 erhielt die Stadt Wolfratshausen, in Anbetracht der über 1000 Jahre lange währenden Flößertradition, bei einem Festakt von der Internationalen Flößereivereinigung den beantragten Ehrentitel „Internationale Flößerstadt". Im Rahmen der Titelverleihung wurde an der Loisach ein Flößerpfad mit 6 Tafeln eröffnet. 2013 erschien das Buch „Entlang der Loisach. Ausflüge auf den Spuren der Flößer" von Gabriele Rüth. Im ereignisreichen Jahr 2017 wurde auf Initiative des Bürgermeisters Klaus Heilinglechner an der Wolfratshauser Ortseinfahrt Paffenrieder Straße die fast 4 m hohe Flößerskulptur des Memminger Künstlers Jürgen Batscheider aufgestellt. Auch ein Kinderflößerpfad mit 8 Tafeln wurde an der Loisach eröffnet. Als vom 18.–21. Mai der 30. Deutsche Flößertag der Deutschen Flößerei-Vereinigung e. V. in Wolfratshausen tagte, wurde den Teilnehmern der preisgekrönte Kino-Dokumentarfilm „Fahr'n ma obi am Wasser" vom Filmemacher Walter Steffen vorgeführt, der vor allem durch die Unterstützung der Flößerstadt Wolfratshausen und des Vereins Flößerstraße e. V. entstehen konnte. Im Jahr 2020 kam erstmals das Covid.19 Virus ins Land und wuchs sich zur Corona-Pandemie aus. Strenge Sicherheitsmaßnahmen verhinderten das Durchführen der beliebten Floßfahrten im Sommer. Ein außerordentliches Jahr ohne Verdienstmöglichkeiten für die

Flößer. Nie kam es in Zeiten davor mit Krankheiten, wie Pest, Cholera, Spanische Grippe, zum vollständigen Erliegen der Floßfahrt.

Doch die Stadt Wolfratshausen ließ es im Oktober 2020 sich nicht nehmen, mit dem nötigen Abstand im Freien und Maskenpflicht in den inneren Räumen sowie begrenzter Personenzahl, die drei Floßmeister von Isar und Loisach für ihre Verdienste um die traditionelle Pflege der Flößerei und des Floßhandwerks zu ehren. Vor der Loisachhalle wurde am Walk of Fame, in den Boden eine entsprechende Plakette eingelegt.

Die beiden Loisach-Floßmeister Franz und Josef Seitner sind verwandt. Ihr Großvater Sebastian Seitner ging in die Geschichte ein, als er 1904 von München aus, den riesigen Deckel einer Braupfanne auf dem Floß nach Wien beförderte, der für den Transport mit der Eisenbahn zu groß geraten war. In Weidach an der Schlederleiten steht das alte Flößeranwesen mit Lände an der Loisach. Dort fahren im Sommer die Vergnügungsflöße mit Josef Seitner und seiner Mannschaft ab. Ein paar Meter weiter, unter der S-Bahn-Brücke, hat Cousin Franz Seitner seine Floßlände. Nur noch ein kurzes Stück fließt danach die Loisach am westlichen Steilhang eines Moränenhügels entlang, dann ist ihr Eigenleben als Fluss vorbei. Noch vor Icking mündet die ruhigere Liubasa in die wilde Isaria ein und wird regelrecht von ihrer Geschwindigkeit mitgerissen.

Die Flöße auf der Isar fahren oberhalb des Isarspitzes an der Marienbrücke in der Pupplinger Au ab. Dort an der Lände des Isar-Floßmeisters Michel Angermeier verbarg sich hinter Sträuchern lange eine modern gestaltete Madonnenfigur mit Kind, die „der Reinheit der Gottesmutter" nach Vorstellungen streng religiöser Gläubiger nicht entsprach. Von ihrem eigentlichen Platz auf der Brücke wurde die geweihte Figur 1991 von unbekannten Tätern, ohne Ehrfurcht und Respekt, in die Fluten der Isar hintergestoßen. Nach ihrer Errettung und Wiederherstellung fristete sie 29 Jahre ihr Dasein bei den Flößern, die dankbar waren. „Mia kenna `s bei unserm g'fährlichen Beruf guat braucha", so die immer wieder gegebene Auskunft. Das Jahr 2020 schien die richtige Zeit zu sein, durch eine gelungene Aktion das von Bildhauer Anton Ferstl aus Penzberg gestaltete Kunstwerk wieder an seinen ursprünglichen Platz auf der Marienbrücke zurückzubringen.

Man könnte aufgrund der Geschichte Wolfratshausens vermuten, ein Floßmotiv schmücke das Wappen der Flößerstadt. Doch das sprechende Wappentier ist ein Wolf, der schon im Siegel von 1403 überliefert ist.

DER LEPROSEN-HANS

Das Leben einer Flößerfamilie war gewiss kein sorgenfreies. Bei jeder Fahrt des Ernährers stellte sich von Neuem die Frage, ob er wieder gesund zurückkommen wird. Wie grausam das Schicksal manchmal zugeschlagen hat, wird in der „Chronik des Loisachtals" von J. Huber geschildert. Das Wolfratshauser Wochenblatt hat die tragische Geschichte der alteingesessenen Noderer aus Beuerberg im Jahre 1909 in gekürzter Fassung wiedergegeben:

Etliche hundert Jahr sind es her, als der Niklas Noderer im Greiner Strudel durch das Auseinandergehen der Flöße einen jähen Tod fand. Sein Sohn Hans, der auf dem gleichen Floße war, konnte sich an einem Baumstamm festklammern und war so auf wunderbare Weise vom Tode des Ertrinkens gerettet. Aber welch ein Schmerz war es für den Sohn, der in kindlicher Liebe und Verehrung an seinem Vater hing! Doch es blieb für ihn nichts anderes übrig, er mußte sich, wenn es ihm auch schwerfiel, auf den Weg nach Hause machen. Von der langen Wanderung müde und matt, langte er endlich nach Wochen in später Nachtstunde zu Hause an. Als er nun den Seinen die traurige Botschaft kundtat, hob ein Jammern und Wehklagen an um den geliebten Gatten und Vater. „Oh, wenn er nur daheim gestorben wäre und man ihn im Friedhof zu Beuerberg begraben hätte können!", klagte die Gattin ein um das andermal. „Aber so weit fort von uns! Nicht einmal ein Grab hat er, denn der Greiner Strudel gibt höchst selten sein Opfer mehr zurück. Doch man muß ihn finden! Ich will wallfahrten gehen und dort in heißem Gebete flehen, daß man ihn wiederfindet", so sprach schluchzend die Gattin, nachdem sie den ersten Schmerz überwunden hatte. Alle damals bekannten Wallfahrtsorte wie Andechs, Maria Eich, Birkenstein, Aufkirchen, Altötting besuchte sie, aber noch immer war ihr Gatte nicht gefunden. Da kam dem Sohn, der Zeuge vom Tod des Vaters war, ein anderer Gedanke. Er wollte zu den Lebens- und Leidensstätten seines Heilandes wallfahren, er wollte nach Palästina. Das war in der damaligen Zeit aber keine Kleinigkeit.

Eines Tages nahm der Sohn Abschied von den Seinen und trat per Floß die Reise nach Palästina an. Auf der Höhe des Greiner Strudels errichtete er für seinen hier verunglückten Vater einen Gedenkstein mit eisernem Kreuz darauf und fuhr dann weiter bis Wien und von dort zum Schwarzen Meer. Nach Monaten endlich betrat er Palästina. Alle heiligen Stätten besuchte er dort, und überall flehte und betete er um die Auffindung seines Vaters. Mit schweren Herzen trat der Sohn endlich wieder den Heimweg an. Der Greiner Strudel hatte den toten Vater nicht mehr zurückgegeben. Mit ihm zog aber auch ein Begleiter, ein ungerufener, ungebetener, in die Heimat. Der Pilger hatte sich nämlich die Krankheit des Morgenlandes geholt: er war mit dem unheilbaren Aussatz behaftet! Nach dem Gesetz des Landes war er nunmehr für seine Angehörigen ein Toter, denn er durfte nicht mehr zu den Seinen, er mußte als Aussätziger in das Leprosen- oder Sie-

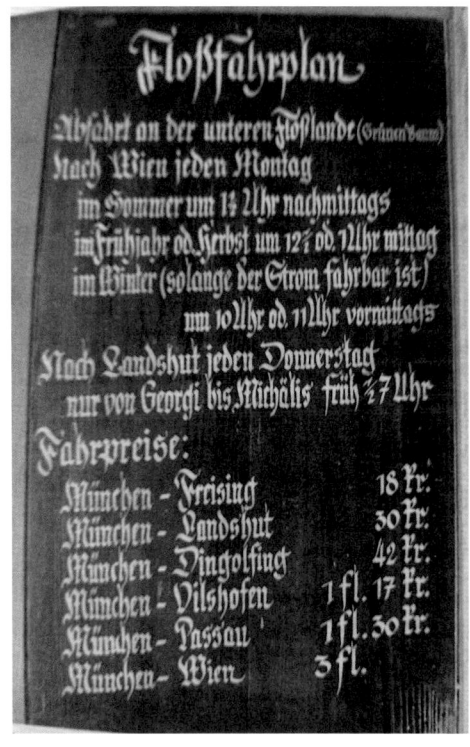

Flossfahrplan München-Wien [Foto: Bjarne Geiges]
Aus: Gasthaus Hinterbrühl, München

chenhaus, das ein vom öffentlichen Verkehr abgeschlossenes, höchst primitives Gebäude war. Hatte nun schon der Tod des Gatten und des Vaters den Seinen großen Kummer und Schmerzen bereitet, so doch umso mehr noch das Schicksal, das den lieben Sohn getroffen hatte.

Das Leprosenhaus war das Schrecklichste, was man sich in der damaligen Zeit denken konnte. Und dessen Insassen waren wirklich erbarmungswürdige Geschöpfe. Fern vom Verkehr mit den Leuten mußten sie ob ihrer ansteckenden Krankheit bleiben, weltabgeschieden, ein Bild des Jammers und der Verlassenheit waren sie, die Leprosen. Nur einmal im Jahr, in der Karwoche, durften sie den Markt betreten. Gehüllt in schwarze Mäntel, mit Klöpfeln nach dem Takte schlagend und ein Glöckchen um den Hals tragend, zogen sie dann durch den Markt. An langen Stangen hielten sie hölzerne Büchsen vor die Fenster und riefen: „Gebt's mir Armen, wenn ihr gebt, bet ich, daß ihr lange lebt – öffnet milde eure Hände, daß ihr Herrn an eurem Ende minder vor dem Tode bebt." Wie weh mochte es der Mutter und den Geschwistern ums Herz sein, wenn sie in der Karwoche die Leprosen so ziehen sahen und wenn sie daran denken mußten, daß ihren Sohn und Bruder nur die Liebe zum Vater und der Aufenthalt in Palästina dorthin gebracht hatte. Der Leprosen-Hans aber, wie man ihn allgemein nannte, fügte sich willig und gottergeben in sein hartes Schicksal und blieb seinem Gott treu. Mit der Holzarbeit war er als Flößer vertraut, und als Leprose widmete er sich dieser Beschäftigung. Nur durfte er die rauhe Arbeit eines Flößers nicht mehr verrichten. Aber er machte dafür schönere und wertvollere Arbeiten, indem er sich übte in der Holzschnitzerei, und er brachte es darin zu großer Fertigkeit. Seine Spezialität war im Schnitzen von Heiligenfiguren. In der Leprosenkapelle schmückte ein Zeichen seiner Kunstfertigkeit den Raum, ein Sankt Kümmernisbild mit dem Geigerlein zu Füßen. Als die Leprosen-Kapelle um das Jahr 1810 abgebrochen wurde, kam die künstlerische Arbeit vom Leprosen-Hans in die Krankenhaus-Kapelle hinter die Lourdesstatue auf der rechten Seite.

ZU EINEM BACH HERABGEWÜRDIGT

Auf dem Wege Münchens zur bedeutenden Großstadt war es der Isar nicht mehr erlaubt, sich ursprünglich, wild und unbeherrscht zu geben. Die vielen von ihr verursachten Überschwemmungen der am Fluss gelegenen Stadtteile sowie das Mitreißen von Brücken bei Hochwasser mussten nun ein Ende haben. Ein festgebautes Flussbett sollte die katastrophalen Vorkommnisse in Zukunft verhindern. Im Jahre 1815 wurde deshalb zur Regulierung des Isarabflusses bei der Unteren Lände mit dem Bau des Prater-Wehrs begonnen. Weitere Wehr- und Hochwasserschutzbauten sowie Ufermauern folgten Zug um Zug. Die Floßmeister verfolgten das Programm der sogenannten Isarkorrektion mit größter Wachsamkeit. Es war ihnen als berechtigte Nutznießer nicht ganz wohl bei der Sache, da die willkürliche Regulierung des ungestümen Flusses Steinbauten erforderlich machte. Schlechte Voraussetzungen für die Flößer, die darin eine Erschwernis beim Transport ihrer Ladung sahen und Gefahr für Leib und Leben. Bei den verantwortlichen Behörden meldeten die Floßmeister ihre Bedenken an und zeigten die Schwachpunkte der Isarkorrektion auf. Sie vertraten die Ansicht, dass statt der neuen Wasserbauten nur „das alte Ufer gegen Austreten der Isar gesichert wird, und dieselbe ihren frühen ungehinderten Lauf nimmt." Aber ihren Vorstellungen wurde „nicht die mindeste Rechnung getragen", wie im Flößerarchiv von Wolfratshausen zu lesen ist.

Überhaupt traf es die Flößer schmerzlich, dass die Isar als ein stark befahrener Fluss „zu einem Bach herabgewürdigt und ein weiterer Handel auf diesem lebhaften Wasser unmöglich wird, der Segen und Wohlstand verbreitete. Eine nicht unbeträchtliche Schichte teurer Untertanen wird im wahrsten Sinne des Wortes vernichtet, die seit urfürdenklichen Zeiten in diesem mühsamen und gefahrvollen Geschäftsleben tausend Andere ernährte und Tausende dem Staate und der Stadtcomune München einbrachte", beklagten die Floßleute die Isarkorrektion. In einem Land wie Bayern sollte das geschehen dürfen, „wo unter der glorreichen Ägide eines Königs Vater Max Handel und Wandel gedeiht und die Industrie blüht".

Bedingt durch die Baumaßnahmen der Regulierung verkleinerte sich die Anländefläche im Hauptwasser an der Unteren Lände. Sie reichte nicht mehr aus für die weiterhin in großer Anzahl ankommenden Flöße. Zur Abwendung des Missstandes wurden deshalb viele vorläufig im Stadtbach untergebracht. Allerdings war dies mit Umständen und Zeitversäumnis sowie Mehrkosten verbunden. Schnell war der Stadtbach mit Flößen überfüllt. Es kam deshalb zu Klagen und Beschwerden durch die Besitzer der anliegenden Gärten und Sägemühlwerke, die großen Schaden durch Wasseraustreten erlitten. Der Andrang war dort teilweise so enorm, dass keine weiteren Flöße mehr aufgenommen werden konnten. Die aus dem Oberland nachkommenden wurden deshalb schon vor den Toren Münchens an der Thalkirchner Lände zum Anhalten und Hinwarten gezwungen, bis

Der Auer Mühlbach in Alt-Giesing, abgeleitet aus der Isar. Holzstich Willi Döhler. [Aus: Nachlass Maria und Karl Lochner]

der Stadtbach wieder aufnahmefähig war. Die Wartezeit konnte volle acht Tage dauern. Im Jahre 1864 kamen 11.145 Flöße in München an! Für die aufstrebende Stadt gestaltete es sich zunehmend schwierig, sich im Zentrum mit einem Ländbetrieb dieser Größenordnung zu arrangieren. Aufgestapelte Lang- und Scheithölzer links und rechts der Länden entwickelten sich zum Verkehrshindernis. Die Untere Lände entlang der Floßstraße wurde deshalb 1886 aufgelassen. Auch die bekannte und beliebte Flößereinkehr „Zum Grünen Baum" schloss ihre Pforten, die inzwischen zum Stammlokal vieler Münchner Künstler geworden war. Die bisherige Floßstraße erhielt den vornehmen Namen „Quaistraße", was den Anliegern absolut nicht gefiel. Zehn Jahre kämpften sie dagegen an, bis sie 1888 endlich Erfolg hatten. Die Namensänderung in „Steinsdorfstraße", benannt nach dem ersten rechtskundigen Bürgermeister, der sich um die Stadt verdient gemacht hat, besänftigte die Gemüter. Der Ländbetrieb beschränkte sich jetzt nur noch auf die heutige Museumsinsel sowie den Uferstreifen entlang der Erhardtstraße. Da jedoch das Ausmähnen der Flöße durch Pferdegespanne auf Dauer auch hier nicht polizeilich geduldet werden konnte, suchte der Münchner Magistrat nach einem neuen und besser geeigneten Standort für einen zukünftigen Ländbetrieb. Inzwischen hatte die Flussregulierung

Thalkirchen vor dem Burgfrieden Münchens erreicht. Allerdings hielten die Flößer durch den dort geplanten Flussumbau die Befahrung der Isar nicht mehr für möglich. Denn sie hätten ihre bisherige Notlände vor den gefürchteten Thalkirchner Überfällen nicht mehr erreichen können. Auf Leben und Tod wären sie gezwungen gewesen, den einzig noch vorhandenen Weg durch die Schleusen zu fahren.

Wie lebenswichtig den Floßleuten die Erhaltung der Thalkirchner Notlände war, welche oberhalb der schräg über das Flussbett verlaufenden gefährlichen Wasserfälle lag, zeigte ihre Bereitschaft zur Zahlung von Ländgebühren auch dann, wenn sie nicht benutzt zu werden brauchte. So manchen ereilte dort der „nasse Tod", wie im Jahre 1860 den Wallgauer Flößer Anton Bartl, dessen Leichnam zehn Tage später bei Ismaning aufgefunden wurde, etwa 20 Kilometer isarabwärts. Erst 1864 wurde die Thalkirchner Lände offiziell als dritte Münchner Lände aufgenommen und dementsprechend unterhalten. Die Isarkorrektion schritt weiter fort. Zum Zwecke von „Verschönerungen in der Umgegend Münchens mittelst englischer Anlagen", wurde nun die Flussstrecke von der Großhesseloher Brücke bis Auer(mühl)bach in Angriff genommen, der rechts von der Isar am südlichen Ende des Tierparks Hellabrunn abzweigt. Für die Floßleute war es nur schwer zu verstehen, dass es sich hier um Verschönerungsmaßnahmen „zum Vergnügen des Publikums" handelt, ein Vorhaben wie sie meinten, „das in dieser Beziehung den Annalen der Nachwelt aufgehoben zu werden verdient. Es sollte aber nicht vergessen werden, dem Angenehmen das Nützliche vorzuziehen." Zur eigenen Sicherheit forderten die Floßmeister bei der Einleitung am Auer(mühl)bach anstelle des bisherigen kurzen Wehres ein langes zu errichten. Denn nach ihrer Erfahrung würde das ohnehin rapide Gefälle der Isar bei Flusseinengung ab der Großhesseloher Brücke noch schneller werden. Auch jetzt schon gerieten am Auer Wehr die Flöße mit Besatzung häufig in Not und es kam zu Unglücksfällen. So ist die nahe gelegene Kapelle Marienklause aufgrund eines Gelübdes der Gebrüder Achleithner aus dem Jahr 1815 entstanden, die mit ihrem Getreidefloß in tödliche Bedrängnis kamen.

Die Isarkorrektion reichte 1854 schon bis zur Einmündung der Loisach in die Isar unterhalb Wolfratshausens. Wenn die großen Steine im neu regulierten Isarbett liegen blieben, kam es des Öfteren zu Beschwerden der Floßmeister. Vor allem in der Talschlucht von „Beuerbrunn und Pullach" brachte diese Nachlässigkeit der Wasserbauarbeiter die Flöße in die Gefahr des Auffahrens, was unweigerlich ein „Untersinken" der Stämme oder Ladung zur Folge hatte. Neben des materiellen Schadens sahen die Flöße auch eine Gefährdung ihres Lebens. Erst im 20. Jahrhundert war schließlich die wilde, verästelte Isar bis hinunter in ihr Mündungsgebiet eingefangen und besänftigt. Zu dieser Zeit gab es im Zentrum Münchens keine Lände mehr. Der Magistrat hatte noch vor der Jahrhundertwende ein geeignetes neues Gebiet gefunden und trieb das Projekt voran: „Dasselbe ist baldmöglichst und unabhängig von der Frage der Eingemeindung von Thalkirchen zur Ausführung zu bringen. Der erwachsende Kostenaufwand mit 130 000 DM ist auf Anlehen zu übernehmen. Als Ländplatz sind jene drei Weiher gedacht, die in den Maria-

Einsiedel-Auen von der Verlängerung der Mühlstraße gegen Süden sich ausdehnen, eine Fläche von etwa 33 000 Quadratmetern einnehmen und anliegend einen Lagerplatz von etwa 127 000 Quadratmetern in sich fassen."

Am 15. Mai 1899 nahm die „Zentrallände" in Maria Einsiedel den Betrieb auf und zum 1. Januar 1900 wurde Thalkirchen endlich der königlichen Haupt- und Residenzstadt München eingemeindet. An den alten Länden in der Stadt beließ man die Durchfahrtspassagen für Floßfahrten ins Unterland, die jedoch kaum mehr genutzt wurden. Im Jahre 1910 schwamm als letztes ein geschmücktes Passagierfloß aus Lenggries durch die Praterwehr-Schleuse an der ehemaligen Unteren Lände. Der Veteranen- und Kriegerverein samt Musikchor und Trommler ließ sich nostalgisch auf grünen Isarwellen zu den alten Kameraden nach Moosburg hinunterfahren, die ihr 100jähriges Gründungsjubiläum feierten. Die Geschichte der Isarkorrektion Münchens ist für die Nachwelt auf einer Tafel am Werksgebäude Praterinsel bei der Mariannenbrücke in kurzen Angaben festgehalten, damit sie nicht in Vergessenheit gerät: Durch Einverleibung von Thalkirchen, Bogenhausen, Schwabing und Oberföhring in die Stadtgemeinde München und durch die Korrektion des Isarflusses sind folgende Veränderung eingetreten: „Den Burgfrieden von München durchfliesst die Isar von Großhesselohe bis St. Emmeram in südöstlicher Richtung in einer Länge von 13 700 Metern bei 33,50 Meter absolutem Gefälle. Ihre Wassermenge wechselt zwischen 40 – 1300 Sekunden-Kubikmeter." Gut 100 Jahre später wurde der Ruf nach mehr Naturnähe laut, was einen Rückbau der eingemauerten Isar und ihren gepflasterten Steilufern erforderlich machte. Gemäß dem Isarplan von 1995, ein Gemeinschaftsprojekt des Freistaats Bayern und der Stadt München, wurden die Ziele in einer aufwändigen Renaturierung umgesetzt. Während mehrerer Jahre wandelte sich die Isar in eine naturnahe Flusslandschaft, die nicht nur besseren Schutz vor Hochwasser bietet, sondern auch eine neue Qualität zur Naherholung für die Bevölkerung.

BRÜCKENEINSTURZ IN MÜNCHEN

Mit der Gründung Münchens im Jahr 1158 durch Herzog Heinrich den Löwen ist der Brückenschlag über die Isar verbunden. Vor allem Fuhrwerke mit Salz aus Reichenhall passierten den neuen und einzigen Flussübergang, um das „weiße Gold" in der Siedlung Munichen mit Markt- und Münzrecht umzuschlagen. Die Zeit davor befand sich die Brücke bei Föhring und der Brückenzoll war dem Freisinger Bischof geschuldet, bis Herzog Heinrich in einer Nacht- und Nebelaktion die ertragreiche Brücke zerstören ließ. Seinen Staatsgeschäften sollten die Einnahmen zugutekommen. Im darauf geführten Rechtsstreit bestätigte Kaiser Friedrich Barbarossa den Verbleib der neuen Brücke in Munichen.

Östlicher Teil der neuen Steinernen Brücke. Teilausschnitt aus dem Gemälde „Die Au bei München" von Wilhelm Scheuchzer (1803–1866) [Archiv: Helga Lauterbach]

Gleichzeitig war mit dem Schiedsspruch die Auflage verbunden, zukünftig ein Drittel des eingenommenen Brückenzolls dem geschädigten Bischof zu zahlen. Meist kamen die Fuhrwerke gut über die Brücke. Doch bei Hochwasser, wenn die Isar voll ungestümer Kraft die Ufer überschwemmte, war es nicht so einfach. Die in Flussnähe liegenden Wege, Gärten, Häuser, Hütten und Stadel, konnten innerhalb kurzer Zeit zerstört sein.

Etwa 1624, als durch langanhaltende Regengüsse der Fluss so gewaltig anschwoll, dass in einem Zimmerstadel aufbewahrtes Salz zerfloss und in Schlamm geriet, "daß der Schade sich auf 15 000 fl. belief und ringsumher alle Obstbäume durch die angeschlämmten Salzlachen erstarben". Aus: Beschreibung der kurbaierischen Haupt- und Residenzstadt München und ihren Umgebungen, 1803, von Lorenz Hübner. Auch die Fundamente der Isarbrücke bekamen die Gewalt des Hochwassers zu spüren. Vor allem der östliche Teil an der Auer Seite der siebenbögen Brücke war bedroht. Dort ereignete sich am 5. August 1633 auch der erste nachzuweisende Brückeneinsturz bei dem 107 Menschen in die Fluten stürzten. Die Stadt hatte seit ihrer Gründung unter Hochwasser zu leiden. 280 Jahre später, an gleicher Stelle, aber rissen am Abend des 13. September 1813 die tosenden Wassermassen die „steinerne" Brücke mit sich fort. Eine der schlimmsten Hochwasserkatastrophen, die München bis dahin erleben musste. In Schrift und Bild wurde das Ereignis in ihrer Dramatik festgehalten. In der kolorierten Lithografie von C. Hochfelder ist der Brückeneinsturz mit einer Schilderung des Unglücks wiedergegeben:

„Die Isar war zu einer fürchterlichen Höhe gestiegen und brauste, Alles mit sich fortreißend, dahin. Auf der Brücke standen eine große Menge Menschen dicht gedrängt und glaubten den Einsturz des sogenannten Kaiserwirtshauses erwarten zu können, dessen Grundmauer das wilde Wasser bereits zu unterwühlen begann. Da fuhr ein Bräuwagen hinüber, dessen Fuhrknecht die Leute warnte, indem er versicherte, das Wanken der Brücke bemerkt zu haben, allein, man achtete nicht darauf! Welch Schreck! – plötzlich stürzte ein Joch ein, da – ein zweites und drittes! Gegen 200 Menschen stürzten in die tobenden Wellen. Über 100 Personen fanden den Tod, und die übrigen wurden mehr oder weniger beschädigt, doch gerettet. Ein großes Unglück! Gott bewahre uns in seiner unendlichen Gnade!"

Zur Grundsteinlegung einer neuen steinernen Brücke 1814 nach Plänen Karl von Wiebekings, Generaldirektor des Wasser-, Brücken- und Straßenbaus, wurde eine Erinnerungsmedaille mit dem Konterfei König Max IV. Joseph angefertigt. Als nach dem Tod seines Vaters 1845, Ludwig I. die Nachfolge als König von Bayern antrat, nahm sein Baumeister Leo von Klenze Änderungen an der Brücke vor, was zur neuen Bezeichnung „Ludwigsbrücke" führte. Später in der Prinzregentenzeit gestaltete der bedeutende Architekt Friedrich von Thiersch 1890–1892 eine moderne Brücke, mit aufgestellten Pylonen an den Brückenköpfen und den allegorischen Sitzfiguren von Floßfahrt, Industrie, Kunst und Fischerei. Im Zweiten Weltkrieg wurde die Ludwigsbrücke schwer beschädigt.

Die Ludwigsbrücke ist mit ihrem Verlauf über die Isar eine der wichtigsten Verbindungen in die Innenstadt. Stark frequentiert durch Straßenbahn und Autoverkehr machen altersbedingte Mängel eine Generalsanierung erforderlich.

MONUMENTALGEMÄLDE „MONACHIA" VON PILOTY IM MÜNCHNER RATHAUS

Eines der bedeutendsten Kunstwerke aus der Regierungszeit König Ludwig II. hängt im Großen Sitzungssaal des Neuen Rathauses zu München. Der mehrfach mit Preisen ausgezeichnete Historienmaler Carl Theodor von Piloty hat das Werk erschaffen und mit „Monachia" betitelt. Das Gemälde ist sprechendes Zeugnis Münchens politischer Bedeutung und seiner herausragenden Stellung als Kunststadt am Ende des 19. Jahrhunderts. Mit einer Breite von 15 m übertrifft Pilotys Werk noch die monumentalen Schlachtengemälde von Joachim Beich im Großen Saal von Schloss Schleißheim. Durch die neue Gemeindeordnung vom 29. April 1869 für die Landesteile diesseits des Rheines und für die Pfalz erhielten die Städte in Bayern Selbstständigkeit über die Verwaltung der eigentlichen Gemeindeangelegenheiten, die davor durch Staatsaufsicht eingeschränkt war. Ein wichtiges politisches Ereignis, das nach Vorstellung des Münchner Magistrats mit einem

Carl Theodor von Piloty, Münchens Geschichte / Monachia, vollendet 1879, K 2850 [Kunstbesitz der Stadt München]

entsprechenden Bild gewürdigt werden und im Zuge der Ausstattung des Neuen Rathauses im Großen Sitzungssaal seinen Platz finden sollte, als ein „Denkmal der in dieser Zeit dahier waltenden Kunst". Das außerordentlich hohe Honorar von 50.000 Gulden, sollte Piloty noch für einige Zeit in München halten.

Seine Klasse war die größte der Akademie, mit der meisten Anziehungskraft und Reputation, national wie international. Eine Reihe berühmter Maler ging aus seiner Schule hervor. Auch seine weiteren Forderungen wurden akzeptiert, das Bild statt in Freskomalerei, großformatig auf Leinwand zu malen. Ebenso ihm die selbständige Abfassung des Bildprogrammes zu überlassen. Immerhin war Piloty es doch, der in der zweiten Hälfte des 19. Jahrhunderts den Ruhm Münchens entscheidend geprägt hat. Mit seinem Können vollzog er den Anschluss der bisher gepflegten klassizistischen Historienmalerei an die „malerische" internationale Entwicklung in Belgien und Frankreich. Das von ihm betitelte Gemälde „Monachia" sollte als Bildprogramm die „hervorragendsten Männer aus dem Schoße des Bürgerstandes" sowie die „fürstlichen Personen, welche hervorragend für die Stadt gewirkt haben" umfassen. Ein Bezug zur neuen Gemeindeordnung war darin zu erkennen und auch das deutlich gestärkte Selbstbewusstsein der Stadt München. Die von Piloty ausgesuchten 128 hervorragende Bürger aus allen Jahrhunderten – auch bemerkenswerte Frauen sind darunter – kennzeichnen das monumentale Bild und füllen es komplett aus.

Im etwas höher gehaltenen Mittelteil des Bildes ist »Monachia« als Personifikation der Stadt in byzantinischem Gewand und mit Mauerkrone dargestellt. Sie schreitet majestätisch über eine Treppe in die Versammlung hinunter und wird dabei rechts flankiert von einer weiblichen Figur als Allegorie der Isar und links flankiert von einem Pagen, der das Stadtwappen trägt. Ihren linken Arm mit Lorbeerkranz hält sie hoch, um symbolisch alle hier abgebildeten Personen und ihre Verdienste zu ehren. Dazu gehören: Flößer und Bierbrauer, als Vertreter der wichtigsten Wirtschaftszweige Münchens, Politiker, Feldherren, Architekten, Kirchenmänner, Wohltäter, Wissenschaftler, Erfinder und Künstler. Alle von ihnen sind von PIloty meisterhaft in körperlicher Präsenz dargestellt.

Im März 1879 war nach 4 Jahren das monumentale Gemälde, das als eines der größten der Welt gilt, fertiggestellt. Die Reaktionen in den Tageszeitungen klangen euphorisch. Da die aus verschiedenen Jahrhunderten abgebildeten Personen schon bei der Präsentation nicht allen Zeitgenossen bekannt sein konnten, lagen Erläuterungen auf. Wegen des großen Interesses der Bevölkerung konnte „Monachia" an bestimmten Tagen von der Öffentlichkeit besichtigt werden.

Zwei Jahre später erhielt der bekannte Münchner Historiker Karl Theodor von Heigel von den beiden Gemeindekollegien den Auftrag einer umfassenden Schrift. „München's Geschichte 1158–1806. Ein Commentar zu Carl von Piloty's Kolossalgemälde im neuen Rathaus zu München". In einem Erklärungsblatt erschienen die mit Nummern versehenen Kurzbeschreibungen der abgebildeten Personen. Zu Ziffer 77: „Floßmeister Johann (Chrysostomus) Heiß aus Alt-Münchner Flößerfamilie, Vertreter des Münchner Flößereigewerbes, das vor Aufkommen moderner Transportmittel einen Großteil des Fernfrachtverkehrs besorgte. Nach dem Leben gemalt. Geboren 26.1.1797 in München, gestorben 2.3.1868 in München. Deutscher."

Zu Lebzeiten war Johann Heiß ein erfolgreicher Floßmeister mit Hausbesitz in der Frühlingstraße. Zahlreiche Passagiere brachte er mit dem fahrplanmäßigen Ordinarifloß sicher von München nach Wien. Die Personenfahrten wurden stets öffentlich in der k.k. privilegierten Linzer Zeitung angekündigt. Im Jahr 1853 fuhr Johann Heiß sein Ordinarifloß viermal nach Passau und dreimal nach Wien. Den Rückweg nach München trat der geschäftstüchtige Floßmeister meist auf dem Rücken der Pferde an. Gemeinsam mit seinen Brüdern Franz Xaver und Thaddäus Heiß, ebenso wohl situierte bürgerliche Floßmeister in München, stiftete er 1857 eine Nepomuk-Figur aus Stein, die am Abrechen der Praterwehrbücke steht. Des Weiteren dem Verein der bürgerlichen Floßmeister im Jahr 1867 eine Vereinsfahne samt Zubehör, die in Verehrung des Heiligen Johannes Nepomuk der St. Anna Klosterkirche im Lehel aufbewahrt wurde. In die Fußstapfen seines Vaters Johann trat nach dessen Tod, Karl Heiß der beim Jahrtag 1907 einwilligte, dass die Fahne als Vereinseigentum übernommen wird. Im Falle der Auflösung des Vereins der Floßmeister von München, soll sie in das Eigentum des königlich bayerischen Nationalmuseums übergehen. Seinerseits äußerte Karl Heiß den Wunsch, dass auch die gestiftete Nepomuk-Statue an der Praterwehrbücke vom Verein als Eigentum übernommen wird, mit der Verpflichtung dieselbe am Vortrag von Johannes von Nepomuk zu zieren. Das 200jährige Bestehen des Vereins der bürgerlichen Floßmeister zum Heilige Nepomuk wurde am 10. Januar 1917 mit einem feierlichen Gottesdienst in St. Anna im Lehel gefeiert, wobei der Ehrentrunk aus dem alten Zunftpokal gereicht wurde. Die Münchner Floßmeister hatten zum damaligen Zeitpunkt ihren Betrieb schon aufgegeben. Doch stolz trugen sie weiterhin ihren Titel als Privatiers oder versierte Holzhändler mit Wald- und Grundbesitz.

Während des Zweiten Weltkriegs wurde „Monachia" das wertvolle und für die Geschichtsschreibung der Stadt München wichtige Gemälde Pilotys, zur Sicherung vor Beschädigung durch Luftangriffe, 1943 in das Schloss Meierhofen bei Beratzhausen,

Landkreis Parsberg, ausgelagert. Für den Abtransport musste die Leinwand über große Strecken aus dem Zierrahmen herausgeschnitten und auf eine Holzrolle aufgerollt werden. Erst in Friedenszeiten kehrte Monachia 1952 vorübergehend ins Münchner Rathaus zurück. Doch vordergründig wegen Umbauten, landete sie bald im Depot der städtischen Lenbachgalerie und war anschließend für Jahrzehnte aus dem Blickfeld der Öffentlichkeit entrückt.

Erst 1985 kommt „Monachia" wieder ins Gespräch, als sich um einen namhaften bayerischen Unternehmer der „Freundeskreis Piloty" bildete, der für eine Restaurierung und Wiederanbringung des Gemäldes an historischem Ort eintrat. Mit Stadtratsbeschluss konnten die aufwendigen Restaurierungsarbeiten unter der Federführung der Restauratoren der städtischen Galerie im Lenbachhaus beginnen. Sie dauerten vom Sommer 2002 bis Herbst 2004. Zur zweijährigen Restaurierungsarbeit des Gemäldes entstand der Katalog „Monachia", der gleichzeitig die Angaben der Erläuterungsschrift des Historikers K.T. von Heigel von 1879 überprüfte und etliche Kurzbeschreibungen der auf dem Piloty-Gemälde abgebildeten Personen revidierte.

Das betraf auch Johann Heiß als prominent abgebildete Person mit der Nr. 77. Der Text wurde wie folgt geändert. „Ein Floßmeister aus der Münchner Flößerfamilie Heiß. Zur linken Monachias, hinter dem knienden Bergmann, erhebt sich stolz die imposante Figur eines Flößers, erkennbar am geschulterten Floßhaken mit dem anhängenden dicken Tau und den Baumstämmen zu seinen Füßen. Nach Kesings, Erläuterungsblatt handelt es sich „um einen Angehörigen der im Tal ansässigen Altmünchner Flößerfamilie Heiß über die jedoch nur wenig bekannt ist. Im Jahr Jahr 1857 stifteten die Brüder Xaver, Johann und Thaddäus Heiß eine Figur ihres Patrons, des Heiligen Nepomuk, die heute unterhalb der Praterbrücke in der Isar steht und mit einer Gedenktafel auf die Stifter hinweist. Ob die Familie tatsächlich schon so alt ist, dass sie im 15. Jahrhundert die für den Dachstuhl der Frauenkirche bestimmten Stämme die Isar herabgeflößt hat, wie verschiedentlich zu lesen ist, kann nicht nachgewiesen werden. Piloty stand auch kein Mitglied der Familie Modell, sondern, so überliefert es ein langer Artikel in der Süddeutschen Presse vom 19. Juli 1879, der in München damals bekannte Gerichtsrat von Enhuber. Es war aber sicher nicht diese unbelegte Familiengeschichte, die Piloty veranlasst hat, einen Isarflößer so prominent ins Bild zu setzen. Seit dem Mittelalter verfügten die Münchner Flößer über das Monopol, alle Waren ab München isarabwärts zu befördern. München hatte zudem das Stapelrecht, das heißt, alle ankommenden Floßwaren mussten drei Tage lang hier zum Verkauf angeboten werden. Wenn auch im gegenwärtigen Stadtbild kaum noch etwas darauf hinweist, war die Flößerei auf der Isar einer der Hauptwirtschaftszweige München, der gerade in der Mitte des 19. Jahrhunderts in besonderer Blüte stand. So landeten in den Jahren zwischen 1860 und 1870 jährlich mehrere tausend Flöße aus dem Oberland in München an. Sie brachten nicht nur Bauholz für die schnell wachsende Stadt den Fluss herab, sondern auch vielerlei Waren wie Kalk, Haussteine, Tölzer Möbel, aber auch Wein und Lebensmittel aus Italien und Tirol oder – im Sommer – Bier aus den kühlen Kellern von Tölz. Mit der Eröffnung der

Isartalbahn nach 1860 verlor die Flößerei zunehmen an Bedeutung. Nach den Zerstörungen des Zweiten Weltkrieges waren es wieder die Isarflößer, die das Holz für den Wiederaufbau des Dachstuhls der Frauenkirche nach München brachten."

Nach Abschluss der Restaurierungsmaßnahmen wurde das Gemälde aus dem Rahmensystem abgespannt und „Monachia" auf einer Transportrolle in das Neue Rathaus gebracht. Mit der Rückführung nahm das Gemälde wieder seinen ursprünglichen Platz an der Stirnwand des Großen Sitzungssaales ein, in dem regelmäßig die Vollversammlung des Münchner Stadtrates unter Vorsitz des Oberbürgermeisters tagt. Damals hatte Christian Ude das Amt des Stadtoberhauptes inne. Am 20. September 2004 erhielt das monumentale Historienbild im Rahmen einer kleinen Feierstunde eine ausführliche und angemessene Würdigung durch den Direktor des Stadtarchivs.

Der 1826 verstorbene Historienmaler und Akademieprofessor Carl Theodor von Piloty ist im Alten Südlichen Friedhof begraben. Er zählt zu den berühmten Toten des unter Denkmalschutz stehenden Gottesacker. Auch die Grabstätte der königlichen Floßmeisterfamilie Heiß ist hier zu finden.

EINE ZENTRALLÄNDE FÜR ALLE

Seit die alten Münchner Länden aus verkehrspolizeilichen Gründen dem Stadtbild weichen mussten, spielte sich das gesamte Ländgeschehen an der im Mai 1899 eröffneten Zentrallände ab. Die Ländanlage am südlichen Stadtrand war 33.000 qm groß, der anliegende Lagerplatz 127.000 qm. Sie beginnt mit der Abzweigung am Isar-Werkkanal bei Hinterbrühl. Von dort führt der neu angelegte 8,5 m breite Floßkanals die Flöße direkt zum Ländbassin. Eine Weiterfahrt mit Flößen über das Ländbecken hinaus war nicht mehr möglich, denn unmittelbar hinter der Schleuse befindet sich seit 1890 das Naturschwimmbad Maria Einsiedel. Die Gegend erhielt durch die täglich ankommenden Flöße, die städtischen Ländarbeiter, Holzhändler mit ihren Pferdefuhrwerken, die aufgeganterten Holzstamme und Holzlagerstätten ein neues Gepräge. In der Benediktbeuerer Straße hatte die Ländinspektion ihren Sitz. Anton Konz war der erste städtische Ländinspektor und wachte darüber, dass die städtische Ländordnung von jedermann eingehalten wurde. Zu entrichtende Gebühren waren bei der dortigen Kasse einzuzahlen. Niemand fühlte sich hier draußen durch das Treiben belästigt. Die alte Sägemühle in Maria Einsiedel mit den dazugehörigen Gebäuden erwarb die Stadt, ließ sie 1909 abreißen und an deren Stelle ein schlichtes Mietshaus errichten. Meist kinderreiche Familien hatten hier ein Zuhause. Auch das Asam Schlössl, als ehemaliger Edelsitz, war längst zu einer beliebten Gastwirtschaft geworden.

Die Floßfahrt auf der Isar war zulässig, sobald und solange es Wasserstand und Witterung gestatteten. Eröffnung und Schluss der Saison gab rechtzeitig der Magistrat schriftlich bekannt. An die 5.000 Flöße mit Holz-, Kohle- und Kalklieferungen legten in den ersten Jahren des Alleinbestehens der Zentrallände an. Am häufigsten war es Holz, das von den Händlern meist schon oben im Isarwinkel angekauft und auf dem preisgünstigen und schnellen Wasserweg nach München transportiert wurde. Etwa 20 % aller Flöße kamen auf der Loisach herunter. Die Trennung in Isar- und Loisachflöße hatte das Königlich Bayerische Landesamt zur besseren Auswertung der Zahlen empfohlen.

Wenn besonders gute Stämme von Lenggries oder Tölz nach München sollten, war der städtische Oberländaufseher Josef Dosch mit dabei, dem die Abwicklung von Holzgeschäften in Maria Einsiedel oblag. Seine 87jährige Enkelin Wilhelmine Herrmann erinnerte sich bei einem 1991 mit ihr geführtem Gespräch noch gut daran. Denn immer dann kochte die Großmutter für ihn ein echtes, kraftvolles Filetgulasch, damit er für die Fahrt gut gestärkt war. Eine teure Mahlzeit für die damaligen Verhältnisse. Die neun Kinder beneideten ihren Vater darum und hofften mit großen Augen und wässrigem Mund, dass etwas für sie übrigblieb. Doch leider reichte es meist nur für die Gulaschsoße mit Knödel. Als Proviant für unterwegs bekamen die meisten Flößer von ihren Frauen ein G'räuchertes oder kalten Braten, eingewickelt in Pergamentpapier und Zeitung. In den Rucksack wurden außerdem eingepackt: Wechselzeug, Unterwäsche, Hemd, Hose, Jacke, „Söckei" und Reserveschuhe, damit sie nach der Fahrt etwas Trockenes auf der Haut hatten. Trotzdem plagte viele Flößer der Rheumatismus durch die jahrelange nasse Arbeit, zu der zwar Wasserstiefel getragen wurden, die aber trotzdem Gliederschmerzen in zunehmendem Alter nicht verhindern konnten. Nicht fehlen durfte das Verbandszeug und ein Hackerpfeilsackerl, gefüllt mit mindestens zwei Hackerpfeilen und sechs bis acht Nägeln. War der Rucksack zugeschnürt, kam oben drüber noch der Lodenmantel als Rüstzeug, falls das Wetter umschlug. Ohne Rucksack, Hut und Floßhack ging kein Flößer zur Arbeit.

Werkzeugkisten des Floßmeisters Hilger warten auf den Rücktransport nach Tölz [Sammlung: Peter Hefter]

Linke Seite: Zentrallände um 1900. Glasnegativ [Sammlung: Peter Hefter]

Die auf der Isar herunterkommenden Flöße konnten die Zentrallände über den Floßkanal bei Hinterbrühl gut erreichen. Noch oberhalb der Kanaleinfahrt befanden sich entlang des Ufers mehrere Ländpfähle, an denen gelegentlich Flöße angehängt waren, wenn die Zentrallände aus betrieblichen Gründen nicht angefahren werden konnte. Auf der kleinen Brücke über den Floßkanal bei Hinterbrühl erwartete der geschnitzte Schutzpatron St. Johannes „seine" Flößer, die jedes Mal ehrfurchtvoll vor ihm den Hut zogen und sich verbeugten. „St. Nepomuk beschütze unsere Flößerei, die Stadt und Land von Nutzen sei!", stand dort auf einem nun verschwundenen Bildstöckl. Die amtliche Bezeichnung „Zentrallände" war bei den Flößern kaum zu hören. Wie alle anderen Leute aus der Gegend sprachen sie von der „Floßlände in Thalkirchen".

Nach dem langen Arbeitstag auf dem Wasser gingen die meisten Flößer noch in ein Wirtshaus zum „Zuakehr'n". Gleich an der Zentrallände hatte der Wirt Franz Rinshofer für alle Durstigen die Pforten seines Gasthofes weit geöffnet. Die Floßleute kehrten häufig bei ihm ein. Im Nebengebäude konnten sie Nachtquartier finden, falls es für den Heimweg zu spät geworden war. Der Gastwirt besaß auch das Grasrecht für die Wiesen rund um den „Gasthof zur Lände". Wohl deshalb hatten ihn die Flößer in Verdacht, zwei Ruder und ein Falzbrett von der Länd weg entwendet zu haben, das der Floßmeister Georg Willibald vermisste. Um den Abendzug in Richtung Tölz zu erreichen, marschierten die Flößer den Berg bei Maria Einsiedel hinauf nach Mittesendling und weiter durch die Flößergasse bis zur Bahnstation. Manchmal machte einer von ihnen noch einen Abstecher zum Zahnarzt Dr. Max Mäusel in die Emil-Geis-Straße, dessen Praxis auf dem Weg lag. Dort waren die Flößer „wegen ihrer gesprächigen Art beliebte Patienten", erinnerte sich die inzwischen verstorbene Zahnarzthelferin Rosina Gall. Oftmals besuchten die Flößer auch den „Gasthof Hinterbrühl", in dem sie gerne noch eine Stärkung zu sich nahmen, bevor sie den Heimweg antraten. 30 bis 40 der Ihrigen konnte man in der Gaststätte antreffen und der Geräuschpegel war dementsprechend laut. Da die Einkehr nicht direkt in Bahnhofsnähe lag, wurde es Sitte gemeinsam zum oberhalb der Wirtschaft verlaufenden Bahngleis zu ziehen, um dort vor Ort auf den Abendzug zu warten. Sie hofften jedes Mal von Neuem, der Zugführer würde anhalten und ließe sie mitten auf der Stecke zusteigen. Meistens hatten sie Glück. Andernfalls musste der lange Heimweg durch die Nacht zu Fuß angetreten werden.

MARIENKLAUSE

Zum Münchner Stadtbachsystem zählt der von der Isar unterhalb Harlachings abgeleitete Auer Mühlbach. In raschem Tempo durchfließt er zunächst den Tierpark Hellabrunn und erreicht als Arbeitsbach anschließend die Stadtviertel Untergiesing und Au, wo er über Jahrhunderte fleißig die dortigen Mühlen antrieb. Auch der Stromgewinnung kam seine Wasserkraft zugute. Heute noch treibt er die Turbinen im Maxwerk in den Maximiliansanlagen an, bevor er unterhalb der Maximiliansbrücke wieder in die Isar zurückgeleitet wird. Das Wehr am Auer Mühlbach war bei den Flößern gefürchtet, denn durch das rapide Isargefälle ab Großhesselohe, nahmen sie an Fahrt auf und trieben auf die Schleusenanlage zu. Zudem gab es dort eine gefährliche Stromschnelle, die das Unfallrisiko weiter erhöhte. Es ist deshalb nicht verwunderlich, dass die Flößer vor dieser Passage die Muttergottes um ihren Beistand anriefen. Eine fromme Gewohnheit, über die sie auch mit dem ersten Pfarrer der am Isarhochufer liegenden Gemeinde sprachen. Im Jahr 1815 gerieten am Auer Wehr bei Hochwasser die Gebrüder Achleitner mit ihrem Getreidefloß in Lebensgefahr, als es an den Schleusensteg stieß. Es zerbarst auseinander und sie trieben hilflos in den reißenden Fluten. Gerade noch konnten sie einen aus dem Wasser ragenden Pfosten umklammern und mit letzter Kraft festhalten, bis sie schwer verletzt geborgen wurden. In Todesgefahr gelobten sie bei ihrer Errettung eine Kapelle zu Ehren der Jungfrau Maria zu errichten. Doch aus widrigen Umständen konnten sie ihr Gelübde nie erfüllen. Erst fünfzig Jahre später löste Martin Achleitner, als Sohn eines der verunglückten Flößer, das Verlöbnis seiner Vorfahren ein, das auch ihm zum Anliegen geworden war. Auch er hatte mehrfach Grund gehabt, der Jungfrau Maria dankbar zu sein für „öftere Errettung aus Hochwasser- und Felssturzgefahr". Von Beruf Wasserbaumeister und Aufseher am großen Wehr des Auer Mühlbachs, war auch sein Dienst ein gefährlicher, bei dem immer wieder Menschen zu Tode kamen. Beim einsam gelegenen Schleusenwärterhäuschen begann er mit dem Bau der Marienklause. In den Jahren 1865/66 entstand unter seinen Händen die kleine Holzkapelle mit Türmchen. Im Altarraum steht zur Anbetung erhöht eine anmutige Figur der Jungfrau Maria.

Eng an den Isarsteilhang geschmiegt, wird die die Andachtsstätte von Bäumen, Sträuchern, Büschen schützend umgeben und ist dadurch dem direkten Blick entzogen. Eine

Marienklause mit Grotte.
Zeichnung von Rektor i.R. Grad
[Archiv: Helga Lauterbach]

ruhige, friedliche Atmosphäre verströmt der ausgesuchte Platz, die der Ankommende sofort verspürt und in welcher die alltäglichen Sorgen an Bedeutung verlieren. Unter der Kapelle lud der Jakobsbrunnen in der kleinen kühlen Grotte Wanderer und Pilger zu einem Schluck frischen Quellwassers ein. Da dem „Stahlwasser" sowohl Lebens- als auch Heilkraft nachgesagt wurde, schöpften viele mit dem an einer langen Kette angehängten Löffel vom kostbaren Nass und stärkten sich. Manche füllten sogar eigens mitgebrachte Flaschen auf.

Jakobsbrunn bin ich genannt, / Mein Herz ist tief in Felsenwand. / Ist meine Quell auch eng und klein, / so ist doch's Wasser klar und rein. / Gesundheit bringt's und Lebenskraft / wohl mehr als mancher Gerstensaft. / Doch merket, Pilger lobesam, / seid meine Gäste dann und wann! / Verschont mir rings, was ihr erblickt, / da ich jetzt freundlich euch erquickt.

Als sich zehn Jahre nach Errichtung der Marienklause ein riesiger Nagelfluh-Felsbrocken vom Steilhang gelöst hatte und nach unten donnerte, blieben Kapelle und Schleusenwärterhäuschen unversehrt. Zur Andachtsstätte gehört auch noch ein eingezäunte Gärtlein unter hohen schattigen Bäumen mit einem steinernen Altar und vierzehn Kreuzwegstationen. Seit im März 1906 der Wasseraufseher Johann Anzer mit nur 37 Jahren am Wehr des Auer Mühlbachs den „nassen Tod" gefunden hat, erinnert eine weitere Tafel an der Kapelle an das Unglück. Auch direkt an der Schleusenanlage wurde für ihn eine

Gedenktafel aufgestellt. Die unleserlich gewordene Schrift ließ der Flößer-Kulturverein München-Thalkirchen e. V. als Beitrag zur Heimatpflege 2020 von Steinmetz Willi Binder aus Bad Tölz restaurieren. Viele Menschen haben seitdem die idyllisch gelegene Marienklause besucht und in aller Stille ihre Anliegen vorgetragen, wovon zahlreiche Votivtafeln, Rosenkränze, Heiligenbilder, selbstgefertigte Gaben und hoffnungsvoll flackernde Kerzenopfer Zeugnis geben. Heute noch findet jährlich Anfang Mai die Lichterprozession hinunter zur Marienklause statt, veranstaltet vom Dekanat Giesing-Harlaching. Auch Andachten werden von Juni bis September dort unten, in unmittelbarer Nähe der Isar, abgehalten. Oben am Hochufer von Harlaching aber erinnert die Achleitnerstraße an den Erbauer der Marienklause, der sie liebevoll auch weiter gepflegt hat. Darüber hinaus hat Wasserbaumeister Martin Achleitner während seiner Dienstjahre mühsam und unter großen Gefahren auch die ersten Pfade über den felsigen Steilhang hinauf angelegt. Vor „Felssturzgefahr" beschützte allzeit die Jungfrau Maria den tiefgläubigen Mann. Erst nach seinem Tod 1882 entstand in den Jahren 1919/20 als Notstandsarbeit nach dem verlorenen Ersten Weltkrieg die Marienklausen-Brücke mit neuen Holzjochen und einer extrabreiten Durchfahrt für die Flöße.

DER SCHUTZENGEL IM ISARKANAL

An der südlichsten Grenze von München, bei Großhesselohe, überspannte als Vorgängerbrücke der heutigen, eine der ältesten Eisenbahnbrücken Deutschlands die tiefe Talschlucht der Isar. In einer Höhe von 31 m wurde sie von 1851–1857 für die Eisenbahnverbindung München-Holzkirchen errichtet. Ingenieur Friedrich August von Pauli entwarf die kühne Eisenkonstruktion, die schon dem beginnenden Zeitalter der Technik zuzuschreiben ist – sachlich, wirtschaftlich, ästhetisch. Er hatte die Technik des Eisenbaus in England studiert. Für die Großhesseloher Brücke entwickelte er ein neues Tragesystem mit filigranen Gitterträgern aus Eisen, die nach ihm benannten „Paulischen Fischbauch- oder Linsenträger". Die Eisenkonstruktion wurde von drei hohen Pfeilern aus Nagelfluh, Ziegel und Beton getragen sowie von den beidseitigen Widerlagern, welche die Brücke auf 258 m verlängerte.

Im März 1857 waren die gewaltigen Maurerarbeiten an der Unterkonstruktion abgeschlossen. Nun konnte die Maschinenfabrik Cramer-Klett die Eisenkonstruktion aus der Maxhütte und teilweise England liefern. Auch die Münchner Eisenwarenhandlung Max Kustermann mit Stahlbauabteilung und Eisengießerei war an dem Großprojekt beteiligt. Bereits im Oktober des gleichen Jahres fand die Belastungsprobe mit drei Lokomotiven samt Tendern und einigen torfbeladenen Güterwaggons statt und konnte für den

Großhesseloher Brücke [Aus: München Kunst & Kultur Lexikon]

Eisenbahnverkehr freigegeben werden. Sie galt als eine der höchsten Brücken der Welt. In schwindelerregender Höhe konnte sie auch von Fußgänger überquert werden. Wenn gleichzeitig ein Zug darüber rollte und den schmalen Brettersteig unter den Füßen zum Schwingen und Zittern brachte, war dies ein aufregender Spaziergang. Auf der Brücke bot sich in luftiger Höhe ein herrlicher Ausblick. Flussabwärts zeigte sich die Stadt mit ihren prägnanten Türmen und flussaufwärts entlang der waldigen Ufer schimmerte die Isar, deren Rauschen auf der Brücke zu hören war. Wie kleine Modellflöße sahen die unten treibenden Holzgefährte aus, die damals noch auf der offenen Isar ihren Weg nach München nahmen. Den Flößern auf dem Wasser zeigte sich bei Großhesselohe durch das Öffnen der Talschlucht in eine weite Ebene erstmals das Bild der königlichen Haupt- und Residenzstadt. Der vertraute Anblick der doppeltürmigen Frauenkirche mit den runden welschen Hauben veranlasste sie augenblicklich ihren Hut zu ziehen, wie das schon bei ihren Vorvätern der Brauch war, die für den Kirchenbau des 15. Jahrhunderts Holz und Kalk aus Lenggries und Tölz angeliefert haben. Mit kurzem Gebet zu Unserer lieben Frau dankten die Flößer für die bisher gut verlaufene Fahrt. Seit 1907 ist ihnen dieser Blick verwehrt, da sie den am linken Ufer angelegten Werkkanal befahren müssen, der durch dichte Auwälder führt. Leider zog die Großhesseloher Brücke nicht nur Bewunderer der technischen Konstruktion oder Liebhaber der Naturschönheiten an, sondern auch solche Menschen, die verzweifelt ihrem Leben ein Ende setzen wollten.

Über 300 Unglückliche haben sich seit Erbauung der Brücke aus 31 m Höhe hinunter ins steinige Isarbett gestürzt, was ihr den Namen „Selbstmörderbrücke" einbrachte. An einem Sommertag war auch der Heidacher Jakob und sein Floßmeister, der Seitner Franz, mit einer Holzladung auf dem Floß unterwegs. Als sie im Isarkanal bei Großhesselohe unter der Brücke fuhren, sahen sie voll Entsetzen, dass eine Frau von dort oben losgesprungen war und in direktem Fall auf das Floß zusteuerte. Der Heidacher erschrak heftig, weil ein Floß nicht so schnell wegzulenken war: „Hoffentlich springt's ma net auf mein Deckel nauf!". Aber Gott sei Dank, der Körper tauchte dicht neben dem Floß ins drei bis vier Meter tiefe Wasser ein. Verschwunden war er und nichts mehr von ihm zu sehen. Doch als Flößer wusste der Heidacher, dass der eingetauchte Körper noch einmal ganz kurz mit der Welle freigegeben wird, und auf diesen Moment lauerte er. Sobald etwas an der Wasseroberfläche erschienen war, packte er fest zu und hatte die Haare der Frau in der Hand. Daran versuchte er, sie aufs Floß zu ziehen. Es wurde ein gefährlicher Rettungsversuch, weil die Lebensmüde noch Kräfte besaß und lieber sterben wollte. Der Heidacher musste aufpassen, dass sie ihn nicht auch noch vom Floß hinunterzog. Doch dann hatte er es geschafft. Während der Fahrt zur Lände bei Thalkirchen ließ er die junge Frau nicht aus den Augen, denn ihr Wunsch zu sterben, bestand nach wie vor. An der Lände angekommen, übergab er das Mädchen der Polizei. – Etwa drei Wochen später, als der Heidacher wieder mit dem Floß an der Thalkirchner Lände ankam, wartete schon der Schleusenwärter mit einem „Weiberleut" am Ufer und fragte ihn: „Kennst' de?" und zum Mädchen sagte er kurz: „De san's g'wesn", die am Isarkanal geholfen hatten. Sie bedankte sich artig beim Heidacher und gestand, dass sie damals alles nur aus Liebeskummer gemacht habe. Ihren Namen sagte sie nicht und auch der Heidacher fragte nicht danach. Das war ja auch nicht wichtig. Hauptsache das junge Mädchen war gerettet und hatte wieder neuen Lebensmut. Doch vergessen konnte er diesen schicksalhaften Tag natürlich nie, wo er, der Heidacher Jakob, Schutzengel spielen durfte.

EIN VATERUNSER VON DEN HOLZBETTLERN

Zu Hochwasserzeiten schwoll die Isar zu einem gewaltigen Wildfluss an, der die Ufer rücksichtslos übertrat und die tieferliegenden Orte ohne Gnade überschwemmte. Alles riss sie mit, was nicht richtig festsaß. Entwurzelte Bäume und Sträucher, abgebrochene Zweige und Äste, Wurzelstöcke schwemmte sie talwärts, bis sie am Flussrand hängenblieben oder sich in den Schleusen verfingen. Jedoch sobald der Wasserstand wieder sank, machten sich die Holzsammler auf den Weg und freuten sich über das Brennmaterial, das ihnen die Isar gratis geliefert hatte. Es brauchte nur noch getrocknet zu werden, und der Ofen wärmte die Stuben. Nach der Flusskorrektion blieben Überschwemmungskatastrophen zwar aus, doch bei Hochwasser kam weiterhin allerlei Brennbares auf der gelblich schäumenden Isar heruntergeschwommen. Zu allen Zeiten gab es ärmere Menschen, die dafür dankbar waren, weil ihr Geld nur für das Nötigste reichte. Sie gehörten zum typi-

Stich: Bei Thalkirchen. Holzbettler an der Isar [Sammlung: Weigelt]

schen Erscheinungsbild entlang des Isarufers. Vor allem wenn Holztransporte aus Lenggries, Tölz oder Wolfratshausen auf dem Wasser unterwegs waren standen sie in kleinen Gruppen beisammen und erhofften sich von den vorbeifahrenden Flößern ein paar Holzscheite. Die zeigten sich nicht kleinlich im Verteilen von Holzabfällen an die sogenannten Holzbettler. An verschiedenen Plätzen warteten sie auf die Flöße aus dem Oberland.

Einer der besten Standorte überhaupt war Hinterbrühl, bei der kleinen Brücke über den Floßkanal, weil gleich danach jeder Holztransport in der Zentrallände in Thalkirchen endete. Es kam regelrecht zum Platzneid unter den Wartenden wer wo stehen durfte. Mit der hier praktizierten Hierarchie war längst nicht jeder einverstanden. Einig dagegen war man sich, dass besser situierte Personen oder deren Kinder hier nichts zu suchen hatten. Doch aller Neid und Ärger waren plötzlich wie weggezaubert, sobald nur einer rief: „Jetzt kummt d' Welln! Jetzt kummt s'Floß!". Sofort begannen alle zu beten, ein Vaterunser nach dem anderen – lautstark versteht sich – damit es die Flößer recht gut hören konnten. Die urigen Männer auf dem Floß schätzten das sehr und verlangten manchmal sogar, dass noch lauter gebetet wird, denn um eine Fürsprach' der Holzbettler beim Vater im Himmel waren sie immer dankbar bei ihrer gefährlichen Arbeit auf dem Wasser. Zur Belohnung warfen die Flößer den betenden Bettlern Holzstücke ans Ufer hinüber. Weil anschließend die Fahrt zu Ende war, fielen die Gaben der Flößer besonders großzügig aus. Sogar das kleine „Fußstegl", welches während der Fahrt zum Gegenstemmen beim Rudern auf dem Floß gebraucht wurde, opferten sie noch, damit es ein Holzbettler verheizen konnte.

Glücklich, wer ein Heuwagerl sein Eigen nennen konnte! Da passte natürlich viel hinein und die Holzlege zuhause war schneller aufgefüllt. Doch unter den Floßleuten soll es auch einige ganz schlimme gegeben haben, die sich versündigten und den betenden Holzbettlern zuriefen: „Fluacht's liaba!". Aber das waren die wirklichen Ausnahmen, denn mit dem Himmel verscherzte es sich kein echter Flößer. Viel Verständnis zeigten die Floßmeister, wenn sie sahen, dass eine fleißige Person ihren Lebensunterhalt ein wenig aufbessern wollte. Da ließ sich schnell eine kleine bezahlte Beschäftigung finden. Für den Thalkirchner Jakob Vollmann bestand sie darin, dass er die beim Auseinandernehmen des Floßes auf einen Haufen zusammengeworfenen Drahtschlingen und Eisenkeile entwirren durfte. Die Schlingen wurden von ihm an einem Drahtstück aufgehängt und mit der Adresse des Floßmeisters versehen. Die Eisenkeile kamen in eine Kiste, die mit den Anfangsbuchstaben des Floßmeisters gekennzeichnet war. Bei der Sortierarbeit half dem Vater seine jüngste Tochter Anna, solange sie noch zur Schule ging. Und am Sonntag ging das brave Maderl der Mutter zur Hand, wenn die Vergnügungsflöße in Thalkirchen ankamen. Gemeinsam luden sie die leergetrunkenen Bierfässer auf ihren großen Leiterwagen mit Eisenrädern. Vier bis fünf Stück hatten Platz. Dann zogen sie ihn zum nahe gelegenen Isartalbahnhof und stellten die Fässer mit Angabe des Bestimmungsortes in den Lagerraum. Für alles weitere sorgte die Bahn. An der rauhen aber herzlichen Art der Flößer muss es wohl gelegen sein, dass ihre „Rass" bei den meisten Bürgern in Thalkirchen gut ankam.

Manche Floßmeister kannte man sogar mit Namen: Den Willibald und den Taubenberger aus Lenggries, ebenso den Seitner aus Wolfratshausen. „Der Taubenberger war a kloans Manderl. Und der Seitner war aa a kloans zünftig's Manderl", erinnerte sich 1991 Mathilde Stecher mit ihren 73 Jahren. Seit ihrer Geburt wohnte sie und ihre 92 Jahre alte Tante in Maria Einsiedel und später in Thalkirchen. Wie so viele Kinder von damals, kraxelte sie verbotenerweise über die aufgeganterten Holzberge an der nahen Floßlände. Ihr Schultaferl putzte sie am öffentlichen Brunnen auf dem Gelände des Isartalbahnhofs Maria Einsiedel, „wo d' Leut aa d' Wäsch gschwoabt ham". Manchmal besuchte sie in der Ländinspektion, Zentralländstraße 36, den Sekretär Jäger in seinen Büroräumen. Sie lagen im Parterre und mehrere Steinstufen führten hinauf. Davor lag eine verwilderte Wiese, die zum Spielen einlud. Im Herbst schossen dort Schopftintlinge hervor, begehrte Schwammerl, die in Butter und Petersilie gedünstet, Abwechslung auf den Speiseplan der Thalkirchner brachten. Stolz war Mathilde Stecher immer sehr, dass ihr Vater im Jahre 1919 bei der Fronleichnamsprozession die Flößerfahne von Thalkirchen tragen durfte. Solange sie zurückdenken konnte befand sie sich immer in der Wallfahrtskirche. Auch ihre Mutter hatte in St. Maria Thalkirchen schon als Schulmädchen ein besonderes Amt inne. Sie durfte den Blasebalg der alten Barockorgel treten. Seit dem Jahre 1907 befindet sich das kostbare Stück in der Musikinstrumentenabteilung des Deutschen Museums als eine der ältesten, weitgehend im Originalzustand erhaltenen Orgeln Süddeutschlands.

Die Holzbettler am Floßkanal in Thalkirchen gibt es heute nicht mehr. Hängengebliebene Bäume und Äste werden vom städtischen Wasser- und Brückenbau aus dem Wasser entfernt.

WASSERPROZESSION AUF DER ISAR IM NIEDERBAYERISCHEN PLATTLING

Jeden Donnertag früh um halb 7 Uhr ging von Georgi im April bis Michaeli im Oktober, das sogenannte Wochenfloß von München nach Plattling, dem letzten an der grünen Isar gelegenen Ort, bevor sie in Isarmünd vom breiten Strom der blauen Donau aufgenommen wird. Eine Fahrt im Jahre 1804 von München bis Plattling kostete die Mitfahrer den günstigen Tarif von 50 Kreuzer, der sich über Jahre nicht veränderte. Erst mit der Errichtung der Zugverbindung ins Niederbayerische wurde das Wochenfloß uninteressant. Plattling entwickelte sich zum Eisenbahnknotenpunkt.

Wie viele Orte an Flussmündungen, hatte auch „Pledeling", wie es seit dem 9. Jahrhundert mit Besiedlung der Bajuwaren hieß, bei Hochwasser unter verheerenden Überschwemmungen zu leiden. Vor allem bei Schneeschmelze oder starkem Regen tosten die ungebändigten Wassermassen der Isar heran und verursachten unheilvolle Schäden, sodass die Bürger in ständiger Angst vor einer neuen Naturkatastrophe lebten. Besonders betroffene Berufsstände wie Flößer, Fischer, Müller, Wasserbauarbeiter, die mit ihrer Arbeit vom Fluss abhängig waren, schlossen sich deshalb zu einer Gemeinschaft zusammen, die sie unter den Schutz von St. Johannes Nepomuk stellten. Zum Dank für Abwendung von Gefahren der Isar, brachten sie einmal im Jahr die Statue des Heiligen auf eine mit Tannengrün geschmückten Plätte und fuhren ein Stück den Fluss hinab. Als sich weitere Bürger von Plattling der Gemeinschaft angeschlossen hatten, kam es im April 1864 zur Gründung des St.-Johann-von-Nepomuk-Vereins. Der jährliche Namenstag des Schutzpatrons wurde nun mit feierlichem Gottesdienst, Festzug und einem gemeinsamen Festmahl begangen. Das herausragende Ereignis aber blieb die Wasserfahrt auf der Isar bis zum Ausbruch des Ersten Weltkriegs. Doch 10 Jahre danach konnte der religiöse Brauch wieder aufgenommen werden. Ein Vereinsmitglied hielt diese Wasserfahrt im Jahre 1928 schriftlich fest:

„Ab 7 Uhr abends bewegten sich große Menschenmassen der Isarbrücke zu. Ganz Plattling war auf den Beinen. Vor der Brücke gab es ein ‚Eintrittsblümchen' zu lösen, und dann suchte jedes, daß es ein Plätzchen zu glücklichem Ausguck erwischen konnte, denn man mußte unbeweglich stehen bleiben und der Dinge harren, die da kommen. Allmählich senkte sich die Sonne tiefer, und die Dämmerung trat ein. Da! Ein Kanonenschuß, und schon flimmerten an der obersten Flußbiegung auf den Wellen die ersten Lichtlein auf. Sie kamen näher und näher, viele kleine Lichtlein, den ganzen Wasserspiegel beleuchtend. Wieder ein Schuß – die Feuerkörbe an den beiden Ufern flammten auf. Der Feuerschein beleuchtete die ganzen Ufer und strahlte von der Wasserfläche zurück. Leicht und langsam glitten die Kähne mit ihren bunten Lampions über die Isar herab. Raketen

Geschmückte Isarplätte mit Statue des Hl. Johannes von Nepomuk [Foto: Christian Straub]

stiegen in hohem Bogen empor und lösten sich in Blumen, Strahlen oder Sterne auf. Die Zuschauer waren im Staunen versunken ob der Pracht. Plötzlich vernahm man leise, dann näher und näher rauschende Musikklänge. Es nahte der letzte Kahn, das Hauptschiff (mit der Figur St. Johannes Nepomuk), jubelnd begrüßt auch von den als Empfangsgarde aufgestellten fahnentragenden Knaben und weißgekleideten Mädchen. Leuchtender Sprühregen ergoß sich vom Feuerwerk des angelegten Kahnes und erweckte neues Bewundern. Dann ordnete sich der Festzug, dessen Mittelpunkt die Statue des hl. Johannes von Nepomuk bildete. In der kleinen kapellenartigen Nische, mit einem Kranz von 100 elektrischen Birnen geschmückt, wurde dieselbe wieder eingeschlossen. Nun ging es vorbei am lichterstrahlenden Maibaum und zurück zum Vereinslokal."

Aufgrund der politischen Lage in den Jahren 1934–1945 wurden keine Wasserprozessionen mehr veranstaltet. Als nach dem Zweiten Weltkrieg die Besatzung eine beschränkte Vereinstätigkeit für alle kirchlichen Vereine genehmigte, wurde der St.-Johann-Nepomuk-Verein Plattling 1946 sofort wieder ins Leben gerufen. An der Einweihungsfeier der in die Luft gesprengten Isarbrücke war der Verein aktiv beteiligt. Doch erst am 20. Mai 1951 konnte mit einem großen Heimatfest, der Alt-Plattlinger Brauch der Wasserfahrt zu Ehren des Heiligen Johannes Nepomuk wieder durchgeführt werden. Der Bayerischen Rundfunk war vor Ort, um für den Zeitfunk eine Reportage aufzunehmen. In der Plattlinger Zeitung war schon am Vortag ein Gedicht zu lesen:

D' Wasserfahrt / Was drängeln d' Leut so auf der Bruck? / Was gibt's denn da zum sehn? / Die Musi spielt dort auf der Wies, / weiß-blaue Fahnln wehn. / Ganz Plattling feiert heut a Fest / wie's Brauch seit alter Zeit, / dem heilgen Nepomuk zu Ehr / kommt's Volk von nah und weit. / Der Heil'ge steht jahraus, jahrein / in der Kapellen drin; / doch heut bringt man ihn feierlich / zur grünen Isar hin. / Wenn's finster wird, fahrt er im Schiff / - es is verziert gar schö - / und d' Lichter leuchten überall, / Raketten steign in d' Höh. / Und d' Isar rauscht so feierlich / durch all der Lichter Pracht / bis oans ums andre stad verlöscht - / dann is auf oamal Nacht ...

Wie sehr die Vereinsmitglieder ihren Schutzpatron als auch Brückenbauer verstehen, zeigte sich unmittelbar nach der Wende. Schon im Herbst 1989 nahmen sie erste Kontakte mit der Stadt Nepomuk in der damaligen Tschechoslowakei auf, dem Geburtsort des Heiligen. Sein 600. Todestag sollte 1993 mit einer Wasserprozession auf der Isar gefeiert werden. Unter den Ehrengästen war auch Bürgermeister Josef Mischeck aus Nepomuk. Als Novität kam erstmals die von Bildhauer Dominik Dengl gestaltete lebensgroße Nepomuk-Statue zum Einsatz, da die bisherige aus dem Jahre 1785 wegen ihres hohen Wertes künftig nicht mehr für Prozessionen verwendet werden sollte. Der Brauch der Wasserprozession mit Lichterschwemmen und Feuerwerk wird bis heute im Turnus von zwei Jahren durchgeführt. Es hat sich gezeigt, dass es der Isar trotz Flusskorrektionen und Hochwasserdämmen gelegentlich gelingt, immer noch ihre Ufer zu überschreiten. „Heiliger Johannes Nepomuk, bayerischer Landespatron, bitte für uns!" hieß es auch beim letzten Jahrhunderthochwasser 2013 mit vier Metern über dem Normalpegel.

Am 16. Juni 2004 konnte der St. Johannes Nepomuk Verein zum Namenstag des Brückenheiligen ein eigenes Nepomuk Museum eröffnen. Die Festrede hielt Baronin Dr. Johanna von Herzogenberg aus München. Mehr als 300 Exponate können in den beiden Häusern auf dem Gelände an der Passauer Straße, nahe der Isar, besichtigt werden.

DAS TODESHOSPIZ AN DER DONAU

Mit Eröffnung der Zentrallände 1899 in Thalkirchen war der komplette Floßverkehr endgültig aus der Innenstadt verschwunden und vor die Tore Münchens verlegt worden. Die Möglichkeit der Weiterfahrt ins Unterland über eine Floßgasse bestand nicht mehr. Kein Verlust für die Floßleute, denn hinunter bis zur Donau sind sie kaum noch gefahren. Auf der „silbernen Straße der Kauffahrtei", wie Kaiser Maximilian I. die Donau nannte, waren längst internationale Handelsschiffe unterwegs, weshalb die Transportflößerei nur noch eine winzige Rolle spielen konnte. Wegen des lebhaften Verkehrsaufkommens auf der acht Staaten verbindenden Wasserstraße, wurde schließlich im Jahre 1905 das Befahren mit den langsam zu lenkenden Flößen ganz verboten. Die Flussstrecke der Donau kannten die jüngeren Flößer alsbald nur noch vom Erzählen der Alten. Die jedoch sprachen noch lange darüber. Vor allem über jene unheilvolle Gegend bei Grein, wo in der felsigen

Insel Wörth [Sammlung: Wolfgang Schattenhofer]

Donauenge Gevatter Tod auf seine Opfer lauerte. Drei dicht aufeinanderfolgende äußerst gefährliche Hindernisse im Flusslauf, brachten hier die Schiffe mit ihrer Besatzung häufig in tödliche Gefahr.

Der Greiner Schwall, Strudel und Wirbel verursachten manches Leid in den Flößerfamilien, wenn Vater, Sohn oder Bruder dort verunglückten. Zahlreiche Gedenksteine und Marterl entlang von Grein bis St. Nikola gedachten den tragisch Ertrunkenen. Der schicksalhafte Ort erhielt von den Flößern deshalb den Beinamen „Todeshospiz". Gewiss waren es die Isar- und Loisachflößer gewohnt, mit gefährlichen Stellen im Flusslauf fertig zu werden wie beim Sülferstein, in der Faller Klamm, am Georgenstein und den Thalkirchner Überfällen, doch was die fernflößenden Kameraden dort drunten an der Donau erwartete, konnte damit nicht verglichen werden. Bevor sich die Flöße dem Orte Grein näherten, erhielten die Mitreisenden Anweisungen, wie sie sich verhalten sollten. Doch dann verstummten die Gespräche und gebannt sahen alle dem ersten Hindernis entgegen. Die Frauen begannen vor Angst zu zittern oder bekreuzigten sich. Die Flößer aber mussten sich nun ganz aufs Wasser konzentrieren, denn das Greiner Schwalleck war schon nahe. Weit ragte der gewaltige Felsvorsprung in die Donau hinein und es galt höllisch aufzupassen, damit man mit der richtigen Strömung vorbeikam. Ein Anstoßen am Schwalleck hätte das Auseinandergehen des Floßes und hilfloses Weitertreiben im rasant fließenden Strom zur Folge gehabt.

War die erste Gefahr gebannt, blieb gerade ein wenig Zeit zum Durchatmen, während sich am verändernden Klang des rauschenden Wassers schon die nächste unheilvolle Stelle ankündigte. Mitten in der Donau lag unter dem Rabenstein die Insel Wörth, wo sich der Fluss in zwei Arme teilte, in den sogenannten Hößgang und den Strudel. Die Angst der Reisenden wuchs, an der Felseninsel mit dem Floß zu zerschellen. Sie steigerte sich noch einmal, wenn die Flößer die Richtung zur Durchfahrt des Strudels einschlugen, der im Hauptarm des Flusses lag. Eine weiß gischtende, brausende Flut erwartete sie dort. Unter der Gischt lauerten versteckte Felsenriffe und Granitklippen. Angesichts dieser erschreckenden Gefahr begannen viele Leute laut zu beten. Kaum war das Floß in den Strudel eingefahren, warfen es die schäumenden Wellen hin und her. Die Flößer mussten blitzschnell reagieren, um nicht mit ihrem Holzgefährt an eine herausragende Felsenspitze geworfen zu werden. Den Mitreisenden ward empfohlen sich gut festzuhalten, um bei der heftigen Fahrt nicht vom Floß zu fallen.

Jeder empfand bei der äußerst gefährlichen Strudelfahrt die Sekunden der Todesangst auf seine Weise. Ein unbekannter Verfasser aus dem 18. Jahrhundert schilderte seine Gefühle: „… ich sasse in der mit bredern zusammengeschlagenen Hütten auf einem Väßl Ulmer Gersten, da von mich die häuffig anstoßende grobe Welle abwarffen, und mir selbe mehls die Haar sehr aufwärts stunden, ja wußte fast nicht, ob ich männlichen oder weiblichen Geschlechts ware, die farb hatte sich verändert, daß ich kein Blut fast mehr hate …" Die Fahrt durch das Todeshospiz war noch nicht zu Ende. Ein letztes Abenteuer in der verwunschenen Schlucht galt es zu bestehen. Trotzdem ergriff die Menschen ein kleiner Hoffnungsschimmer auf guten Ausgang, denn sie hatten bei den vorangegangenen Bewährungsproben die meisterlichen Fahrkünste der Flößer erlebt. Als die Donau nach einer östlichen Windung jedoch den Blick auf den Hausstein freigab, der trotzig mitten im Strom lag, breitete sich von Neuem Schrecken aus. Je näher das Floß in schnellem Tempo zum Felsbrocken trieb, umso deutlicher wurde erkennbar, dass sich am Hausstein das Wasser in weiten kreisenden Bewegungen drehte. Der berüchtigte Wirbel lag vor ihnen. Sein entsetzliches Ausmaß konnte einen Durchmesser bis zu 16 m erreichen und der furchtbare Wassertrichter darin bis zu 1,5 m. Wehe, wenn das Floß in die Sogwirkung des Trichters kam!

„Der Mensch fühlt sich auf einmal verlassen in der Gewalt des feindseligen, unbekannten Elements", schrieb hierüber Joseph von Eichendorff als Dichter, einer der Hauptvertreter der deutschen Romantik. Die Flößer indes hatten keine Zeit für irgendwelche Gefühle, denn das Durchfahren des Wirbels nahm all ihre Kraft und Sinne in Anspruch. Sie ruderten um ihr Leben, wenn sich das kreisende Wasser in immer enger werdenden Ringen um das Floß drehte. Gleichzeitig mussten sie „mit geschicktester Lenkung" verhindern, dass der alles in die Tiefe ziehende Wassertrichter dem Floß nicht zu nahe kam. Nur ein einziger Fehler beim Lenken oder das Nachlassen der Muskelkraft hätte alle in

Todesbedrängnis gebracht. War das Floß endlich dem schrecklichen Inferno heil entkommen, empfanden die Mitreisenden große Dankbarkeit, Freude und Erleichterung. Die Flößer aber richteten ihren Blick hinüber auf die Kirche von St. Nikola am linken Ufer und dankten dem Patron der Schiffsleute mit stummem Gebet für seinen erwiesenen Schutz bei der Fahrt durch das Todeshospiz.

Die große Bürde der Verantwortung gegenüber den Reisenden lastete an solchen Gefahrenstellen besonders schwer auf den kräftigen Schultern der Flößer. Auch hohe Persönlichkeiten und Aristokraten vertrauten sich immer wieder ihren Fahrkünsten an. Manch wichtige Reise ist in den Archiven festgehalten. So reiste der bayerische Kurfürst Maximilian I. mit seinem Gefolge am 1. Juli 1635 auf dem Wasserweg nach Wien um mit Maria Anna, der Tochter des Kaisers Ferdinand II., ihre prächtige Hochzeit zu feiern. Die Dienste der Floßmeister aus dem Oberland nahm auch der Blaue Kurfürst Max Emanuel während der Türkenkriege im 17. Jahrhundert mehrmals in Anspruch. Von der „Flößer-Marine" ließ er Munition und Proviant nach Ungarn verführen. Nach geglückter Einnahme der Festung Ofen, die alte Bezeichnung für Buda als die rechte Seite von Budapest, durften mit der siegreichen bayerischen Hilfsarmee neunzig auserwählte Flößer einmarschieren, ihre Floßhack stolz über die Schulter tragend. Die Daheimgebliebenen der Zunft aber entzündeten solidarisch Freudenfeuer auf allen Bergen des Isarwinkels. Die Gefahren im Strudengau wurden schon im Jahre 926 schriftlich genannt. Damals verunglückte der Freisinger Bischof Drakol bei seiner Schiffsreise tödlich. Jedes Jahr forderte die Strecke seine armen Opfer.

Unzählige Schiffsleute und Flößer fanden hier im Laufe der Jahrhunderte den nassen Tod. Erst im Jahre 1774 veranlasste Kaiser Leopold II. eine Entschärfung der gefährlichen Stellen mittels Sprengungen. Trotzdem kam es zu weiteren Unglücksfällen, bei welchen das Verderben bringende Wasser der Donau nicht nach Herkunft seiner Opfer fragte. Zum Unfall in Strudel und Wirbel kam es auch als der Dampfer „Kaiser Franz Josef" die aus dem bayerischen Adel stammende Sissy als Kaiserbraut Elisabeth nach Wien bringen sollte. Dieses Geschehen wurde zum Anlass genommen eine Flussregulierung zügig voranzutreiben. „Kaiser Franz Joseph befreite die Schiffahrt von den Gefahren im Donauwirbel durch Sprengung der Hausstein Felseninsel 1853–1866", ist zur Erinnerung in der am Ufer gelegenen Haussteinkapelle zu lesen, in welche auch das eiserne Kreuz der gesprengten Insel überführt wurde.

In den Memoiren des Flößers Sebastian Goldhofer aus Weidach-Wolfratshausen ist zu lesen: „Wenn auch im Laufe der Zeit manches Felsenriff weggesprengt wurde und dadurch die Stromschnellen, namentlich unterhalb Linz an Gefährlichkeit verloren, so meldet das Grundbuch der Flossleute doch von 1829 bis 1919, also in 90 Jahren, 18 Ertrunkene mit Namen und Datum des Todestages." Geboren im Jahre 1847 ist Sebastian Goldhofer als junger Bursche, noch keine zwanzig Jahre alt, zum ersten Mal mit dem Floß nach Wien gefahren. In einem Sommer ging es 15 bis 16 Mal die Donau hinunter. Obwohl das Todeshospiz zu seiner aktiven Zeit schon ungefährlicher war, mussten die

Flößer immer noch auf der Hut sein. „Mit Vorsicht näherten wir uns dem Strudel bei Nikla unterhalb Linz. War ein Signal aufgesteckt, dann näherten sich stromauf ein Schiff, und wir mußten landen bei Strafe und warten bis das Schiff vorbei war. Nur wenn kein Signal sichtbar war, durften wir weiterfahren." Matthias Goldhofer ist von jeder abenteuerlichen Wienfahrt glücklich nachhause gekommen und starb hochbetagt als angesehener Bürger seiner Heimat. „Mir haben die vielen Fussbäder nicht geschadet", sagte er einmal. Endgültig beseitigt wurden die Gefahren im Strudengau jedoch erst mit der Fertigstellung des Donaukraftwerks Ybbs-Persenbeug. Obwohl bereits im Jahre 1922 vom Schweizer Ingenieur Höhn projektiert, konnte der Bau infolge wirtschaftlicher Depressionen und des sich anbahnenden Krieges erst in den Jahren 1954–1959 beendet werden.

ALMOSENSAMMLUNG IN SANKT NIKOLA

In jahrhundertelanger Traditon verehren die Bewohner des oberösterreichischen Marktes St. Nikola an der Donau den heiligen Bischof Nikolaus als Namensgeber ihres Ortes. Gelegen am Ende der für die Schifffahrt berüchtigten Strecke Greiner Schwall mit Strudel und Wirbel, gehörte das Gebiet in den Besitz der Herren von Machland, einem mächtigen Adelsgeschlecht nördlich der Alpen. Durch ihre nahe beisammenliegenden Burgen entlang dem Donauufer konnten sie bei Bedarf mittels Ketten eine Sperranlage im Wasser errichten, die ein Befahren des Flusses unmöglich machte.

Im Jahre 1141 bestimmte die Gemahlin Beatrix des Edlen Walchuns von Machland, die auf Felsen erbaute Nikolauskirche, vermutlich eine frühere Burgkapelle, zur Spitalkirche mit Krankenhaus für die im gefährlichen Strudel Verunglückten zu erweitern. Durch Herzog Albrecht von Österreich wurde im Jahre 1351 dem Hospiz erlaubt, von den Schiffern „oberhalb und nyderthalb des Strudms" Spenden einzuheben. Eingesammelt wurden die Almosen der vorüberfahrenden Schiffe von einer Zille aus, auf welcher der Fährmann die Sammelbüchse darreichte. Niemand war von der Spende ausgenommen. Der Erlös kam der dem heiligen Nikolaus geweihten Spitalkirche zugute, aber auch Wege wurden mit den Spenden angelegt. Von der Wassersammlung mussten außerdem die angeschwemmten Leichen beerdigt werden, wovon es die meisten in der Donaubucht oder Donaufreithof antrieb. Der alte Gottesacker befand sich bei der höher gelegenen Kirche. Steinerne Stufen führten vom Ufer zu ihm hinauf.

In dieser Gegend herrschte im Jahre 1246 noch weitgehend das Faustrecht. Kaufleute lebten gefährlich und wurden häufig ausgeplündert oder talfahrende Schiffe von Raub-

Der Ort St. Nikola an der Donau [Sammlung: Wolfgang Schattenhofer]

rittern angehalten und gekapert. Wie in den Oberösterreichischen Heimatblättern, Jahrgang 35, zu lesen ist verhinderten ihre über die Donau gespannte Ketten eine Weiterfahrt, bis das geforderte Lösegeld von den Geiseln bezahlt war. Andernfalls machten die wüsten Gesellen kurzen Prozess und ertränkten ihre Opfer oder warfen sie in den Teufelsturm, wo sie dem Hungertod ausgeliefert waren. Die Spitalkirche von St. Nikola bot auch für solche Unglücksfälle ihre Hilfe und Schutz an. Der landschaftlich reizvolle Ort, welcher wie ein Schwalbennest am Hang klebt, wurde im Jahre 1511 von Kaiser Maximilian I. zum Markt erhoben. Auf dem Marktwappen ist der Namensgeber St. Nikolaus dargestellt als Schutzheiliger der Kirche und Schutzpatron der Schiffsleute. Die Kirche wurde zum Wallfahrts- und Pilgerort, zu einer wichtigen Verehrungsstätte des Heiligen. Jährlich wird bis heute am 6. Dezember nach altem Brauch eine festliche Messe der Schiffleute gefeiert. Eine Nachbildung der alten Sammelbüchse für Almosen steht an der Eingangspforte und dient als Opferstock. Nach dem Festgottesdienst gehen die Schiffsleute hinunter zur Donau, rudern mit dem Schiff hinaus und übergeben den Fluten einen Kranz zum Gedenken an die verunglückten Kameraden.

Die Kreuzfahrer auf der Donau: / St. Nikola, St. Nikola aus Strudeln und Wirbeln sind wir da. / Nun erweise deinem Gast was du ihm zu bieten hast. / Tu ihm auf sein Hospital, Pilgerherberg allzumal! / Gönn ihm dort die kurze Ruh', morgen fahren wir weiter zu. / Wohin die Donau brausend geht, des Kreuzes Fahne mit uns weht. / Hinunter fahren wir ins Morgenland. Gott segne aller mildigen Menschen Hand. / Aus „Strudengau – Das Donautal in alten Ansichten" von Wolfgang Schachenhofer.

NEUES SONNTAGSVERGNÜGEN BEI DEN AUSFLUGSFLÖSSEN

Durch die Schließung der beiden innerstädtischen Länden war den Stadtbewohnern Münchens, das rege Treiben der Floßbetriebe ihrem Gesichtsfeld entzogen. So entdeckten sie alsbald die neue Zentrallände in Maria Einsiedel als ein willkommenes sommerliches Ausflugsziel. In einer Stunde Wegzeit konnte Thalkirchen bequem zu Fuß erreicht werden. Familien mit Kind und Kegel, junge Burschen und Mädchen spazierten durch die Isarauen hinaus in den Münchner Süden, um sich beim Schauspiel der ankommenden Flöße ein wenig zu amüsieren. Doch auch Ortsfremde, Ausflügler oder Bürger aus der näheren Umgebung kamen nach dem Kirchgang von der Wallfahrtskirche herüber und waren gleichermaßen angezogen von der Attraktion. Bis die Ausflugsflöße ankamen, bot die idyllische Umgebung in Maria Einsiedel für jeden Platz zur sonntäglichen Erholung, Muse, Spiel und Kurzweil.

Am frühen Nachmittag war es dann so weit, dass sich die ersten Baumschiffe dem Floßkanal in Hinterbrühl näherten. Die Zuschauer am Ufer erwarteten sie schon sehnsüchtig und begrüßten sie mit Winken und Zurufen. Besonders viele Menschen standen bei der Gefällschleuse, denn es war ein Riesenspaß, wenn beim Passieren der Schleuse das gischtende Wasser aufs Floß drängte und die Teilnehmer der Fahrt unweigerlich nassgespritzt wurden. Besser situierte Herrschaften konnten den Spaß vom „Logenplatz" aus miterleben, im schattigen Terassen-Biergarten der Gastwirtschaft Hinterbrühl, mit direktem Blick auf den Floßkanal. Diese Einkehr bevorzugten auch die Flößer. Seit 1904 war sie im Besitz der Familie Kuchenbaur, der es offensichtlich gelang, in ihrer Gaststube den Flößern eine heimatliche Atmosphäre zu schaffen. Die Männer aus dem Isarwinkel revanchierten sich ihrerseits mit einem geschnitzten Floßmodell, das über den Stammtisch an Ketten aufgehängt wurde. Auch einen original nachgestalteten Fahrplan von 1835 der Ordinari-Floßfahrten steuerten sie als Raumschmuck bei. Dass die Wirtsfamilie Kuchenbaur als „Münchner Prominenz" zum jährlichen Flößerball nach Lenggries eingeladen wurde, zeugte von großer Wertschätzung der Flößer, die bei ihren eigenen Veranstaltungen gerne unter sich bleiben wollten.

Bei ihrem Geschäft mit den Ausflugsflößen war das natürlich etwas anderes. Da hatten die lustigen Kerle selbst den größten Spaß daran, wenn die Gesellschaft gut gelaunt und munter war. Wenn nicht, dann halfen sie eben mit ihrer spitzbübischen Art ein wenig nach oder sie gaben ein "Flößer-Liadl" zum Besten, das zum Mitsingen animierte, besonders die Gesangsvereine. Ein weiterer attraktiver Standort für die wartenden Sonntagsspaziergänger war bei der kleinen Bogenbrücke kurz vor der Einmündung des Floßkanals in das Ländbecken. Die Zuschauer kamen hier voll auf ihre Kosten. Die Flößer riefen jedes

Franziskanermönche auf der Fahrt nach München mit Floßmeister Willibald [Archiv: Kilian Willibald]

Mal: „Kopf einiziag'n, Leit!", worauf sich die gesamte Floßgesellschaft gleichzeitig kleinbuckelte, was ungemein erheiternd auf die Zuschauer wirkte. Nach dem Anländen gingen die Passagiere gut gelaunt vom Floß. Manche verteilten in bester Stimmung gönnerhaft kleine Geldmünzen an die Schaulustigen. Die beschwingte Laune griff auf alle über. Das Leben zeigte sich von seiner heitersten Seite. Der sonntägliche Floßverkehr kam einerseits von Tölz, dem bekannten Ort an der Isar und andererseits von Wolfratshausen an der Loisach, die nur wenige Flusskilometer weiter endet und in die Isar mündet.

Die im Jahr 1891 eröffnete Isartalbahn München-Wolfratshausen trug zum Aufschwung der Ausflugsfloßfahrten das ihrige bei. Ein kombinierter Ausflug mit dem Zug isaraufwärts und mit dem Floß zurück flussabwärts wurde zum beliebten Vergnügen, das sich vormals erst nur wenig leisten konnten. Zumeist waren es die farbentragenden Studenten mit Angehörigen und Professoren, die sich ihr bestandenes Examen etwas kosten ließen. Wenn solche Flöße an der Zentrallände ankamen, dann wussten die Kinder von Maria Einsiedel schon, dass sich jetzt gleich einer von ihnen ein Fünferl verdienen konnte. Denn die Herren Studenten wollten immer wissen, wer am schnellsten laufen konnte. Dem Sieger des Wettlaufs boten sie das Geldstück als Preis. Anni Gerbl, deren Großvater noch Bürgermeister von Thalkirchen war, hatte schnelle Beine und gewann des Öfteren. Dann konnte sie sich um das Fünferl im Kramerladen Brunhofer, gleich überm Bahngleis, den heißgeliebten Waffelbruch kaufen.

Im Jahr 1910 kamen 51 Passagierflöße mit etwa 2.000 Personen an der Zentrallände an und 1912 waren es bereits 69. Jedes Ausflugsfloß bedurfte einer Genehmigung, denn nach der Ländordnung war das „Hieherbringen von Flößen an Sonn- und Feiertagen" verboten. Die Ländgebühren waren selbstverständlich um ein Vielfaches höher als an Werktagen. Floßfahrten begannen auch für die Hapag, Hamburg-Amerikanische Packetfahrt-Actien Gesellschaft, interessant zu werden. Doch erfolglos bemühte sie sich um das Monopol auf den grünen Isarwellen. From America über den Ozean nach Bavaria, inklusive einer Floßfahrt on the Isar-River – ja, da hätte die Isar geschäumt! Im Dritten Reich wurden die Vergnügungsfloßfahrten kräftig angekurbelt durch Senkung der Ländgebühren. Hitlers Organisation „Kraft durch Freude" führte als besondere Attraktion Floßfahrten auf der Isar durch. Für einen Urlaub in Oberbayern, dem wichtigsten Ferienland, entstand ein Propagandafilm. Gleichzeitig zogen die ersten dunklen Wolken am weißblauen Himmel auf. Verbände und Vereine wurden aufgelöst, Aufzeichnungen und Erzählungen nahmen eine andere Färbung an. Menschen verstummten jäh. Bis zum Ausbruch des Krieges dauerte es nicht mehr lange. Nur mehr 608 Flöße legten im Jahre 1936 in München an. Zehn Jahre zuvor waren das noch 2.800 insgesamt. Die jungen Flößer wurden eingezogen und fanden sich bei den Pionieren und Infanteristen wieder. Im Jahr des Kriegsausbruchs 1939 ließ die Stadt München die Isarflößer künstlerisch durch die überlebensgroße Bronzefigur des Bildhauers Fritz Koelle würdigen. An der Abzweigung des Floßkanals in Hinterbrühl erhielt das Denkmal seinen Platz. Auf Nagelfluhquadern steht der riesige stilisierte Flößer in hohen Schaftstiefeln, langem Kittel und der geschulterten Axt, den Blick bangend in die Zukunft gerichtet …

AUSSERORDENTLICHE ENERGIENOT NACH KRIEGSENDE

In den Notjahren nach dem Zweiten Weltkrieg, als jeder nach Existenzmöglichkeiten suchte, mussten sich auch die Floßleute nach einem zweiten Standbein umsehen. Die Geschäfte liefen schlecht. Nur spärlich gab es Aufträge für Holztransporte auf dem Floß. Zwar hatten die meisten von ihnen eine kleine Landwirtschaft für den persönlichen Bedarf, ein „Sacherl", aber für den Lebensunterhalt reichte das bei Weitem nicht aus. So arbeiteten viele zusätzlich in dem Floßhandwerk verwandten Berufen. Wenn zwischendurch ein Floßtransport durchzuführen war, nahmen sie sich frei. Gerade in dieser Zeit begann sich ein neues Kapitel der Flößereigeschichte zu schreiben: Der Kampf um den Rißbach.

Der für die Flößer lebensnotwendig gewordene Wildbach aus dem Karwendel, der bei Vorderriß in das Rinnsal der Isar einmündete und sie mit Zusatzwasser für die Flößerei versorgte. Er sollte den Walchenseekraftwerk zugeführt werden. „Trotz früheren hoch, heiligen Versprechen, daß dies niemals geschehen würde." Doch wegen der außerordentlichen Energienot nach Kriegsende schien dies zur verstärkten Energiegewinnung für die Landeselektrizität unerlässlich zu sein. Für die Flößer bedeutete der Wasserraub die teilweise Entziehung ihrer Erwerbsgrundlage, denn das Flößen von Vorderriß nach Lenggries wurde dadurch zukünftig ausgeschlossen. Heftiger Widerstand brach im Isarwinkel aus. Mit Protest-Spruchbändern fuhren die Flößer auf der Isar in die Landeshauptstadt München und machten sich vor dem Bayerischen Landtag bemerkbar. Aber auch Naturschützer meldeten ernsthafte Bedenken an. Denn deutlich traten die nachteiligen Folgen eines Wasserentzugs im verlandeten Flussbett des Oberen Isar in Krün in Erscheinung, wo bereits seit 1924 ein Teil der Isar zum Walchenseekraftwerk abgeleitet wurde. Ebenso trieben Befürchtungen um das Erliegen der Wasserversorgung die Menschen des Isarwinkels zu leidenschaftlichem Widerspruch. Zumindest auf diesem Gebiet konnte ein Teilerfolg errungen werden. Die Bayernwerke AG wurden verpflichtet, einen Wasserspeicher zu errichten, der eine ausreichende Wasserführung zum Isarbett sichert. Die Flößer aber führten gegen die Bayerische Staatsregierung einen aussichtslosen Kampf um ihr gefährdetes Gewerbe. Zwar erhielten sie 1948 kurz nach der Währungsumstellung eine finanzielle Abfindung durch die Bayernwerke, mit der sie jedoch nicht zufrieden sein konnten. Schließlich kam von 1949–1951 das Rißbachprojekt zur Ausführung. Es entstand der 3,6 km lange Grasbergstollen und der 3,3 km lange Hochkopfstollen. Sie wurden durch einen Düker unter der Isar verbunden. Bei Vorderriß führt die Überleitung unter dem Fluss zu den Isarbergen, hinüber bis zum Niedernach-Kraftwerk am Walchensee, das 1951 in Betrieb ging. Schließlich wurde auch noch das restliche Wasser der oberen Isar und zwei ihrer Zuflüsse in einem künstlichen Hochwasserspeicher gesammelt. Als umstrittenes Großprojekt entstand zusätzlich in den Jahren 1954–1959 der 5,5 km² große Sylvenstein-Stausee an der engsten Stelle des Isartals um einen konstanteren Wasserspiegel, vor allem bei Hochwasser, auf der Isar zu erreichen. Bei Schneeschmelze können die andrängenden Wasserfluten gespeichert und in trockenen Zeiten abgegeben werden. Seine erste wichtige Bewährungsprobe bestand er im Juni 1959, als er bei einem katastrophalen Hochwasser an die 40 Millionen Kubikmeter Wasser zurückhalten konnte. Am Fuße des Staudamms liegt das Kavernenkraftwerk zur Energieerzeugung.

Über den Stausee führt eine 400 m lange Autobrücke auf Hochpfeilern. Darunter befand sich einst die Faller Klamm, eine Enge mit turmhohen Felsblöcken und Wasserfall. Sie galt als die gefährlichste Strecke der Isarflußfahrt und war bei den Flößern gefürchtet. Am Talboden lag auch das Dorf Fall mit 140 Einwohnern, überflutet 1959 durch Aufstauen des Wassers und Zerstörung der Gebäude mit Unterwassersprengungen. Die Menschen des untergegangenen Dorfes erhielten in „Neufall", einem zehn Meter über dem höchsten Stauziel liegenden Schuttkegel, ein neues modernes Zuhause. Auch Bad Tölz griff

Postkarte Sylvensteinsee mit Fall [Sammlung: Weigelt]

zur Energiegewinnung auf die Isar zurück und ließ 1961 für die örtliche Stromversorgung einen Stausee mit Elektrizitätswerk errichten. Mit der Isarflößerei war es nunmehr von ganz oben ab Scharnitz bis hinunter nach Lenggries im Winkel vorbei. Ein Blick auf das Transportwesen in der Nachkriegszeit zeigt aber auch, dass ein inzwischen gut ausgebautes Straßennetz und die zunehmende Motorisierung, die Flößerei ins Abseits drängte.

Die Statistik zeigt, dass bereits im Jahr 1949 von den in München ankommenden 144 Flöße schon die Hälfte davon Ausflugsflöße waren und in der Folgezeit weiterhin zunahmen. 1954 gab es unter den 18 Flößen nur noch einen einzigen Holztransport. 1957 legten ausschließlich 34 Ausflugsflöße in der Zentrallände an. Mit Aufschwung des Vergnügens auf dem Wasser erhöhte sich im Jahre 1960 die Zahl auf 99. „Diese Fahrten erfreuen sich seit jüngster Zeit immer grösserer Beliebtheit. Von Seite der Aufsichtsbehörde und Wasserwirtschaftsämter wäre daher mehr Verständnis und Entgegenkommen für die Restflösserei dringend geboten. Diesem Gebot Nachdruck verleihen zu helfen, hat sich der Unterzeichnete bereit erklärt, auf Ersuchen der Flößerei Interessenten sich erneut als deren Vertreter zur Verfügung zu stellen."

Franz Xaver Taubenberger stellte sich bis an sein Lebensende in den Dienst der geliebten Flößerei. Selbst ein ehemaliger Floßmeister, amtierte er seit 1948 als Bürgermeister in Lenggries. Verantwortungsbewusst ging er an die Neuregelung einer Floßordnung heran, die aufgrund der steigenden Tendenz der Ausflugsfloßfahrten nötig wurde. Auflagen des Wasserwirtschaftsamtes, der Isar-Amperwerke und der Floßleute unterzog er einer gründlichen Prüfung im Hinblick auf die Sicherheit der Fahrgäste. Auf seine Ablehnung stieß der Vorschlag seitens der Genehmigungsbehörde, Diagonalhölzer zum Floßbauen zu verwenden. Ebenso lehnte er das vom Wasserwirtschaftsamt vorgeschlagene Podium mit Geländer ab und absperrbarer Tür beim Eingang auf dem Floß. „Mia kenna doch d' Leit net in an Hehnastoi sperr'n", hieß es damals bei den Flößern. Des Weiteren waren sie der Meinung: „Auch die Länge der Flöße bedarf einer Korrektur und zwar muß es statt 18 m mindestens 21 m heißen, denn man kann doch nicht verlangen, daß ein schöner 70ger (Floß) der sich besonders gut für die Passagierflösse eignet, abgeschnitten werden muß, weil die Floßordnung nur von 18 m spricht."

Für übertrieben hielten die Flößer das zusätzliche Mitführen von Seilen, Ketten und Rettungsringen bei Ausflugfahrten, weil ein Ländseil sowieso auf jedem Floß zur Ausrüstung gehört. Großen Wert legten sie dagegen auf die Qualifikationen der Männer, die ein Floß führen durften. Mit dem Bescheid des Wasserwirtschaftsamts vom Mai 1964, in dem nur ein geeigneter „Flößer" gefordert wurde, waren sie deshalb nicht einverstanden: „Ziffer 8 sollte dahingehend abgeändert werden, daß der Schwerpunkt auf einen geeigneten „Floßführer" gelegt wird, dem man sozusagen als Kapitän die Verantwortung für die Sicherheit der Fahrgäste anvertrauen kann. Dieser Floßführer hat nicht nur für geeignete Beifahrer zu sorgen, sondern er muß sich auch über die Sicherheit des Flossverbundes, seiner Tragfähigkeit und für das Vorhandensein des notwendigen Zubehörs vor Antritt der Fahrt vergewissern; zudem muß er die Fahrgäste vor Fahrtbeginn über die richtige Verhaltensweise während der Fahrt ausreichend unterrichten." Die Hauptverantwortung aber lag bei den aktiven Floßmeistern, die ihre Leute zum Floßführer ausbildeten. Damit bei den Ausflugsfahrten die Fahrgäste nicht gefährdet wurden, erwarteten die Floßmeister ihrerseits vom Wasserwirtschaftsamt die Beseitigung von Hindernissen im Fluss, wie große Steine und auch sonstige Gefahren. Ebenso sollten die durch Fusion 1955 entstandenen Isar-Amper-Werke für ein ungefährliches Passieren der Floßgassen bei den Schleusen ihrer Kraftwerke sorgen. Jeweils im Frühjahr erfolgen vor Beginn der Floßsaison die Wartungsarbeiten. Nach Abschluss der Reparaturen lädt der Kraftwerksbetreiber die Floßmeister sowie Vertreter des Wasserwirtschafts- und Landratsamtes zur offiziellen Floßgassenbegehung ein. Danach kann die Floßsaison beginnen. Seit 2016 betreibt der Stromversorger Uniper das Kraftwerk Mühltal.

RENAISSANCE DER PASSAGIERFLOSSFAHRT

In der Nachkriegszeit hatte das Amt des Militärgouverneurs von Bayern, unter Führung von US-General Goerge S. Patton, vorübergehend seinen Sitz in Bad Tölz. Die amerikanischen Soldaten waren in der ehemaligen Junker-Schule stationiert, die von Patton zum Gedenken an einen gefallenen Freund in „Flint-Kaserne" umgetauft wurde. Bald schon interessierten sich die Amerikaner auch für den Brauch der rustikalen Riverboat-Fahrten auf der Isar. Ein gemeinsamer Tag mit den Bavarian Flößern auf dem Wasser diente der Völkerverständigung enorm. Bei den amerikanisch-bayerischen Floßfahrten spielten häufig Jazz-Musiker und Dixie-Bands zur Unterhaltung, was schnell Nachahmung fand.

Dass es die Passagierfloßfahrten in den 1950er Jahren überhaupt noch gab, ist der Beharrlichkeit weniger Flößer zu verdanken. In Friedenszeiten entflammte die Vorliebe zu den vergnüglichen Floßfahrten auch bei Vereinen und Studentenverbindungen wieder auf. Gerne stifteten die zahlungskräftigen „alte Herren" den Jungen aus besonderen Anlässen eine Vergnügungsfloßfahrt. Die lustigen Studentenfahrten auf der Isar kurbelten das Flößereigeschäft an, brachten aber auch die Moral ein wenig in Gefahr, durch nacktes Hineinspringen der Burschen vom Floße aus. Als in den 1960erJahren viele Firmen dazu übergingen ihre Betriebsausflüge auf der Isar abzuhalten, florierte das Geschäft so richtig. Die begeisterten Mitfahrer warben mit ihren schillernden Erzählungen für die Floßfahrt. Beglückt erlebten die Stadtmenschen all die Schönheiten des Isartals von Wolfratshausen nach München, während die behäbigen Flöße langsam die Isar hinuntertrieben. Eine 20 Kilometer lange Flussstrecke durch ein von Gletschern geschaffenes Tal wie im Bilderbuch: Die Urlandschaft der Pupplinger Au, das Zusammentreffen von Isar und Loisach im Isardelta unterhalb Wolfratshausens, weiße Felswände am Hochufer unterhalb Ickings, im Flussbett verbliebene Nagelfluhfelsen aus der Eiszeit, Burgen und Kirchen auf den Höhen der Ufer, Mischwälder in verschiedenstem Grün.

Um die Erhaltung und Pflege des einmaligen Natur- und Landschaftsschutzgebietes bemüht sich der im Jahre 1900 von Gabriel von Seidl gegründete Isartalverein e.V. Da stört es nicht mehr, dass sich die meisten Flusskilometer während der Fahrt im trägen Isarkanal abspielen. Im Gegenteil, es kommt auch hier zu unvergessenen Abenteuern, wenn die Floßgassen an den Schleusen der Kraftwerke durchfahren werden. Vor allem die erste im Mühltal bleibt lange in Erinnerung. Mit 40 Stundenkilometer donnert hier das Floß die 360 m lange „Wasserrutsche" hinab. Nach einem Gefälle von 17,5 m tauchen die Floßstämme gischtend in die grüne Isar ein, wobei vom aufschäumenden Wasser ein erfrischender Sprühregen auf die erstaunten Fahrgäste niederfällt. Sauber nass! Für eine reibungslose Fahrt über die Floßrutsche aus 7 cm dicken Bohlen aus 150jährigem Tannenholz garantieren die Isar-Amper-Werke. Die Spezialstifte mit extra breitem Kopf und einer Länge von 24 cm halten die Holzplanken zusammen. Mehrere Tausend Euro jährlich verschlingen hierfür die Instandhaltungskosten.

„Wer nicht bis Thalkirchen mit dem Floß gefahren ist, kennt das Isartal nicht!", hieß die ausgegebene Parole angesichts dieser traumhaften Kulisse der Natur. Immer mehr Menschen zog es aufs Floß um das Isartal zu erkunden, wobei auch die leibliche Stärkung mit Brotzeit und Bier nicht fehlen durfte. Die Zahlen von rund 1.200 Flöße pro Sommer lassen ahnen, wie es einst zugegangen sein muss, als Mitte des 19. Jahrhunderts noch an die 10.000 Transportflöße Baumaterialien und Warengüter nach München geliefert haben. Internationalen Bekanntheitsgrad erhielten die Passagierfloßfahrten durch die Olympiade 1972 in München. Es gehörte für die Sportler und Besucher fast zum Pflichtprogramm an einer Floßfahrt auf der Isar teilzunehmen. Werbewirksam hingen in manch internationalen Flughäfen große Poster, wovon die heimischen Flößer erst durch ihre Fahrgäste aus aller Welt erfuhren.

Heute betreiben drei Floßmeister mit ihren Unternehmen das Geschäft. 16 Flöße könnten täglich gestellt werden. Die zwei Betriebe Josef Seitner und Franz Seitner sind in Wolfratshausen an der Loisach ansässig. Ihr Familienname ist dort seit dem Jahr 1693 bekannt. In Erbfolge ging das Flößerhandwerk weiter. Seit 1862 ist der Flößereibetrieb Seitner in Familienbesitz. Nebenberuflich aus Familienehre und Tradition betreibt Franz Seitner sein Unternehmen, auch wenn die Auflagen immer schwieriger werden. Sein Vetter Josef Seitner dagegen lebt hauptberuflich von der Flößerei. Beider Ur-Großvater war im Jahr 1840 Mitglied der Wolfratshauser Flößerzunft und Mitbegründer des Flößer-Unterstützungs-Vereins. Schon 1850 trat die Josef-Seitner oHG der Industrie und Handelskammer Oberbayern bei. In nächster Generation kämpfte Großvater Sebastian Seitner um den Fortbestand des Flößereigewerbes, indem er sich standhaft weigerte seine Lizenz gegen Abfindung durch die Isar-Amper-Werke abzugeben. Die beiden Länden der Seitners liegen im Wolfratshauser Ortsteil Weidach. Der Dritte im Bunde ist der Isarflößer Michael Angermeier aus Arzbach bei Lenggries. Seine Vorfahren waren ebenfalls seit Generationen im Floßhandwerk beschäftigt. Zur Olympiade 1972 gelang es ihm, sich als Floßmeister mit seinem Betrieb an der Isar selbstständig zu machen. Doch wegen des meist zu niedrigen Pegelstandes musste für die geplanten Floßfahrten erst flussabwärts ein neuer geeigneter Standort an der Isar gefunden werden. Unter der Marienbrücke, die sich in der Pupplinger Au über die Isar spannt, erhielt er die Genehmigung für einen Platz zur Lagerung der Floßstämme mit breitem Zugang zum Floßbauen und für die Abfahrt seiner Flöße.

Wer die Flößer vom Ufer aus bei ihrer Arbeit auf den Passagierflößen beobachtet, ist schnell geneigt die Mannsbilder am Ruder, der lustigen Gruppe einzuverleiben. Doch wer selbst einmal mit ihnen die Isar hinuntergefahren ist, spürt schnell deren eigenen Charakter, ihr ernstes Verantwortungsbewusstsein für die Fahrgäste, die Vertrautheit mit Wasser und Natur. „Immer schaug'n wia 's Wassa rinnt", ist einer ihrer Grundsätze. Wer

Floßpartie bei Tölz mit Marienstift [Archiv: Helga Lauterbach]

Glück hat, den lassen sie an einem ungefährlichen Abschnitt im Isarkanal ans Ruder, um den Mitfahrern Muskelstärke zu beweisen beim Eintauchen der sieben Meter langen Holzstangen. Interessierte Fachfragen zum Floßbau und allgemein zur Flößerei beantworten die Flößer geduldig. Gerne geben sie auch Lustiges und Spannendes zum Besten. Aber wenn ein Flößer mit Schalk in den Augen von jener Kette spricht, die vor München über die Isar gespannt sei und erst durchgebissen werden müsse, sucht man vergebens nach dieser.

Ein ausgedehntes Privatleben mit ihrer Familie können die Flößer im Sommer kaum führen, denn ihr Arbeitstag dauert dann durchschnittlich vierzehn Stunden. Von früh bis spät dreht sich alles um „den Floß", der im Isarwinkler Sprachgebrauch noch von männlichem Geschlecht ist. Frühmorgens Floßbauen, tagsüber Floßfahren, abends Floßstämme zurücktransportieren. Die anstrengende Saison dauert von Mai bis September. Nicht umsonst seufzen die Flößerfrauen gelegentlich auch heute noch den alten Spruch: „Im Somma koan Mo', im Winta koa Geld!". Aber durch den Zusammenhalt der ganzen Familie lässt sich vieles leichter ertragen. Neben Kindern, Haushalt, Garten managen die Flößerfrauen auch Telefon- und Bürodienst, Service- und Abholdienst. Mit einem offenen Ohr für alle Nöte und einer kräftigen Brotzeit für die Heimkehrenden sind sie das Herz einer jeden Familie. Die letzte Fahrt im Jahr gehört den Flößern selbst. „Eisfahrt" wird sie genannt, in Erinnerung an die alten Zeiten, da erst beim Zufrieren der Isar das letzte Floß gefahren wurde. Schon seit Beginn der Ausflugsfloßfahrten gibt es diesen Brauch.

Jeder Flößereibetrieb gestaltet die Fahrt für sich, lädt Frauen und Freundinnen der Flößer sowie verdiente Gäste ein. Auf dem mit Tannenbäumchen geschmückten Eisfloß fahren sie nach München und freuen sich über das familiäre Beisammensein. Nach Ankunft an der Lände in Thalkirchen bleiben die Flöße nach ihrer letzten Fahrt im Jahr angehängt im Wasser liegen und werden am nächsten Tag von den Käufern, meist Holzhandlungen oder Sägewerken aus dem Oberland, abgeholt. Am Ende der Eisfahrt werden alle Flößer und Helfer zum Dank vom Floßmeister und seiner Familie ins eigene Haus oder Gasthaus zum Festmahl geladen. Mit Rückschau auf das vergangene Jahr klingt der Abend harmonisch aus.

Da die Nachfrage für eine „Eisfahrt" mit geschmücktem Floß im Laufe der Zeit ständig zugenommen hat, ist es inzwischen auch anderen Personen möglich daran teilzunehmen, vorausgesetzt sie sind sich der Tradition bewusst. Auch die Flößer, die am Ruder stehen, machen mit und stecken sich aus diesem Anlass gerne eine frisch gepflückte Blume an den Hut.

ISARWINKLER HOLZ FÜR DEN WIEDERAUFBAU MÜNCHENS

„München, einst Perle im Kranz der deutschen Städte genannt, hatte in den rund 70 großen Luftangriffen während des Krieges sein früheres Gesicht verloren", schilderte Thomas Wimmer 1960 in seinem letzten Bericht vor dem Stadtrat diese Jahre der Not und des Wiederaufbaus. Bereits am 1. Juli 1948 hatte er die Nachfolge von Karl Scharnagl im Amt des Oberbürgermeisters angetreten. „Mit der 40%igen Totalzerstörung sind unzählige Kulturwerte für immer verloren gegangen, lebenswichtige Einrichtungen für die Bevölkerung wurden teilweise vollkommen zerstört, teils schwer beschädigt, Existenzgrundlagen von Tausenden und aber Tausenden von Münchner Bürgern vernichtet. München glich am Ende der Kampfhandlungen mehr einem lebendigen Schutthaufen als einer Wohngemeinde." 5 Millionen m³ Schuttmassen mussten als erste und vordringlichste Maßnahme von Straßen und Plätzen, aus Ruinen privater und öffentlicher Gebäude beseitigt werden. Das war Voraussetzung für jeglichen praktischen Angriff zum Wiederaufbau der Stadt. Wimmers Losung „Rama dama" -, verdichtete sich zur Metapher für die Befreiung von Schutt und Lasten aus der NS-Zeit und für den schwierigen Wiederaufbau nach 1945. Bei der Schutträumung kam es darauf an, verwertbare Materialien auszubauen und zu sichern, um sie für noch reparierbare Wohnungen und Häuser zu verwenden. Rund zwei Drittel der Bevölkerung war bei Kriegsende obdachlos. Im Mai 1945 hatte München

St. Peter, Münchens älteste Kirche, liebevoll „Alter Peter" genannt [Zeichnung: Robert Brannekämper]

Wiederaufbau Dom 1947. Neuer Dachstuhl, Konstruktion und Tragwerksplanung Dr.-Ing. Brannekämper [Foto: Brannekämper]

614.041 Einwohner, ein Viertel weniger als zu Kriegsbeginn. Auf Anordnung der Militärregierung musste für jeden Einwohner 1 Ster = 1 Kubikmeter Brennholz beschafft werden. Die Stadtverwaltung hatte dies durch Einschlag in den Wäldern um München zu einem Drittel selbst zu besorgen. Zwei Drittel waren mit Hilfe der Militärregierung aus Oberbayern und der Oberpfalz zu beschaffen.

Schwer getroffen von Bombeneinschlägen war Münchens älteste Pfarrkirche Sankt Peter auf historischen Boden, der noch vor der Gründung Münchens am 14. Juni 1158 durch Herzog Heinrich dem Löwen einen romanischen Kirchenbau aus der ersten Hälfte des 11. Jahrhunderts beherbergte. Manche zweifelten, ob der in Trümmern liegende „Alte Peter" je wieder eine Auferstehung finden würde, in dessen Ruinen allmählich das Gras zu wachsen begann. Die 1945 gefassten Pläne, die aufs Schwerste beschädigte Kirche zu sprengen, konnten gerade noch verhindert werden. Sprenglöcher waren bereits gebohrt. Doch die verschiedenen Initiativen der Bürger, großzügige Spenden und die bis aus Amerika eintreffenden Geldbeträge zur Errettung des „Alten Peter" machten berechtigte Hoffnung.

1946 begannen die ersten Sicherungsmaßnahmen mit einer provisorischen Turmbedachung. Mit der schwierigen Instandsetzung des stark beschädigten Turms wurde der Münchner Bauunternehmer und Architekt Dipl. Ing. Theodor Brannekämper beauftragt. Das zerbombte Langhaus aber blieb ohne Schutz für drei Winter weiter offen liegen und verlor Stück für Stück an seiner Bausubstanz. Es war die Hauptaufgabe der Münchner Gesamtkirchenverwaltung, den Wiederaufbau der Pfarrkirchen in der Nachkriegszeit mit zu planen und finanziell zu unterstützen. Nur das bedingt Notwendige konnte übernommen werden, damit die Gemeinden in die notdürftig aufgebauten Kirchen zu den Gottesdiensten zurückkehren konnten. Umso dankbarer war Stadtpfarrer Max Stritter, was seine Kirchengemeinde St. Peter durch persönliche Beziehungen zu den bayerischen Holzgemeinden und durch mühsame Sammelgänge, vor allem an wertvollem Bauholz aufgebracht hatte. Ein Dankschreiben erreichte die Lenggrieser Flößer, die das wertvolle Bauholz zum Wiederaufbau von St. Peter brachten.

Am 26. Oktober 1949 konnte mit der Sicherung des Ostchors das erste Richtfest gefeiert werden. Mit berechtigtem Stolz nannte Pfarrer Stritter in seiner Dankesansprache die großen Leistungen seiner Pfarrangehörigen, die mit eminentem Einsatz unzählige „Bausteine" verkauft haben und die Pfadfinder für ihre Straßensammlung für den „Alten Peter". Besonderen Dank erstattete er der Pfarrei St. Jakob in Lenggries, die das Holz für den neuen Dachstuhl gestiftet hat. Vier Wochen nach diesem hoffnungsvollen Anfang des Wiederaufbaus von St. Peter, der Stadtpfarrer Max Stritter viel Kraft und Energie abverlangt hatte, verstarb er ganz plötzlich und unerwartet als Geistlicher Rat und Dekan. Seinem nicht minder engagierten Nachfolger, Stadtpfarrer Max Zistl, gelang es mit Unterstützung großartiger Helfer, die Peterskirche wieder so aufbauen zu lassen, wie sie vor der Zerstörung den Münchnern ans Herz gewachsen war. Mit der von ihm 1950 ins Leben gerufenen Bürgeraktion zum Wiederaufbau des „Alten Peters", konnten die der Pfarrei fehlenden Finanzmittel eingesetzt werden. Für die große Spendenbereitschaft spielte wohl auch das Pausenzeichen des Bayerischen Rundfunks „Solang der Alte Peter" eine wichtige Rolle. Die weithin bekannten Klänge des Glockenspiels im Münchner Rathaus blieben während der Wiederaufbauzeit unvollendet. Zu Gehör wurde stündlich die Variation mit „Solang der Alte Pe ..." gebracht. Ein Blick nach dem Petersturm oder eine Erinnerung, und man verstand, was unausgesprochen damit gemeint war. Es war ein besonderer Festtag als am 27. Juni 1954 mit Kardinal Michael Faulhaber die Wiedereröffnung Münchens ältester Pfarrkirche gefeiert werden konnte. Dieses festliche Ereignis erfreute nicht nur die dankbaren Bürger der Stadt, sondern bezog Bayern und die Welt mit ein. Alle vor den Radiogeräten mitfeiernde Hörer wurden Zeugen der Erstübertragung des kompletten Pausenzeichens „Solang der Alte Peter", unter Hinzufügung des bisher fehlenden letzten Tons.

Auch Münchens bekanntestes Wahrzeichen, der Dom zu Unserer Lieben Frau, mit seinen beiden markanten Türmen und den welschen Hauben, erlitt schwerste Kriegszerstörungen durch Fliegerbomben. Doch die Türme konnten den Bombardierungen trotz der erlittenen Mauerschäden standhalten. Bereits im Dezember 1945 wurde der Wiederaufbau der Metropolitankirche und Kathedrale des Erzbistums München und Freising durch Erzbischof Faulhaber, zusammen mit dem Domkapitel, beschlossen. Im Mai 1946 waren die Aufräumarbeiten so weit fortgeschritten, dass der Wiederaufbau des Domes von „Dombaumeister" Theodor Brannekämper und Bauunternehmer Georg Berlinger vorbereitet werden konnte. Zu Ostern 1947 begannen die Arbeiten unter Verwendung von Material und Technik aus der ersten Nachkriegszeit und bereits im November war die erste Hälfte des gewaltigen Dachstuhls fertiggestellt. Die Rekonstruktion des Dachwerks stützte sich auf verschiedene Text- und Bildquellen. Die älteste Darstellung aus dem Jahr 1858 zeigte einen Längsschnitt durch die Kirche, auf welchem die Dachkonstruktion schematisch abgebildet war. Insgesamt ließ sich aus den vorliegenden Unterlagen eine Rekonstruktion in Zeichnung und Modell im Maßstab 1:20 erarbeiten. Der von Theodor Brannekämper entwickelte neue Dachstuhl ist eine filigrane wie stabile Konstruktion mit Tragwerksplanung, die bis heute Statiker in Staunen versetzt. Auch die Menge an Schnittholz konnte beim Nachkriegsdachstuhl um etwa 30 Prozent reduziert werden. Das repräsentative Steildach als Überdachung der Hallenkirche erreicht als Fachwerkbau die Höhe von 23 m vom Dachboden bis zum First und eine Breite von 32 m. Die Verfügbarkeit entsprechend langen Bauholzes war ein wichtiger Faktor zur Ausführung. In Ermangelung bereits trocken gelagerter Stämme, musste der Dachstuhl aus geflößtem und jungem Holz hergestellt werden. Dem Austrocknungsprozess im Laufe der Zeit stand der Trag- und Standfähigkeit des Dachstuhls jedoch nichts entgegen, auch wenn mit Schwundrissen zu rechnen war. Um die Wiederherstellung des Dachstuhls für den Dom zu beschleunigen, stifteten auch einige Lenggrieser Waldbesitzerfamilien Holz, das als Flöße über die Isar nach München befördert werden musste.

Mit einem Gedicht wurde das erste Floß am 8. April 1947 in Lenggries verabschiedet, welches der achtjährige Isarwinkler Schüler Robert Berghaus vortragen durfte:

Grüß Gott ihr Herrn vom Münchner Dom, / die hier an unserem Isarstrom / die Stämme holen zum Neuaufbau / der Kirch Zu Unserer Lieben Frau. / Wie einst auch hier 's Gebälk erspross, / so fahr nun hin das 1. Floß. / Mög Segen seine Fahrt begleiten und / wieder das Volk zum Herrgott leiten, / grüß vielmals unsern Kardinal / den Generalvikar zumal, / mit diesem Bergesblumenstrauß / auch den Pfarrer des Gotteshaus. / Sei dieses Sträußchen Dir geweiht, / Gott schütze den Dom für alle Zeit.

Robert studierte später Bauingenieurwesen und Architektur. Nach dem Tod von Dr. Brannekämper 1988 führt er als Adoptivsohn die Bauunternehmung Brannekämper weiter.

Vom Dom-Floß aus Lenggries berichtete auch die Münchner Presse: „Nur etwa 0,01 bis 0,02 Prozent der für die Stadt München bestimmten Baustoffe stehen für die Instandsetzung von Kirchen zur Verfügung. Bei der Geringfügigkeit dieser Mengen würde es noch Jahrzehnte dauern, bis die schwerbeschädigten Gotteshäuser wieder hergestellt wären. Um wenigstens unser größtes Baudenkmal, die Münchner Frauenkirche, vor weiterem Verfall, der durch das Fehlen des Daches bedingt ist, zu schützen, haben die Lenggrieser Holzbauern das Holz für einen neuen Dachstuhl der Stadt München zum Geschenk gemacht. Wie wir vom Dompfarrer erfahren, hätte der alte Dachstuhl, der vor 450 Jahren errichtet worden war, in diesen Jahren sowieso erneuert werden müssen. Er war durch Wurmfraß und Fäulnis schon weitestgehend zerstört, als er ein Opfer des Krieges wurde. Die erhalten gebliebenen Teile des noch gesunden Holzes werden zum Aufbau der Gerüste, die zum Bau der Gewölbe dienen, gebraucht werden. Man erzählt sich, daß zum Bau des Dachstuhles vor 450 Jahren kein einziger eiserner Nagel verwendet worden sei. Die stumpf gewordenen Sägen haben die Zimmerleute eines Besseren belehrt und damit eine Legende zerstört, die in weiten Kreisen der Bevölkerung bekannt war. Das erste Floß mit dem Holz für den neuen Dachstuhl schwamm in dieser Woche unter Führung des Dompfarrers, der die acht Stunden lange Floßfahrt selbst mitmachte, blumengeschmückt isarabwärts nach München. Weitere Flöße werden in der nächsten Zeit folgen. Da für den neuen, nach modernen Grundsätzen der Bautechnik aufzubauenden Dachstuhl weniger Holz benötigt wird, können wir mit dem Dompfarrer hoffen, daß die Frauenkirche vielleicht schon im nächsten Winter wieder ihr hohes Dach tragen wird. Allerdings müssen dazu noch fünf Säulen von Grund auf neu gemauert werden. Für Ziegelsteine und Dachziegel aber hat sich leider noch kein Spender gefunden." Tatsächlich konnte schon am 22. September 1948 das Richtfest gefeiert werden.

Als München im Juni 1958 den 800. Geburtstag feiern konnte, war die Innengestaltung und Wiedereinrichtung des Doms abgeschlossen. Vom „Alten Peter" läutete die Jubiläumsglocke den Stadtgeburtstag am 14./15. Juni ein, das Geschenk der Prinzregent Luitpoldstiftung zur 800-Jahrfeier an die älteste Pfarrkirche Münchens. Der 850. Stadtgeburtstag im Jahr 2008 wurde unter dem Motto „Brücken bauen" gefeiert. Dabei entwickelte sich das vom Arbeitskreis Historische Flößerei unter Leitung von Helga Lauterbach dargebotene Projekt „Brücken bauen. Die Flößer kommen!", mit Festzug und Rahmenprogramm sowie einer Ausstellung am Rindermarkt, zum Publikumsrenner. Das Fest sollte die heutige Bevölkerung an die einstige wirtschaftliche und gesellschaftliche Bedeutung der Flößerei und ihre enge Verbindung zu München hinweisen. Auf einem vierspännigen Pferde-Floß-Gespann des Holzhacker- und Flößervereins Lenggries zog Oberbürgermeister Christian Ude durch das Taltor zum Marienplatz ein, angeführt von der Irschenhausener Blaskapelle aus dem Isartal. Der Festzug mit 150 Personen wurde begleitet von Fahnenabordnungen, der „Nassen Rott" aus Mittenwald, in Flößerbekleidung wie um 1600, Kraxenträger, Geigenmacher, Marketenderin und einem Werdenfelser Trachtenpaar wie anno 1800. Aus München der Heimat- und Brauchtumsverein Lechler e. V. in alter Münchner Bürgertracht sowie Nachkommen der alten Münchner Flößerfamilien. Der Nepomukverein aus Plattling schloss sich mit der Tragfigur des Brückenheiligen an. Den Abschluss bildete ein Holzhackerfuhrwerk aus Lenggries mit alter Gestellsäge auf dem Wagen. Der Festzug endete am Rindermarkt, auf dem der Wolfratshauser Floßmeister Josef Seitner mit seinen Flößern schon am Vortag ein originales Floß mit den Maßen von 18 x 7,5m zusammengebaut hatte. Es stand während der zweitägigen Feier allen Besuchern zum Begehen und Begegnen offen. Floßmeister Franz Seitner aus Wolfratshausen erzählte den Münchnern von der Flößerei. Vorträge, Lesungen, Märchen, Mundart, Kinder der städtischen Musikschule, Musikkapellen, Tanzgruppen traten auf. Nach einem alten Rezept wurde Flößersuppe gekocht und als erste Kostprobe der Münchner Tourismusdirektorin Dr. Gabriele Weißhäupl kredenzt. Rund um den Rindermarkt präsentierten sich in kleinen Ständen der Isartalverein, das Amt für Landwirtschaft mit wissenswerter Waldpädagogik sowie die wichtigsten Flößerorte von Isar und Loisach. Floßmeister Michael Angermeier war mit seiner Flößerwerkstatt vertreten. Die Ausstellungstafeln in Text und Bild über „Die Münchner Flößerei-Geschichte" zogen die Besucher magisch an. Flößer- und Kirchenführungen wurden angeboten. Am Rinderbrunnen konnten Kinder kleine Flöße basteln und schwimmen lassen. Außerdem drehte sich ein Karussell für die Kleinen mit romantischen Isarbildern. Als Geburtstagsgeschenk an die Stadt München überreichte ein Vertreter der Stadt Bad Tölz, zusammen mit Stadtmuseumleiter Andreas Binder, einen zum Anlass angefertigten Humpen als Trinkgefäß in Form eines „Tölzer Prügel".

400 Mitwirkende trugen dazu bei, den Besuchern das für München einst so bedeutende Handwerk wieder in Erinnerung zu bringen. Ein Höhepunkt war die Andacht auf dem Floß mit Prälat Herbert Jung von St. Peter, der an die Verbundenheit der Isarwinkler Flößer beim Wiederaufbau von St. Peter erinnerte und der deshalb für die Flößer die Jubiläumsglocke vom Turm des „Alten Peter" läuten ließ.

JUBILÄUMSFLOSS ZUR 600-JÄHRIGEN WALLFAHRTSGESCHICHTE

Noch rechtzeitig erschien die Jubiläumsfestschrift „Maria Thalkirchen– Geschichte einer Münchner Pfarrei", in der Bernhard M. Hoppe über das Phänomen Wallfahrt schreibt, dass diese „über allen Konfessionen und geschichtlichen Epochen steht. Es entspricht einem urmenschlichen Bedürfnis, sich auf den Weg zu machen, um eine Stelle aufzusuchen, die nicht von dieser Welt ist, um dort seine Verehrung darzubringen." Einen Festvortrag zur Jubiläumsausstellung „600 Jahre Geschichte und Wallfahrt in Thalkirchen" hielt Museumsdirektor Peter Steiner vom Diözesanmuseum Freising. Im Rahmen

Pilgerrosenkranz für die Flossfahrt [Foto: Helga Lauterbach]

der kirchlichen Feiern während des Jubiläums fand zum Auftakt am 17. Juni 1990 eine außergewöhnliche Flößerwallfahrt statt. Alle Flößerfamilien beteiligten sich und stellten geschmückte Flöße zur Verfügung. Nach Ankunft in der Zentrallände schloss sich eine feierliche Prozession an, die in der Wallfahrtskirche mit einer Heilige Messe endete. Auf den drei Jubiläumsflößen befanden sich Mitglieder des Pfarrgemeinderats, der Kirchenverwaltung, Ministranten und Gottesdiensthelferinnen, Trachtler aus Kochel, Großweil, Oberau, Schlehdorf, Solln, Thalkirchen. Eine der Wallfahrergruppe wurde vom kroatischen Franziskanerpater Covko Gojko begleitet. Das von ihm vorbereitete Programm setzte sich aus einer Mischung von Gebet und Meditation zusammen. Abwechselnd wurden auf dem Floß der Thalkirchner Rosenkranz und zehn Vaterunser gebetet, aufgelockert mit Besinnungstexten über Schöpfung und Natur. Bei der Marienbrücke in der Pupplinger Au fuhr das geschmückte Floß am späten Vormittag als letztes auf der Isar los und erreichte gegen 19 Uhr die Zentrallände in München-Thalkirchen.

Zu dieser Zeit waren alle anderen Flöße bereits aus dem Wasser entfernt und die Floßstämme auf dem Rücktransport zu den Abfahrtsstellen in Wolfratshausen. So konnten etwa 2.000 am Ufer wartende Menschen die von den Flößen steigenden Wallfahrer begrüßen und ihr Interesse am Brauchtum bekunden. Die persönlichen Eindrücke der außergewöhnlichen Floßfahrt hat der damals 50-jährige Wallfahrer Fritz aufgeschrieben. „Bevor die Fahrt begann, verteilte der Geistliche an jeden Wallfahrer einen kleinen Rosenkranz mit zehn Holzperlen und dem Bildnis der Muttergottes. Nachdem jeder Mitfahrer seinen Platz auf dem Floß in der „heiligen Gesellschaft" gefunden hatte, legte es ab. Die grüne Isar nahm das Wallfahrtsfloß auf und begann, es gen München zu tragen. Pater Gojko segnete das Floß mit all seinen Begleitern. Dann fing er an den Rosenkranz vorzubeten und die Wallfahrer beteten mit. Wir durchfuhren das Naturschutzgebiet Pupplinger Au mit seiner herrlichen Flora und Fauna an den paradiesischen Ufern. In den Gebetspausen spitzten alle die Ohren, wenn die Flößer zur Abwechslung lustige Witze erzählten. Kurz bevor wir die wildromantische Isar verließen, um in den Ickinger Werkkanal einzufahren, begann der Pater von Neuem mit uns den Rosenkranz zu beten. Ein zuweilen anstrengendes Beten auf dem in der prallen Sonne treibenden Floß und der reflektierenden Wasserfläche. „Sovui' Todsünd'n hob i do' net g'habt", hörte man deshalb hin und wieder stöhnen. Die Leute an den Ufern winkten uns zu und trauten ihren Ohren nicht, als kein Jubelruf oder Juchezer erschallte, sondern ein Vaterunser zu ihnen hinüberklang. Als das Floß unter der Brücke durchfuhr, verschlug es den oben Wartenden fast die Sprache, weil der Geistliche das Kreuzzeichen machte und wir alle laut „Amen" sagten. Während der langsamen Fahrt auf dem Kanal wollte uns eine Ringelnatter begleiten, doch die Flößer stupsten sie mit dem Ruder behutsam wieder zurück ins Nass.

Nach längerer Mittagspause in der Gaststätte Mühltal legten wir wieder ab und fuhren auf die längste Floßrutsche in der Isar zu. Jeder suchte sich einen sicheren Platz auf dem Oberbau des Floßes. Unser Oberflößer Angermeier steuerte mit ruhigem Flößerarm das Floß in das richtige Fahrwasser und direkt auf die Floßrutsche zu. Langsam senkte sich die Absperrklappe. Wir hörten, wie zusätzlich Wasser zu rauschen begann und es mit großem Getöse die Rutsche auffüllte. Gleich danach kamen wir zur Einfahrt. Mucksmäuschenstill war's plötzlich auf dem Wallfahrtsfloß. Zeit für ein kurzes Stoßgebet. Dann ging's hinab mit solcher Geschwindigkeit, dass einem die Luft wegblieb. Die Wassermassen spritzten auf und ihre Gischt ergoss sich auf die Wallfahrer. Erst als wir das Ende der Floßrutsche erreicht hatten und in ruhigerem Isarwasser fuhren, fanden wir wieder zum Gespräch untereinander. So passierten wir Rutsche für Rutsche und der blaue Himmel strahlte auf die fröhlichen Wallfahrer hernieder. Pater Gojko las uns Betrachtungen über Gottes schöne Natur vor und erzählte die Entstehungsgeschichte von St. Maria Thalkirchen. Dazwischen beteten wir immer wieder den Rosenkranz. Nun kam die letzte Floßrutsche vor Thalkirchen. An der Einfahrt zum Floßkanal steht die Bronzestatue eines großen und kräftigen Flößers mit einer Floßhack auf der Schulter. Unsere Flößer nahmen ihre Hüte ab und begrüßten den bronzenen Kerl. So will es ein alter Flößerbrauch. „Ui, da schau hi'!", riefen plötzlich die Ministranten, „da steht ja a Verkehrsampel am Wassa und zeigt auf Rot!". Doch der Flößer Angermeier ließ sich nicht aus der Ruhe bringen und steuerte trotz Rotphase auf die Hinterbrühler Rutsche zu. In der Zwischenzeit hatte sich die Wassersperre gesenkt und die Flößer-Ampel auf Grün umgeschaltet. Dann nahmen Pater Gojko und wir Wallfahrer auf dem Floß wieder Geisteshaltung ein. Die Flößer entrollten die mitgeführte Fahne der Muttergottes und dem Jesuskind. Erhobenen Hauptes steuerte nun unser Oberflößer die Floßlände an, wo bereits der Herr Pfarrer aus Thalkirchen auf seine „Schäflein" wartete. Danach bewegte sich die große Prozession mit der Flößerfahne und den Zunftstangen zur festlichen Messe in St. Maria Thalkirchen. Nach der Messe wurde im Bierzelt, das im Pfarrgarten stand, noch lange so richtig die Flößerwallfahrt gefeiert."

Im Jahre 1993 wiederholte St. Maria Thalkirchen die im Jubiläumsjahr durch den damaligen Diakon ins Leben gerufene prächtige „Flößerwallfahrt". Anregung gaben ihm die im Kirchenraum aufgestellten Zunftstangen mit den Flößerheiligen und die Flößerfahne der Münchner Floßleute. Im dreijährigen Turnus sollte die Flößerwallfahrt weitergehen. Im Laufe der Zeit übernahm der Maibaumverein Thalkirchen e. V. die Organisation. Auch im Jahr des 850. Stadtgeburtstags veranstaltete er am 7. September 2008 die beliebte Pilgerfahrt auf Wellen. Die durch das Jubiläum entstandene prächtige Form unterscheidet sich jedoch sehr von der einst schlichten Wallfahrt der Flößer, wie sie bis in die 1950erJahre unter Ausschluss der Öffentlichkeit in St. Maria Thalkirchen begangen wurde. Sie fand einmal im Jahr statt. Wenn die Flößer alle Arbeiten an der Zentrallände verrichtet hatten, wechselten sie die feuchten Sachen in die im Rucksack mitgeführten trockenen Kleidungsstücke. Dann machten sie sich gemeinsam auf ihren Bittgang zur Muttergottes in Thalkirchen. Ihr Schutz war den Flößern bei ihrem gefährlichen Handwerk auf der unberechenbaren wilden Isar ein persönliches Anliegen.

ZUR FLÖSSERMESSE INS MÜHLTAL

Wenn im Sommer um Mittag die ersten Passagierflöße am Ende des Ickinger Kanals „zufahr'n", können die am Ufer aussteigenden Fahrgäste nicht ahnen, dass sie auf dem kurzen Weg zum Gasthaus an einem „Wallfahrtsort" der Flößer vorbeigehen. Aufgeklärt werden sie darüber nicht, denn in der Preisgabe von persönlichen Angelegenheiten sind die Flößer sehr eigen. „Do san ma boarisch und do lass ma uns net nei'schaug'n!". Lieber ist ihnen, die Floßausflügler besichtigen die imposanten Außenanlagen des 1924 in Betrieb genommenen Wasserkraftwerks der Isar-Amper-Werke oder kehren gleich in die urige Schankwirtschaft „Zur Mühle" ein, im umgebauten jahrhundertealten Wohnhaus des Hoißl-Müllers, das vom Stromversorgungsunternehmen übernommen wurde. Nur selten besucht einer der Floßfahrer die nahe St. Ulrichskapelle im Waldwinkel des Mühltals, bevor es wieder aufs Floß geht. Niemand hat ihnen verraten, dass dorthin einmal im Jahr die Floßleute pilgern und „um ein gutes Runterkommen auf der Isar" bitten.

Durch Grundstückskäufe anlässlich des Baus des Wasserkraftwerks (1921–1924) kam auch das St. Ulrichskirchlein in den Besitz der damaligen Isarwerke. Bei Bauarbeiten im Jahr 1923 wurde ein aufsehenerregendes Steinfundament entdeckt, vermutlich aus der frühchristlich-römischen Zeit des 5. Jahrhunderts. Auch Reste der im Jahr 722 beurkundeten „ältesten Kirche im Münchner Raum" wurden gefunden, die vermutlich den Ungarn-Stürmen des 10. Jahrhunderts zum Opfer gefallen waren. Im Jahr 1587 stiftete der gottgefällige Simon Vischbacher eine Kapelle, „Gott zu Lob sein gewesten hausfrauen

Postkarte Mühlthal b. Schäftlarn, 1899 [Sammlung: Weigelt]

Margret Langin / Elisabeth Sattlerin und Margarrtha Reißin iren ehelichen leibserben zu einem ewigen gedächtnis" Eine weitere Urkunde aus dem Jahr 1617 bezeugt, dass die alte Kapelle im Auftrag des Abtes von Schäftlarn „neu erbaut" und mit einem Renaissance-Altar versehen wurde. Fast 50 Jahre später heißt es dann in der bischöflichen Konsekrationsurkunde, dass die Kapelle zu Ehren der Heiligen Ulrich, Colomann, Georg und Sebastian errichtet wurde, da ein Bauer auf „gleichsam wunderbarerweis beim Pflügen" die Bilder dieser Heiligen gefunden haben soll. Unter hohen Aufwandskosten ließen deshalb die Isarwerke, die auf geschichtsträchtigen Boden stehende St. Ulrichkapelle restaurieren. Die Bedachung wurde erneuert, die Wandfresken im Innern freigelegt und in zarten Farben aufgefrischt. Ein Fußboden gelegt sowie der Altar und die alten Gebetsbänke erneuert. Die Figur des Kirchenpatrons St. Ulrich bekam eine Neufassung, weshalb sie sich aus Sicherheitsgründen nicht in der wenig besuchten Kapelle befindet. Doch zur Flößermesse um Johanni wird sie aus ihrer Verwahrung in das Kirchlein gebracht.

Seit etwa fünfzig Jahren pilgern die Floßmeister und Flößer mit ihren Familien dorthin. Während ihre Väter zur Wallfahrt noch mit dem Floß nach St. Maria Thalkirchen nahe der Zentralläande fuhren, entschieden sich die heutigen Isar- und Loisachflößer für die verschwiegene St. Ulrichskapelle im Mühltal. Zur Anfahrt benutzen sie nicht ihre Flöße, sondern reisen nach vollbrachtem Tagwerk motorisiert auf dem Landweg über Straßlach an. Auch das Personal der Isar-Amper-Werke ist zu der Flößermesse eingeladen. Dabei spielt es keine Rolle, ob der Namenstag ihres Schutzpatron St. Johannes Nepomuk am 16. Mai auf einen Werktag oder Sonntag fällt. Friedlich liegt schon die Abendsonne über dem Mühltal. Vor der Kapelle warten dreißig bis vierzig Flößer mit Frauen und Kinder auf das Einläuten zum Gottesdienst. Doch justament als die eifrigen Ministranten den Glockenstrick kräftig ziehen wollen, reißt das längst morsch gewordene Stück ab. Der Mesner organisiert rasch ein zweites Seil und knüpft es provisorisch mit dem Glockenstrang zusammen. „'s muass ois sei Ordnung hab'n", murmelt er. So dauert es im Jahre 1991 ein wenig länger, bis unter hellem Glockengeläute der gemeinsame Einzug von Pfarrer, Ministranten, Flößern und ihre Angehörigen sowie einige Gläubige aus der Gegend stattfinden kann. Nicht alle finden Platz im kleinen blumengeschmückten Raum. Die zwölf schmalen Gebetsstühle reichen bei weitem nicht aus. So muss ein Teil der Wallfahrer bei geöffneter Pforte im Freien den Gottesdienst mitfeiern. Obwohl an diesem Mai-Abend ein pfeifender Wind um die Mauern weht, wird keiner den Ort vor dem großen Schlusssegen verlassen. Wie jedes Jahr gedenken sie ihrer Verstorbenen, sprechen Fürbitten und Gebete. Den musikalischen Teil mit volkstümlichen Kirchenliedern und Harfenbegleitung übernehmen die „Ickinger Sänger". Weil das Gesangstrio den Vorstellungen der Flößerfamilien entspricht, ist es schon mehrfach bei Messen nur „zu Lob und Ehre Gottes" dabei gewesen. In der Predigt geht der Pfarrer aus Großdingharting auf das selten gewordene Handwerk der Flößer ein. Er spricht vom Leben des Märtyrers Johannes von Nepomuk, der als Brückenheiliger für die Floßfahrt besondere Bedeutung hat. Währenddessen wandern zufriedene Blicke aus den Reihen der Flößer auf die Johannes-Figur im Raum, welche vor wenigen Jahren der St. Ulrichkapelle gestiftet wurde. Zur Freude aller konnte aufgrund der Opfergelder und einer großzügigen Spende endlich auch die Figur einer Patrona Bavariae erworben werden. Der Geistliche würdigt und segnet die wohlgestalte Holzplastik der bayerische Madonnenfigur mit Krone und Jesuskind im Arm. Sie wird bei den künftigen Flößermessen im Mühltal als Schutzfrau Bayerns eine besondere Zierde sein. Mit dem speziellen Wettersegen, wie er in der Großdinghartinger Gegend gesprochen wird, klingt die Wallfahrt aus:

Vor Hagel, Blitz und jeglichem Unwetter / Bewahre uns, Herr Jesus Christus, / Deine Barmherzigkeit, Herr, walte über uns, / So wir auf Dich hoffen. / Herr, erhöre unser Gebet / Und laß unser Rufen zu Dir kommen. / Der Herr sei mit Euch / Und mit Deinem Geiste.

Die letzte Flößermesse, mit anschließendem, geselligem Beisammensitzen in der Gastwirtschaft „Zur Mühle", fand vor sieben Jahren statt. Beim Bayerischen Landesamt für Denkmalpflege wird die katholische Kapelle St. Ulrich inzwischen als geschütztes Baudenkmal geführt. Der einschiffige Putzbau mit sechsseitigem Chorschluss und Dachreiter ist in seiner jetzigen Form mit Ausstattung wohl um 1617 entstanden. Zum Erhalt des Kleinods wurde eine Stiftung gegründet.

Das Mühltal ist ein uraltes Siedlungsgebiet. Schätzungen, die auf die Zeit 200 v. Chr. zurückgehen, vermuten, dass damals schon eine Römerstraße durch das Mühltal führte. Eine Ost-West-Handelsverbindung, vornehmlich für Salz und Aufmarschstraße für die römischen Truppen. Im Mühltal teilte sich die mächtige Isar in kleinere Arme, die sich danach wieder zu einem reißenden Fluß vereinigten. Auch eine Mühle soll schon vor tausend Jahren an diesem historischen Ort existiert haben, die sich den Reisenden als Rast- und Jausenstation angeboten hat.

Für die Bauern im Mühltal waren die Untermühle, die Winkelmühle und die Huismühle im 18. Jahrhundert noch in Betrieb. An ihrer Stelle steht heute das traditionsreiche und weit über das Mühltal hinaus bekannte Gasthaus zur Mühle. Der einheimische Wirt Robert Hirtl und seine Schwester Monika recherchierten vor einiger Zeit im Bayerischen Staatsarchiv über ihr historisches Anwesen. Dabei stießen sie auf Angaben zum byzantinischen Kaiser, Johannes VIII., der im Jahr 1424 von Venedig herkommend mit dem Floß bis nach Ungarn zu König Sigismund gereist sein soll. Eine Randnotiz in den Aufzeichnungen: Diarium sexennale des Geistlichen Andreas von Regensburg erwähnt die Rückreise mit „5 Flößen von der Isar herkommend nach Passau".

AUSKLANG MIT DEM JAHRTAG

Wenn sich das erste Eis auf der Isar zeigt, beginnt auch für die Floßleute eine „staade" Zeit. In den Monaten davor hatten sie in den umliegenden Wäldern das Floßholz für die nächste Saison ausgesucht. Hochgewachsene Fichten, deren Holz für die Floßfahrt am geeignetsten ist. Ein tauglicher Stamm muss „schnürlgrad" gewachsen sein und einen mittleren Durchmesser von 35 cm haben. Wichtiges Kriterium ist ferner die Feinjährigkeit, die ein Flößer mit prüfendem Blick auf die Rinde zu erkennen vermag. Fein aneinander gereihte Jahresringe verhindern ein schnelles Vollsaugen der Stämme im Wasser.

Für jedes Floß werden achtzehn Fichten benötigt. Die zum Fällen ausgewählten, erhalten gleich an Ort und Stelle ihre Farbmarkierung. Das Fällen übernehmen die Holzhacker nach Kirchweih im Oktober oder später, wenn die Fichten aufgehört haben Saft zu ziehen. Sind die Fichten geschlagen, schäbsen sie die Holzerer mit Hand, damit der Bast unter der Rinde unverletzt bleibt. Darauf legen die Flößer größten Wert, denn der unbeschädigte Bast bildet eine natürliche wasserabstoßende Schutzhaut für das Holz. Nach dieser Prozedur kommen die entrindeten Stämme auf die Ganterplätze der Floßmeisterbetriebe an Isar und Loisach. Dort können sie den Winter über austrocknen. Zufriedenheit stellt sich ein, denn der Anfang für die nächste Floßsaison ist geschafft. Die Tage werden merklich kürzer und geben den Rhythmus der Flößer vor. Bei gutem Wetter kommt am Ganter die

An der Zentrallände warten die Flöße auf den Abtransport [Foto: Helga Lauterbach]

Motorsäge zum Einsatz. Sie verkürzt die Stämme auf ein einheitliches Längenmaß von 17 und 18 m. An den Enden oder wie die Flößer sagen, am „Arsch und Zopf", werden sie zum Schluss noch abgerundet.

Zur Winterarbeit zählt auch die Anfertigung von Rudersäulen aus dem harten Holz der geschlagenen Hainbuche. In Handarbeit wird die 40 cm hohe Rudersäule geschnitzt, welche die notwendige Stabilität bei den Lenkmanövern der schweren Holzschiffe garantiert. Denn schon ein „nackertes" Floß bringt es auf das beachtliche Leergewicht von achtzehn Tonnen! Auch die Holzkeile für die Einzapfung der Rudersäule werden in Handarbeit in der nächsten Zeit gefertigt. An nebeligen Tagen könnte auch ein neuer Tremmel geschnitzt werden. Der zugespitzte Pfahl ist ein wichtiges Hilfswerkzeug, um ein auf der Kiesbank festgefahrenes Floß mit Hebelwirkung wieder freizubekommen. Oder ein neuer Hackerpfeil wird angefertigt, der bei keiner Floßfahrt fehlen darf und als Anker beim Anländemanöver auf unbefestigtem Ufer zum Einsatz kommt. An ihm ist das Ländseil befestigt. Rammt der Flößer den Hackerpfeil mit Eisenschuh, dem eisernen Überzug an der Spitze, in den Uferboden, kommt das Floß langsam zum Stehen. Wenn es aber draußen schneit oder bei frostiger Außentemperatur die Finger klamm werden, ziehen sich die Flößer unters Dach zurück. Dort haben sie die im Herbst in den Isarauen geschnittenen Ruten der Schneeballweide gelagert.

Aus dem biegsamen Gehölz fertigen sie große Schlaufenringe an. Dieser wird über die Rudersäule gezogen und darin die lange Ruderstange eingehängt. Eine perfekte Verbindung zum Lenken, die seit Jahrhunderten durch nichts zu überbieten ist. Schon als Kinder haben die heutigen Floßmeister ihren Großvätern beim Wiedendrehen zugeschaut. Ein schwieriges Patent, das man studiert haben muss. Als erstes wird die 2,50 m lange Weidenrute mit gebrochenem Gerippe am dünnen Ende eingedreht. Dann eine zweite eingeflochten, was im fertigen Zustand wie ein Holzseil aussieht. Die geflochtenen Ruten werden anschließend zu einer gedrehten Schlaufe zusammengebogen und die beiden Enden noch miteinander verknotet. Dann ist „d' Wie'n" gebrauchsfertig. In den Wintermonaten sind die Flößer nach den vergangenen arbeitsreichen Monaten auf dem Floß wieder sesshaft und können sich jetzt auch um lang anstehende Arbeit im eigenen Zuhause kümmern. Früher war es auch die Zeit, den Flößer-Jahrtag vorzubereiten. Damals wurde er am Montag nach dem Dreikönigsfest mit einem Heiligen Amt zu Lob und Ehre Gottes abgehalten. In Wolfratshausen war der Jahrtag nicht nur für die Flößer, sondern für die gesamte Bevölkerung ein Festtag. "Nach dem Gottesdienst bewegte sich ein Festzug durch den Markt. Dabei führte man ein Floß auf Rädern mit, das von vier Pferden gezogen wurde.

Auf dem Floß war eine sogenannte Wiener Hütte aufgebaut mit einer Feuerstelle, auf der Würste gebraten und an die Zuschauer verteilt wurden", schreibt Quirin Beer in der Geschichte der Flößerei von Wolfratshausen. Auch als die Zeiten wirtschaftlich schlechter wurden hielten sie, in Dankbarkeit ihrem Herrgott verpflichtet, am Jahrtag fest. "Infolge der Kriegs- und Nachkriegszeit fanden in der Zeit vom 8. Januar 1939 bis 15. Februar 1948 keine Versammlungen mehr statt. Trotzdem wurde aber der herkömmliche Flößerjahrtag durch ein hl. Amt in der Pfarrkirche von Wolfratshausen gefeiert", ist im Protokollbuch des Vereins der Floßleute niedergeschrieben.

Nach dem Zweiten Weltkrieg, mit Rückgang der Flößerei, beteiligte sich die stark schrumpfende Zahl der Wolfratshauser Flößer deshalb am Jahrtag der Lenggrieser Flößer und feierten mit ihnen gemeinsam auch den Festgottesdienst. Für einen eigenen Verein zu wenige geworden, schlossen sie sich im Laufe der Zeit dem 1865 in Lenggries gegründeten Verein der Holzarbeiter an, mit dem Heilige Vinzenz als Schutzpatron. Die vormals selbständigen Vereinigungen der Holzarbeiter und der Flößer verbanden sich 1951 zum "Holzhacker- und Flößerverein Lenggries". Der Jahrtag der Holzarbeiter zu Ehren ihres Schutzpatrons St. Vinzenz findet im Oktober statt, an dem nun auch die Flößer teilnehmen. Jeweils am zweiten Sonntag im Oktober wird er in der Jakobskirche in Lenggries gefeiert. Zum heiligen Amt erhalten die alten Zunftstangen mit den Patronen der Flößer besonderen Schmuck, „damit 's rauskemma" unter den andern Tragestangen. Nach dem Kircheneinzug der zahlreichen Mitglieder werden die Zunftstangen der Holzhacker, mit dem Bildnis des Schutzpatrons St. Vinzenz und die der Lenggrieser Flößer mit den beiden Schutzheiligen St. Nikolaus und St. Johannes Nepomuk zum Altar gebracht. Die feierliche Messe ist vom Pfarrer mit Predigt und Fürbitten ganz auf das Handwerk der Holzhacker und Flößer abgestimmt.

Zum heiligen Vinzenz wird ein eigenes Gebet gesprochen. Am Nachmittag ist zur Mitgliederversammlung eingeladen, bei der aktuelle und künftige Themen des Vereins erörtert und im Protokollbuch vom Schriftführer festgehalten werden. Der krönende Abschluss des Jahrtags aber war lange Zeit der traditionelle Ball im Alpenfestsaal, bei dem Holzhacker und Flößer temperamentvoll zu schneidiger Blechmusik die Weiberleut beim Tanze drehten. Schon seit einigen Jahren gibt es keinen Ball mehr, da zu wenige der Vereinsmitglieder am Tanzen interessiert sind. Doch für Stimmung am Abend sorgt nach wie vor die Blasmusik.

DAS HERZ SCHLÄGT WEITER IN LENGGRIES

Auch wenn durch den Bau des Sylvenstein-Stausees und des daraus resultierenden Wassermangels isarabwärts eine regelmäßige Floßfahrt nicht mehr möglich ist, lebt in der einstigen Flößerhochburg Lenggries die Geschichte sichtbar fort. Das dortige Heimatmuseum, die St. Jakobskirche, der Friedhof mit den Grabstätten der Flößerfamilien, bunte Hausmalereien, die Nepomuk-Figur an der Isarbrücke, ein Kalkofen oder das modern gehaltene Flößerdenkmal erinnern unübersehbar an die Zeit, als die Flößerei ein Haupterwerbszweig im Isarwinkel war. Das alte Flößerbrauchtum halten die Lenggrieser bis heute in Ehren. Regelmäßig findet im Oktober ihr Flößerjahrtag statt. Aber auch bei der Fronleichnamsprozession präsentieren sie mit Zunftstangen- und Fahnenträger ihr altes Handwerk. Ist aber ein Vereinsmitglied verstorben, dann begleitet eine Fahnenabordnung den Gang zum Grab.

Manch Flößer bestellte sich zum letzten Geleit schon zu Lebzeiten das Lied „Fahr'n ma auf Minga mit dem Floß." Um die 400 Mitglieder zählt der Holzhacker- und Flößerverein Lenggries. Darunter ein Drittel aus ehemaligen Flößerfamilien und noch aktiven Flößern, die im Sommer ab Wolfratshausen auf den Passagierfloßfahrten im Einsatz sind. Wie Isarwinkler Flößer um das Jahr 1600 gekleidet waren, konnte vor langer Zeit in der Privaten Trachtensammlung des Lenggrieser Rathauses bewundert werden. Unter den lebensgroßen Holzfiguren dargestellt, auch eine Flößerfrau mit farbenprächtigem Gewand und Schalk. Die heutige Tracht der Isarflößer aus Lenggries lehnt sich an den Habitus des 19. Jahrhunderts an. Durch eine gemeinschaftliche Aktion der Mitglieder konnten einige alte Stücke „ausgrabn wer'n". Der Verein ließ nach Vorgabe den kurzen dunkelblauen Janker mit Silberknöpfen als Festtagstracht für ihre Fahnenabordnung anfertigen. Prunkstück ist der farblich abgestimmte Stopselhut in der beachtlichen Höhe

Fahnenabordnung des Holzhacker- und Flößervereins Lenggries [Foto: Peter Hefter]

von etwa 30 Zentimeter, mit einer gedrehten Goldschnur und zwei Silberquasten. Der hiesige Trachtenverein D' Hirschbachtaler bildete um die erneuerte Flößertracht einen „Flößerstamm". Die jungen Mädchen tragen zum Gewand wie früher ein Krönchen auf dem Kopf.

Gelegentlich zeigen die passiven Flößer von Lenggries aber auch, dass sie ihr Handwerk noch beherrschen, wenn bei Festumzügen ein Floß als Pferdegespann zum Einsatz kommen soll. Maßstabsgetreu 1:50 bauen sie unter Mithilfe der Vereinsmitglieder die Stämme zu einem Floß zusammen, das als Floßwagen auf Gummirädern von vier Rösser gezogen wird. Bis zu seinem Tod übernahm Willibald Hans die Verantwortung für das Floßbauen, der mit dem Vater noch Ausflugsflöße nach München gefahren hat. Gerne arbeitete er dabei mit dem Merk Toni zusammen. Er gab den Ton an und war im Verein bei Abordnungen als Fahnenjunker unterwegs. Beim Umzug dürfen die „kloana Buama" von Lenggries auf dem Floß sitzen, die wie die Großen einen Stopselhut tragen möchten. Die oft mitgeführte Spruchtafel, „D'Flößla san no do, aba d' Isar nimma!", verrät viel von ihrem ungebrochenen Willen, die Geschichte der Flößerei auf andere Art weiterzuleben und ihr Brauchtum auch über die Ortsgrenze hinaus sichtbar zu machen. Der Holzhacker- und Flößerverein trat als einer der ersten dem 1987 ins Leben gerufenen Dachverband „Deutsche Flößerei-Vereinigung e. V." mit Sitz in Bremerhaven bei. Durch ihre Mitgliedschaft unterstützen sie nicht nur die Pflege des Brauchtums, sondern auch die Forschung zur Flößerei.

Im Jahre 1990 bot sich dem Holzhacker- und Flößerverein anlässlich seines 125-jährigen Gründungsjubiläums dazu eine gute Gelegenheit. Unter den Augen zahlreicher interessierter Zuschauer demonstrierten sie auf der Wegscheider Seite der Isar, beim Almbach, den Zusammenbau eines Floßes in Originalgröße mit einer Länge von 18 m. Da war was los! Anschließend konnte dank des genehmigten Zuschusswassers aus dem Sylvenstein-Speicher eine festliche Johanni-Floßfahrt zu Ehren des Brückenheiligen durchgeführt und der einstigen Tradition gedacht werden. Mit geladenen Gästen und der Nepomuk-Fahne auf dem geschmückten Floß begann die Prozessionsfahrt auf dem Wasser. Die unberechenbare Isar zeigte sich allerdings von ihrer tückischen Seite. Obwohl zwei Fergen vorne und ein Styrer hinten am Ruder standen, die aufmerksam mit schnellen und scharfen Augen vorausschauten „wo 's Wasser hingeht", kam es zum Touchieren eines Wassereinbaus. Dabei löste sich der äußere rechte Baum des Floßes ab, ging verloren und trieb allein im Fluss weiter. Isaria hatte allen eindrucksvoll gezeigt, dass mit ihr nicht zu spaßen ist. Eine halbe Stunde etwa dauerte die historische Johanni-Fahrt und endete glücklich mit dem Zufahren bei der Brücke in Lenggries. Ein unvergessener Tag für den Holzhacker- und Flößerverein muss auch der 4. Juli 1997 gewesen sein, als auf dem Grasbergkopf in 1.753 m Höhe bei einer Bergmesse das große geschmückte Holzkreuz zu Ehren der verstorbenen Mitglieder gesegnet wurde.

Auf abenteuerliche Weise schleppten kräftige, trittsichere und schwindelfreie Mitglieder zuerst das Befestigungsmaterial und in einer weiteren atemberaubenden Aktion die langen Lärchenbalken des Kreuzes einzeln hinauf, wobei knifflige Situationen auf schmalen Steigen über tiefen Abgründen zu bewältigen waren. Da brauchte es Schutz von ganz oben! Ein weiterer Höhepunkt, nicht nur für den Verein, war die Ausrichtung des 20. Deutschen Flößertags im Mai 2007 unter der Schirmherrschaft des Lenggrieser Bürgermeisters Werner Weindl. Aus allen Richtungen Deutschlands strömten die Flößergruppen an. Sachkundig stellte ihnen der Verein die Heimat im Isarwinkel vor. Einst Jagdrevier der bayerischen Könige und Region der Holzhacker und Flößer, ist dies Dasein auch in den literarischen Erzählungen von Ludwig Thoma und Ludwig Ganghofer festgehalten. Es war ein tiefes Anliegen des Holzhacker- und Flößervereins, auf der Isarbrücke in Lenggries eine neue Nepomuk-Statue aufstellen zu können, nachdem die ursprüngliche stark verwitterte Holzfigur schon seit langem entfernt war. Die Neuanfertigung des Brückenheiligen sollte diesmal aus witterungsbeständigem Granit hergestellt werden, doch sein Erscheinungsbild das gleiche bleiben. Bezahlbar für den Verein, erging der Auftrag an einen gut eingeführten Granitsteinbruch in der Provinz Fujiang, im Südwesten Chinas, der für die Qualitätsarbeit seiner Steinmetze bekannt ist. Nur anhand einer einzigen Fotovorlage gelang es ihnen, die Figur des Johannes von Nepomuk zu gestalten, die über den Seehafen Xiamen nach Hamburg verschifft wurde. Die noch fehlenden Attribute des Heiligen – der Strahlenkranz ums Haupt, das Kreuz und der Palmzweig – fertigte aus Edelstahl Mathias Mederle und vollendete damit die Granitfigur. Am 6. Oktober 2007 konnte Pfarrer Kraller die gelungene neue Nepomuk-Statue auf der Isarbrücke segnen.

„Brücken bauen" war 2008 das Motto zum 850. Stadtgeburtstag Münchens. Vor einem begeisterten Publikum zog der Holzhacker- und Flößerverein Lenggries mit einem Pferde-Floß-Gespann sowie dem vierspännigen alten Holzhackerfuhrwerk mit alter Gestellsäge in die Landeshauptstadt ein. Auch eine Chronik über die „Holzhacker und Flößer in Lenggries" brachte der Verein im Jahr 2008 heraus. Anlässlich seines 150jährigen Jubiläums im Jahr 2015, initiierte der Holzhacker- und Flößerverein eine Sonderausstellung im Heimatmuseum Lenggries und gestaltete dazu eine beachtenswerte Festschrift. Doch auch auf europäischer Ebene spielt der Verein ganz vorne mit. Schon bei der Gründung der Internationalen Flößereivereinigung 1992 in Venedig war er vertreten und nahm auch weiterhin an internationalen Veranstaltungen teil. Es ist vor allem dem langjährigen Engagement des 1. Vereinsvorsitzenden Mathias Mederle zu verdanken, dass die Isarflößerei auch international kulturelle Bedeutung erhalten hat. Der jahrzehntelange Einsatz und die Fachkompetenz auf dem Gebiet der Völker verbindenden Flößerei überzeugte, weshalb der spanische Vorsitzende Angel Portet der Internationalen Flößervereinigung e. V. dem Ort Lenggries nahelegte, sich um die von der UNESCO geschützte Auszeichnung „internationaler Flößerort" zu bewerben.

Seit 2009 darf die Gemeinde Lenggries offiziell dieses Prädikat führen, worauf an der Bundesstraße auch eine Tafel hinweist. Schließlich fand im Juni 2016 ein internationales Flößertreffen erstmals in Lenggries statt, mit Teilnehmern aus Spanien, Frankreich, Italien, Österreich, Polen, Tschechien und Finnland. Auf dem Tagungsprogramm stand eine außergewöhnliche Floßfahrt auf dem Sylvenstein-See über das versunkene Dorf Fall, „the sunken Village". Nach vier Tagen endete die freundschaftliche Begegnung mit einem großen internationalen Flößerfest um das Lenggrieser Rathaus und mit der offiziellen Weitergabe der Fahne an den nächsten Ausrichter in Maribor / Slowenien. Zurecht zeichnete Heimatminister Albert Füracker im Jahr 2018 den Holzhacker- und Flößerverein Lenggries für die große Leistung um das Brauchtum und die Pflege der Tradition mit dem „Heimatpreis Oberbayern" aus. Die Lebensart, die in den Menschen verankert ist, die Weltoffenheit, der Fortschritt, die Traditionsliebe, nicht nur am Ort, machen Heimat aus. Der Preis ist für den Verein Ehre und Ansporn zugleich, Sitten und Gebräuche weiterhin lebendig zu halten.

Lied der Isarflößer: Kennst Du den Ort so herrlich schön, / mit seinen Bergen seinen Höh'n, / all wo noch herrscht ein froher Sinn / in diesem schönen Tal herin? / Wo starke Männer mit dem Floß / vorbeifahr'n an des Herzogs Schloß, / da liegt der Ort, den nie vergiß, / die teuere Heimat mein Lenggries.

ANERKENNUNG DER FLÖSSEREI ALS IMMATERIELLES KULTURERBE DURCH UNESCO

Venedig, 5. September 1992. In San Marco warten zahlreiche Menschen auf die Ankunft der „Zattieri". Mehr als dreihundert Flößer aus sieben Nationen haben sich angesagt, um der feierlichen Unterzeichnung der Gründungsstatuten der ersten internationalen Flößervereinigung im Palazzo Ducale einen würdigen Rahmen zu verleihen. Der erste lange Floßzug der Piave-Flößer ist schon in Sicht. Er kommt vom Rio Arsenal und wird von einem Motorboot im Schlepptau durch das Große Becken zum Anlegeplatz beim Dogenpalast gezogen. Was für ein Bild! Nicht nur die Pressefotografen wollen das seltene Ereignis festhalten. Es waren die Piave-Flößer, die über den gebirgigen Fluss seit Jahrhunderten große Mengen an Holz nach Venedig lieferten. Auch das Transportboot für die Delegation der Flößer aus Finnland, Schweden, Spanien, Frankreich, Österreich, Deutschland ist inzwischen eingetroffen und wird begeistert von der Menschenmenge empfangen.

Venedigs Bürgermeister Ugo Bergamo erwartet die Delegation im Dogenpalast. Er hat eine Gefolgschaft in historischer Tracht des 16. Jahrhunderts vorausgeschickt. Gemeinsam ziehen sie mit der internationalen Flößergruppe in einer Prozession weiter. Vom Balkon des Palazzo winkt der „Doge von Venedig" und lässt die Fanfaren zur Begrüßung erklingen. Als eine der letzten Gruppe kommen die Lenggrieser Flößer in Lederhosen und den vielfach fotografierten Stopselhüten im Festsaal an. Zu oft wurden sie von Fotografen für ein Erinnerungsbild aufgehalten. Der Doge begrüßt nach altem Brauch jeden persönlich mit Handschlag, der vom Wasser an Land ging.

Von den vier Flößern aus dem Isarwinkel ist Hans Willibald aus Lenggries ihr Sprecher. Als Gastgeschenk überreicht er Venedigs Bürgermeister einen Bierkrug mit Zinndeckel. Ein Platz in den Sitzreihen ist leer geblieben, doch ein Blumengesteck soll als symbolische Geste dem italienischen Flößer gedenken, der bei der historischen Piave-Floßfahrt tragisch verstarb. Dann beginnt der offizielle Teil. Die Statuten des Internationalen Flößervereins werden verlesen. Im Anschluss tritt der Unterschriftsberechtigte eines jeden Vereins nach vorne und unterzeichnet das Dokument. Hans Willibald unterschreibt für den Holzhacker- und Flößervereins Lenggries. Schon in der Präambel der Statuten wird die Absicht des Vereins erkennbar. „Da das Wasser keine Grenzen kennt, wurde beschlossen: 1. Die Flößerei ist ein Beruf, der mit dem Ursprung der Menschheit selbst eng verbunden ist. 2. Wasserströme und Holz waren entscheidender Faktor für die Entwicklung von Zivilisation und Wirtschaft. 3. Die Flößerei hat die Handlungen des Menschen, das

Die Piave-Flößer im Schlepptau zum Markusplatz in Venedig [Foto: Privat]

gesellschaftliche Leben, die Kulturen sowie die händischen und professionellen Fertigkeiten vieler Regionen der Welt geprägt. 4. Dieses historische und professionelle Erbe ist vom Aussterben bedroht. Aufgrund dieser Gefahr besteht die dringende Notwendigkeit, die Flößerei zu erhalten, zu bewahren und in geeignete Institutionen einzubetten, die ihren Fortbestand gewährleisten. 5. Die Verfassung der Organisation und die Vereinsstrukturen werden diesem Ziel klar angepasst sein. Ferner sollen die Bande der Freundschaft zwischen Völkern dieser Erde intensiviert und durch gegenseitiges Kennenlernen propagiert werden."

Nach der feierlichen Unterzeichnung fahren alle Teilnehmer zum Umtrunk hinüber nach Santa Maria della Salute, deren prächtiges Gebäude in exponierter Lage, gegenüber des Dogenpalastes an der Mündung des Canal Grande liegt. Bei Brot, Fisch und Wein werden die freundschaftlichen Kontakte vertieft, die bei einem Grillfest mit Gesang und Tänzen weiter gepflegt werden. Das offizielle Festproramm endet mit einem Besuch der berühmten Regata Storica am 6. September, an der die Piave-Flößer als Ehrengäste teilnehmen dürfen. Unter großem Jubel der Zuschauer steuern sie mit langen Stangen ihr Floß konkurrenzlos der Rialto Brücke zu. Bravissimo, Zattieri! – Damit war auch der Höhepunkt der Feierlichkeiten zum 500-jährigen Bestehen der Statuten der Piave-Flößer erreicht. Schon 1492 übertrug der Doge Barbarigo den Piave-Flößern das Recht, auf dem Wasserweg Holz nach Venedig zu bringen.

Die Internationale Flößervereinigung e. V. – International Association of Timber Raftsmen (IATR) – mit Sitz in Spanien, ist die Vereinigung europäischer Flößerorganisationen aus Spanien, Deutschland, Italien, Frankreich, Österreich, Slowenien, Tschechische Republik, Finnland, Lettland, Polen, Bosnien und Herzegowina. Aus ihrer Präsentationsbroschüre: „Die Vereinigung begründet sich auf den Grundsätzen des Friedens, der Freiheit und Gleichheit, ohne Diskriminierung hinsichtlich der geografischen Lage, rassischer Zuordnung, ethnischer Zugehörigkeit, religiöser oder politischer Unterschiede. Alle Mitgliedsvereine sind rechtlich selbständig und unabhängig und vertreten ihre eigenen nationalen, regionalen und historischen Floßbau- und Flößertraditionen." Zu den Aktivitäten des IATR gehört die Vergabe des Titels „Flößer-Dorf/Stadt". Bewerbergemeinden können diesen Titel über ihre Bürgermeister selbst beantragen. Die Gemeinde muss die Kriterien der IATR erfüllen und entsprechende Unterlagen vorlegen. Bisher tragen 22 Städte und Dörfer aus acht europäischen Ländern die Auszeichnung. 2009 erhielt Lenggries offiziell den Titel „Internationales Flößerdorf". Bei der Zeremonie wurde das Zertifikat und die IATR-Flagge an den Lenggrieser Bürgermeister Werner Weindl übergeben. Auch die Stadt Wolfratshausen beantragte erfolgreich den Titel und darf sich aufgrund seiner 1.000 Jahre währenden Flößertradition seit 2011 „Internationale Flößerstadt" nennen. Im Jahr 2016 fand erstmals in Lenggries das internationale Flößertreffen statt, mit vielen europäischen Teilnehmern. Ein Hauptziel der Internationalen Flößervereinigung ist es, die Nominierung der Flößerei für die Eintragung in die UNESCO-Liste des Immateriellen Kulturerbes der Menschheit abzuschließen und einzureichen. Diese gemeinsame Anstrengung wird von Flößervereinen aus Deutschland, Österreich, der Tschechischen Republik, Lettland und Polen unterstützt.

Das neue Übereinkommen zur Entfaltung des immateriellen Kulturerbes wurde im Oktober 2003 auf der 32. Generalkonferenz der UNESCO – Organisation der Vereinten Nationen für Bildung, Wissenschaft und Kultur – beschlossen. Nach der Ratifizierung von 30 Vertragsstaaten trat das Übereinkommen im April 2006 Kraft. Deutschland ist seit 2013 dabei, als einer der mittlerweile 193 Vertragsstaaten. Sie erstellen ein nationales Verzeichnis des immateriellen Kulturerbes, welches regelmäßig aktualisiert werden soll. Von allen Vertragsstaaten und der unabhängigen Deutschen UNESCO-Kommission wird das Bundesweite Verzeichnis als laufender Prozess erstellt. In welchen Bereichen sich die Kulturform ausdrücken kann, beinhaltet das 2003 verabschiedeten UNESCO-Übereinkommen: Mündlich überlieferte Traditionen und Ausdrucksformen, darstellende Künste, gesellschaftliche Bräuche, Rituale und Feste, auch Formen gesellschaftlicher Selbstorganisation, Wissen und Bräuche in Bezug auf die Natur und das Universum sowie traditionelle Handwerkstechniken. Die Kulturtalente, Träger und Gestalter der Kulturformen, geben das immaterielle Kulturerbe weiter. Es ist dynamisch, wird ständig an veränderte Umstände angepasst. Es geht also nicht darum die Kulturform zu konservieren oder einen bestimmten Zustand unter Schutz zu stellen, sondern um Entwicklungsfähigkeit. Immaterielles Kulturerbe ist immer auch durch Improvisation, Weiterentwicklung und Veränderung gekennzeichnet. Die Vorschläge um Aufnahme in das Bundesweite Verzeichnis kommen aus der Zivilgesellschaft, von den Trägergruppen der jeweiligen Kulturform. Alle zwei Jahre besteht die Möglichkeit, sich in seinem Bundesland zu bewerben. Die Dossi-

Traditionelles Floßbauen an der Loisach-Lände in Weidach [Foto: Monika Heidl-Seitner]

ers werden an die Kultusministerkonferenz und die Beauftragte der Bundesregierung für Kultur und Medien zur Entscheidung weitergeleitet.

Wissen. Können. Weitergeben. Die überzeugende Bewerbung der Deutschen Flößerei-Vereinigung e. V. Bremerhaven, als Dachorganisation aller regionalen Flößervereine, führte im Jahr 2014 zur Aufnahme der Flößerei in das Bundesverzeichnis Immaterielles Kulturerbe. Damit war Deutschland erstmals als Vertragsstaat unmittelbar betroffen. Die offizielle Begründung der Deutschen UNESCO-Kommission lautet: „Das Handwerk der Flößerei beinhaltet den Transport von Holz auf dem Wasserweg aus holzreichen in holzärmere Gebiete. In der Vergangenheit hat die Flößerei eine herausragende Rolle bei der Deckung des riesigen Holzbedarfs in Deutschland gespielt. Das Handwerk und die Arbeit der Flößer hat die Lebenswirklichkeit vieler Menschen entscheidend geprägt. Vom Mittelalter bis zur zweiten Hälfte des 19. Jahrhunderts wurde die Flößerei in Deutschland gewerblich ausgeführt. Die Techniken wurden in Familien viele Generationen weitervermittelt. Seit dem Ende der gewerblichen Flößerei gibt es heute mit zunehmender Verbreitung die touristische Flößerei. Mit Flößerfesten und Floßfahrten wird in der Öffentlichkeit das Wissen um die alte Handwerkstechnik wachgehalten. Mitglieder der Flößervereine vermitteln die Flößerei als kulturelles Erbe etwa während Projekttagen und

-wochen an Schulen und Kindergärten." Im neuen Bundesverzeichnis 2020 sind bereits 95 Kulturformen und 11 Modellprogramme zur Erhaltung des Immateriellen Kulturerbes eingetragen. Die im Verzeichnis aufgenommenen Vereine dürfen auch das einprägsame Logo immaterielles Kulturerbe verwenden. Das grafische Element setzt sich aus bunten teilkreisrunden Linien und dem eingebetteten Schriftzug „Immaterielles Kulturerbe" zusammen sowie den Worten, Wissen. Können. Weitergeben. Als Urheber zeichnet Ercan Tuna, München.

Seit Bayerns damaliger Kultusminister Ludwig Spänle im Jahr 2014 ein eigenes Bayerisches Landesverzeichnis des Immateriellen Kulturerbes auf den Weg gebracht hat, „um das Bewusstsein der Menschen für unsere großartigen und vielfältigen Traditionen zu schärfen", entscheidet auf Landesebene ein vom Bayerischen Staatsminister für Bildung und Kultus, Wissenschaft und Kunst einberufenes unabhängiges Expertengremium anhand aus dem UNESCO-Übereinkommen abgeleiteter objektiver Kriterien. In Anlehnung an das nationale Expertenkomitee gibt das bayerische Expertengremium eine fachliche Empfehlung hinsichtlich der Landesvorschläge, die zusätzlich zur Aufnahme in das bundesweite Verzeichnis gemeldet werden. Der Flößer-Kulturverein München-Thalkirchen e. V. und die drei Floßmeister von Isar und Loisach sah seine Bewerbung um Aufnahme der Passagierfloßfahrten von Erfolg gekrönt. Ende März 2020 entschied der Bayerische Ministerrat aufgrund der vorgelegten umfangreichen Unterlagen, die Passagierfloßfahrten in das Bayerische Landesverzeichnis des Immateriellen Kulturerbes einzutragen. „Die heutigen Passagierfloßfahrten auf der Isar und Loisach gehen auf den seit dem Mittelalter regelmäßigen Transport von Personen im südbayerischen Oberland über Wasserwege auf Flößen zurück. Sie stehen sowohl in einer Handwerkstradition als auch im Kontext historischer Formen der Mobilität", so die Begründung. Passagierfloßfahrten werden erstmals 1310 im Ratssatzungsbuch der Stadt München genannt. Den Münchner Flößern war darin gestattet, von einem anderen ein Floß zu kaufen, das er mit Leuten oder Gut führen will. Das schnelle Vorankommen auf dem Wasser machte das Floß bald zu einem beliebten Verkehrsmittel, das auch hochgestellte Persönlichkeiten nutzten. Ein Eintrag im Pflegbuch von Tölz berichtet 1486 über den Bischof von Eichstätt, Wilhelm von Reichenau, der mit den Räten des Herzogs Sigismund von Österreich auf dem Wasser nach Tölz kam. 1493 fuhr der bayerische Herzog Albrecht IV. auf der Isar zur Beerdigung seines Schwiegervaters Kaiser Friedrich II. nach Wien. Auch Truppentransporte bei Feldzügen lassen sich schon seit dem 14. Jahrhundert nachweisen. Im Krieg gegen die Türken wurde 1530 das Münchner Truppenkontingent von 303 Knechten, unter Führung von Hans Ridler als Hauptmann, mit dem Floß nach Wien gebracht. Seit 1581 verkehrten ab München isarabwärts Wochenflöße für Reisende und ihr Gepäck. Ab 1623 wurden durch kurfürstliche Anordnung sogenannte Ordinari-Flöße von München nach Wien mit festen Fahrzeiten und festen Preisen eingesetzt. An 27. Juni 1629 wird eine Frau aus Alling, die zum sechsten Mal wegen Bettelei und Diebstahls in Haft liegt, auf Beschluss des Magistrats auf ein Floß gesetzt und hinweg geschickt. Ein gängiges Strafmaß, das die Stadt von weiteren Kosten und Lästigkeiten befreite. Nach dem Dreißigjährigen Krieg lud Kurfürst Maximilian I. in Friedenszeiten zu Sonderfahrten mit dem Floß von Tölz nach München, zur Belustigung seiner Hofgesellschaft. Beim Besuch des Kölner Kurfürsten wollte er am 11. August mit mehreren Flößen fahren, doch ein starker Regen machte ihm einen Strich durch die Rechnung – die Vergnügungsfloßfahrt musste ausfallen. Im Jahr 1717 erlaubte Kurfürst Max Emanuel den Münchner Floßmeistern 16 Fahrten nach Wien. Ihr Können garantierte die Unversehrtheit der Reisenden.

Auch der junge Komponist Franz Lachner nutzte 1823 die schnelle Verbindung auf dem Wasser. 1825 fuhr der Physiker Joseph von Fraunhofer nach einer mehrtägigen Bergwanderung anschließend mit dem Floß von Vorderriß zurück in die königliche Residenzstadt. Erst im späteren 19. Jahrhundert wurde das Transportwesen auf dem Wasser mehr und mehr von der Eisenbahn zurückgedrängt, die unabhängig von Wetter und Wasserstand im Einsatz sein konnte. Doch für die Unternehmensform der Passagierfloßfahrt entwickelte sich im Zusammenhang mit der Eisenbahn eine neue Möglichkeit. Mit dem Zug ins Isar- oder Loisachtal und mit dem Floß zurück nach München. Schon in vierter Generation betreiben die heutigen Floßmeister den traditionellen Floßzusammenbau wie ihre Vorfahren. Von Mai bis September sind die Ausflugsfloßfahrten auf Isar und Loisach unterwegs. Dabei lassen sich die Flößer gerne über die Schulter schauen und beantworten in ihrer speziellen Art die Fragen der Fahrgäste zu ihrem Handwerk.

Zur feierlichen Überreichung der Anerkennungsurkunde zum immateriellen Kulturerbe Passagierfloßfahrten auf Isar und Loisach ist ein Festakt mit Staatsminister Albert Füracker, Bayerische Staatsministerium für Finanzen und der Heimat, in der Münchner Residenz vorgesehen. Doch aufgrund der Corona-Sicherheitsmaßnahmen musste der Festakt auf 2021 verlegt werden. Jedoch ist die mit der Aufnahme als Auszeichnung verbundene Erlaubnis, das bayerische Logo mit den bunten Rauten zu verwenden, nicht betroffen. Insgesamt wurden 13 Kulturformen neu in das Bayerische Landesverzeichnis des Immaterielles Kulturerbe aufgenommen. In seinem Gratulationsbrief vom 2. April 2020 schreibt der Bayerische Staatsminister für Finanzen und Heimat: „Mit dem Bayerischen Landesverzeichnis will die Staatsregierung das reiche Erbe an immateriellen kulturellen Ausdrucksformen im Freistaat sichtbar machen und die Bedeutung lebendiger Traditionen und Ausdrucksformen noch stärker in den öffentlichen Fokus rücken. Die Aufnahme ist dabei auch ein Zeichen der Wertschätzung und Anerkennung für den persönlichen Einsatz im Zusammenhang mit dem Erhalt und der Weitergabe von Traditionen. Dieses Engagement ist Ausdruck gelebter Heimatverbundenheit und leistet einen wertvollen Beitrag zum Erhalt kultureller Vielfalt in Bayern." Seit 2014–2020 gibt es im Bayerischen Landesverzeichnis 48 Einträge als immaterielles Kulturerbe und 6 als Gute Praxis-Beispiel zum Erhalt des Kulturguts.

Im Corona-Jahr 2020 konnten aufgrund des Infektionsschutzgesetzes und der Anordnung von Sicherheits- und Hygienemaßnahmen zur Verhinderung der Verbreitung des Virus COVID.19 keine Floßfahrten stattfinden.

ISARFLÖSSER AUF DEM RHEIN

Für Mai 1978 plante der bekannte Münchner Bildhauer Hannsjörg Voth sein spektakuläres Kunstprojekt „Reise ins Meer". Auf einem überdimensionalen Floß sollte eine 20 m große Mumie ihre letzte Reise den Rhein hinab nach Rotterdam antreten, um dann auf offener See verbrannt zu werden. Eine weitere Aktion des Künstlers, die seiner Vorstellung, alle Werke würden früher oder später zerfallen und der Vergänglichkeit anheimfallen, Rechnung trug. Die Vorarbeiten des Projekts erstreckten sich über zwei Jahre. Vor allem zur Umsetzung des von ihm entworfenen Floßmodells benötigte der Bildhauer die Mithilfe und Erfahrung floßkundiger Handwerker. Diese Aufgabe übernahm der Arzbacher Floßmeister Sebastian Angermeier. Die übergroßen Eisenkeile und Drahtschlingen zur Befestigung und Verbindung der 32 m langen Floßstämme, fertigte er unter Mithilfe des Dorfschmiedes in seiner Werkstatt und stellte als Verantwortlicher eine qualifizierte Isarwinkler Flößermannschaft zum Führen des überdimensionalen Floßes auf dem Rhein zusammen. Die langen Ruderstangen aber kamen später nicht zum Einsatz, weil die Genehmigung der Aktion nur mit einem Schlepper als Zugschiff erteilt werden konnte. Die Oberaufsicht des Transportes auf dem Wasser sollte jedoch beim Floßmeister verbleiben.

Im April 1978 war es schließlich soweit. Die Flößermannschaft rückte in Speyer an, um die dort gelagerten dicken überdimensionalen Fichtenholzstämme im Wasser des Altrheins mit ihrem eigens gefertigten Befestigungsmaterial zu einer stabilen Floßtafel zusammenzubauen. Auch der Junior Michael Angermeier war dabei. Äußerst präzise handwerkliche Arbeit war gefordert, um den drei Meter hohen Holzaufbau mit Bedachung und Ruhelager nach Plänen des Künstlers, als sogenannte Oblast auf die Floßtafel aufzusetzen und fest zu verbinden. Die als „Wohnbereich" gedachte Holzkonstruktion wurde von Pionieren in der Kaserne gefertigt. Nachdem der Holzaufbau fest mit dem Floß verbunden war, erhielt er eine schützende Segeltuchbespannung. Der Innenraum wurde noch mit Feldbetten und Hausrat ausgestattet, da die Mumie auf ihrer letzten Reise vom Künstler und einigen Freunden begleitet werden sollte. Zum Schluss wurde die 3,5 t schwere in Leinentücher gehüllte Figur, mit Bleimaske vor dem Gesicht, auf das Ruhelager gehievt und fest vertäut. Nach einer letzten Inspektion durch Nautiker und Wasserpolizei konnte die Fahrt am 30. Mai 1978 in Ludwigshafen beginnen. Sie verlief in mehreren Etappen mit Anhalten und Ankern bei größeren Städten am Rhein. In Zusammenarbeit mit den ansässigen Kunstvereinen und Museen konnte mit der Bevölkerung Kontakt aufgenommen werden. Hochwasser erschwerte die Fahrt.

Der Zielhafen Rotterdam ist erreicht [Aufnahme: Ingrid Voth-Amslinger, München]

Schließlich war am 5. Juni der Zielhafen Rotterdam an der Nordsee erreicht. An einer steilen Kaimauer legte das Mammut-Floß neben einem gut zehn Stockwerke hohen Kran an. Der Kranführer erwartete hoch oben per Walkie-Talkie die Anweisungen Voths, um im nächsten Schritt die Bleimaske vor dem Gesicht der Mumie zu entfernen und sie auf einen bereitstehenden Wagen abzusetzen. Danach verließen alle Begleiter das Floß, um von Begleitbooten aus, das weitere Geschehen verfolgen zu können. Ein Schlepper zog das Floß mit der Mumie auf das offene Meer. Dann klinkte er sich aus und überließ das eindrucksvolle Holzgefährt der unruhigen See. Wenig später setzten Hannsjörg Voth und ein Pyrotechniker die Figur in Brand. Um 21:29 Uhr stand die Mumie in Flammen. Bald begann auch das Balkenwerk des Aufbaus zu brennen. Das hoch auflodernde Feuer und die dunklen wuchtigen Rauchwolken waren kilometerweit am nächtlichen Himmel zu sehen. Nach etwa einer halben Stunde ergossen sich die ersten Wassersalven des Löschbootes über die abgebrannte Mumie, die herabfallende Asche wurde vom Meer aufgenommen. Das Resultat veranschaulichte den zeitlich begrenzten Bestand eines Kunstwerks, analog zur Vergänglichkeit des menschlichen Lebens.

Die Kunstaktion „Reise ins Meer" wurde fotografisch dokumentiert und im Anschluss in verschiedenen Museen präsentiert, zuletzt im Von der Heydt-Museum Wuppertal. Durch die Konzeption erhält der Besucher ein Gesamtbild über die Planung und den Verlauf der Reise. Kunst braucht Handwerk. So trugen auch die Isarwinkler Flößern mit ihrer altbewährten Floßbautechnik und ihren Erfahrungen zum Gelingen dieser vergänglichen Kunstaktion bei und stellen heute Zeitzeugen dar. Erhalten blieb einzig die schwere Bleimaske. Ob es wohl mehr als ein Zufall war, dass diese im Jahr 2004 als greifbares Zeugnis der „Reise ins Meer" bei einem Verkauf ausgerechnet in einem privaten Gartenanwesen im Isarwinkel landete? Doch Hannsjörg Voth konnte sein Werk zurückkaufen und übergab die Bleimaske zusammen mit einigen Zeichnungen der Stiftung von Waldhausen für das Folkwang Museum Essen.

GRAFFITI-FLOSS IN MÜNCHEN

Ökostrom aus der Isar wird seit Juli 2010 durch das Praterkraftwerk erzeugt. Es liegt in der „Großen Isar", westlich der Praterinsel bei der Maximiliansbrücke. Nach dem Wehr und einigen Betonkaskaden, vereinigt sich die Große Isar unterhalb der Schwindinsel wieder mit der Kleinen Isar, die östlich an der Praterinsel vorbeifließt. Der Höhenunterschied zwischen Wehr und Kaskaden wird zu Energiegewinnung genutzt. Das Laufwasserkraftwerk ist größtenteils unterirdisch errichtet, um das imposante Erscheinungsbild vor Ort nicht zu stören. Das mit einer Kaplan-Rohrturbine ausgerüstete Kraftwerk hat

Trafo-Häuschen am Praterkraftwerk München. Graffiti-Malerei von Loomit (Mathias Köhler), 2019 [Foto: Helga Lauterbach]

eine Leistung von 2,5 MW, womit jährlich bis zu 4.000 Haushalte mit Ökostrom aus der Isar versorgt werden. Betreiber ist die Praterkraftwerk GmbH, ein Tochterunternehmen der Münchner Stadtwerke und Green City.

Das Trafohäuschen steht in Sichtweite der Kaskaden und hat statt der grauen Wände 2019 einen neuen Look erhalten, denn Wände haben allerhand zu sagen. Den Auftrag erhielt Münchens bekanntester Graffiti-Künstler Loomit, mit bürgerlichem Namen Mathias Köhler. In München schrieb er 1985 Graffiti-Geschichte, als er zusammen mit anderen Nachwuchskünstlern großzügig den ersten S-Bahnzug Deutschlands besprühte. Mit der Sprayer-Dose war er in der ganzen Welt unterwegs und verfügt deshalb über ein großes internationales Netzwerk in der Graffiti- und Street Art-Szene. Die Reisen finanzierte er sich durch Auftragsarbeiten, womit er sich schon in der Abitur-Klasse Geld verdienen konnte. „Ohne Graffiti wäre ich Comic-Zeichner geworden", verriet er bei einem Interview mit der Autorin, und dass er als Kind schon alle Dinge mit Farben beschmiert hätte. Mit großer Erfahrung und Anerkennung in der Szene kuratiert er seit 1996 in München das Werksviertel beim Ostbahnhof mit neuen und internationalen Künstlern, die sich hier an den Mauern verewigen wollen. Dabei schöpft er seine Energie für die von ihm geleistete Unterstützungsarbeit der jungen Künstler immer noch aus seinem Netzwerk. Internationale Graffiti-Künstler sehen sein Zuhause als „Hotel" an.

München gefällt Loomit besonders, da die Stadt so kunstversiert ist und die Street Art schon lange unterstützt. Bei gesprühter Kunst im öffentlichen Raum hat München in Europa die Nase weit vorne, meint Loomit. München gilt als Geburtsstätte der deutschen Graffiti-Szene. Für ihn ist Street Art ein Medium, das über Flächen im öffentlichen Raum kommuniziert und entsprechend viel Platz haben sollte. Die Mauern unterhalb der Isarbrücken oder der Unterführungen dienen nicht nur einzelnen Sprayern, sondern eignen sich vorzüglich für Gemeinschaftsprojekte, die von Loomit betreut werden. Street-Art ist kurzlebig, aber passend zum Zeitgeist, meint er. Die fertigen Kunstwerke können oft nur von kurzer Dauer sein. Sie erhalten neuen Ausdruck, sobald ein anderer Sprayer sich der Fläche bedient. Dass ist legal und gilt in gleichem Maße für die angesagten Freiluftwerke von Loomit, dessen farbige Botschaften Geschichten erzählen, womit er sich gleichsam der alten Tradition der Kirchenmalerei verbunden fühlt.

Am Trafohäuschen beim Praterwehr hat er für die großflächigen Bilder Rolle und Sprühdose verwendet. Seine Motive passte er der örtlichen Situation an: Die sportliche Figur einer Surferin vom nahen Eisbach ist an der Nordwand platziert. An der Ostwand erinnert ein überdimensionaler Fisch an die „Bewohner" der Isar, an der Südwand ist eine beruhigende Auenlandschaft zu finden. Die dem Gehweg zugewandte, am meisten beachtete Wand im Westen, zeigt ein fahrendes Floß mit Flößern an den Ruderstangen, die auf der Isar in gebirgiger Landschaft das Holzgefährt nach München steuern. Aus dem Gedächtnis seiner Kindheit formte er die Bergspitzen. Als Machart entschied er sich gegen moderne Symbole, und bevorzugte stattdessen als Formensprache die naive Malerei.

Seit 2019 sind die Freiluftzeichnungen fast unbeschädigt geblieben. Nur in das fast romantische Bild mit dem Graffiti-Floß haben unsensible Sprayer hässliche Schnörkel draufgesetzt. Inzwischen wurden sie von Loomit wieder entfernt, doch das ursprüngliche Bild nahm Schaden und musste von ihm restauriert werden, was eine Einbuße der Strahlkraft der Farben mit sich brachte. Da sich das Trafohäuschens im Bereich der ehemaligen Unteren Länge, des einst größten Floßhafens Europas befindet, kann das Loomit-Floß in historische Führungen entlang der Isar mit einbezogen werden und gibt gleichzeitig ein Beispiel der inzwischen weltweit als Kunst anerkannten Graffiti Malerei.

LITERATURVERZEICHNIS

Aberle, Andreas Nahui, in Gotts Nam! Schiffahrt auf Donau und Inn. Rosenheimer Verlagshaus

Achner, Leonhard: Die Isarflößerei der letzten sechzig Jahre. Ein Beitrag zur bayerischen Binnenschiffahrtsstatistik. Heft 101, Herausgeber: Bayer. Statistisches Landesamt, 1922

Amboss, Zwirn & Flößerhack. Herausgeber: Historischer Verein Wolfratshausen, 2010

Andreas von Regensburg, Diarium sexennale, Herausgeber: Georg Leidinger München, 1903

Baier, Johann: Armut, Not und Hoffnung am Rande einer Stadt, Haidhauser Verlag, 1988

Beer, Quirin: Chronik der Stadt Wolfratshausen, Dachau, 1986

Biller/Rasp: München Kunst &Kulturlexikon, Süddeutscher Verlag, 1988

Bogner, Joseph: Thalkirchen und Maria Einsiedel, Oberbayerisches Archiv, 107. Band, Herausgeber: Historischer Verein von Oberbayern, München, 1982

Brandner, Josef: Jährlich rund 1000 Fahrten, forcheida Heft 9, Herausgeber: Heimatverein Farchant, 1999

Brandstetter, Marion: Stadt der Sprayer, Magazin Neu in München 2020, Münchener Zeitungs-Verlag

Brannekämper, Robert: Zusammenfassung Flößerei und Wiederaufbau München, 2019

Bundesweites Verzeichnis Immaterielles Kulturerbe von A–Z, Herausgeber: Deutsche UNESCO-Kommission e. V., 2016

Chronik 150 Jahre St. Johann-Nepomuk-Verein Plattling 1864–2014, Herausgeber: Sankt-Johann-Nepomuk-Verein Plattling e. V., 2014

Chronik Flößerei in Wolfratshausen, Herausgeber: Stadt Wolfratshausen, 2008

Chronik Gasthaus „Zur Mühle", Herausgeber: Robert Hirtl, Straßlach

Der Zwiebelturm 5/1953, Monatsschrift f. d. Bayer. Volk und seine Freunde

Die Bayerische Franziskanerprovinz. Von ihrem Anfang bis heute, Herausgeber: Bayerische Franziskanerprovinz, 2010

Die Münchner Oberbürgermeister. 200 Jahre gelebte Stadtgeschichte. Herausgeber: Friedrich H. Hettler und Achim Sing, Volk Verlag, München

Die Pfarrei Lenggries. Kunstführer 126, Verlag Schnell & Steiner, München-Zürich, 1972

Donaustrom. Herausgeber: Österreichische Donaukraftwerk AG, Verlag A.F. Koska, Wien-Berlin, 1984

Festschrift 800 Jahre St. Nikola an der Donau. Herausgeber und Verleger: Gemeinde St. Nikola, 1981

Festschrift Gebirgsschützen-Kompanie Wolfratshausen e. V. 1595-1983, Herausgeber: Gebirgsschützenkompanie Wolfratshausen, 1985

Filser, Karl: Flößerei an Bayerns Flüssen, Hefte zur Bayerischen Geschichte und Kultur Band 11, Herausgeber: Haus der Bayerischen Geschichte, 1991

Flößerei und Trift im Alpenraum, Herausgeber: Carl Eder, Lenggries

Gribl, Dorle. Thomas Hinz: Leben in Thalkirchen, Herausgeber: Kultur im Münchner Süden e. V., 1990

Gruber, Christian: Die Bedeutung der Isar als Verkehrsstraße, 1890

Gschwendtner, Markus: Mittenwald im Wandel der Zeiten, 1991

Heimatliche Stoffsammlung Region I Isartal. Herausgeber: Staatliches Schulamt Garmisch, 1982

Heimatmuseum Wolfratshausen, Führer, Herausgeber: Stadt Wolfratshausen

Historienpfad Wolfratshausen, Herausgeber: Historischer Verein Wolfratshausen, 2003

Höfler, Max: Ein Grenzstreit zwischen Alpenbesitzer von Tirol und Tölz, Zeitschrift des Deutschen und Oesterreichischen Alpenvereins, Band XIX, Jahrgang 1888

Hoessle, Max von: Die Floesserei auf der Isar, Dissertation, München, 1924

Hollweck, Ludwig: München Stadtgeschichte in Jahresporträts, Wilhelm Unverhau Verlag, 1968

Holzhacker- und Flößer in Lenggries. Kurzchronik, Herausgeber: Holzhacker- und Flößerverein Lenggries e. V.

Holzhacker- und Flößerverein Lenggries e. V., Heft zum Internationales Flößertreffen 2016

Huber, Brigitte: Tagebuch der Stadt München, 1818–2000, im Auftrag des Stadtarchivs, Herausgeber: Dölling und Galitz Verlag, 2004

Hübner, Lorenz: Beschreibung der kurbaierischen Haupt- und Residenzstadt und ihre Umgebungen. München, 1803

Hufnagel, Max Joseph: Berühmte Tote im Südlichen Friedhof zu München, Zeke Verlag, 1983

International Association of Timber Raftsmen, Broschüre 1989–2019

Isartalverein e. V., diverse Jahresberichte

Jubiläumsheft 222 Jahre F.S. Kustermann, München 2020

Kania-Schütz, Monika: Fachbeitrag Passagierfloßfahrten, 2019

Keweloh, Hans-Walter, Flößerei in Deutschland. Konrad Theis Verlag, Stuttgart, 1985

Keweloh, Hans-Walter, Fachwörterbuch der Flößerei, Verlag Dr. Kessel, Remagen, 2017

Kirchen und Kapellen der Pfarrei Wolfratshausen, Verlag Schnell & Steiner, 1984

Krätz, Otto P., Die Museumsinsel, Herausgeber: Otto Mayr, C.H. Beck, München, 1990

Lauterbach, Helga: Die Flößerwallfahrt nach Maria Thalkirchen. Ein Stück altbayerischer Frömmigkeit, Herausgeber: Bernhard M. Hoppe, 1991

Lauterbach, Helga: Von Floßmeistern und Flößerbräuchen. Geschichte und religiöses Brauchtum der Isar- und Loisachflößer, Wewel Verlag München, 1992

Lauterbach, Helga und Bernd Ritschel: Unterwegs mit den Flößern. Thiem Verlag, Fischbachau, 1994

Lauterbach, Helga: D' Muskeln san von alloa gwachs'n, Tölzer Kurier, 5./6. Sept. 1998

Lauterbach, Helga: Flößerei und Holztrift in München, Franz Schiermeier Verlag, München, 2010

Lauterbach, Helga: Passagierfloßfahrten auf Isar und Loisach als immaterielles Kulturerbe, Heft 2/2021, Herausgeber: Bayerischer Landesverein für Heimatpflege e. V., München

Lentner, Joseph Friedrich: Bavarica. Land und Leute im 19. Jahrhundert, Herausgeber: Paul Ernst Rattelmüller, Süddeutscher Verlag, 1988

Leutenbauer, Max. Stadt-Wald-Fluss. Die Beanspruchung der Wälder im Isar-Loisach-Gebiet im Laufe des vergangenen Jahrhunderts. Mitteilungen des Vereins für Heimatgeschichte im Zweiseenland Kochel e. V., 2016/1

Lobenhofer-Hirschbold, Franzika: Die Eschenloher Loisachflößer, Jahresheft 2019, De Burgadler, Herausgeber: Verein zur Erforschung und Erhaltung der Eschenloher Heimatgeschichte e. V.

Mamminger Bilderchronik, Herausgeber: Gemeinde Mamming, 1985

Mariahilf ob Passau. Kunstführer 712, Verlag Schnell & Steiner, München-Zürich, 1990

Maria Thalkirchen. Geschichte einer Münchner Pfarrei und Wallfahrtsstätte. Herausgeber: Bernhard M. Hoppe, Wewel Verlag München, 1991

Mitterwieser: Isarflößerei im 15. Jahrhundert. Aus Bayerland 1914

Moser, Eva: Zukunft braucht Herkunft. Die Gebäude der IHK für München und Oberbayern im Wandel der Zeit, Volk Verlag, München, 2020

Neweklowsky, Ernst: Die Schiffahrt und Flößerei im Raume der oberen Donau, Oberösterreichischer Landesverlag, Linz 1964

Noderer, Expositus: Die Isarflößerei ein aussterbendes Gewerbe. In Bayerischer Heimatschutz, 1921

Patent-Stadtplan. Darstellung aller Teil- und Totalzerstörungen München, Falk Landkarten Verlag, 1949

Pfister, Peter und Ramisch, Hans: Der Dom zu Unserer Lieben Frau in München, Erich Wewel Verlag, München, 1988

Plessen, Marie Louise: Die Isar. Ein Lebenslauf, Verlag Heinrich Hugendubel, München 1983

Protokollbuch des Flößer-Interessentenverbandes Isar-Loisachtal v. Dez. 1929 – Juni 1976

Rädlinger, Christine: Vom Wasser auf die Straße. Herausgeber: Flößer-Kulturverein München-Thalkirchen e. V., Franz Schiermeier Verlag, 2016

Riedenauer, Erwin: Die Erschließung des Alpenraums für den Verkehr. Im Mittelalter und in der frühen Neuzeit, 1996

Rölle, Günter: Reisetagebuch 1824 von Eduard Wolfanger, übertragen und kommentiert, 2019

Rüth, Gabriele: Entlang der Loisach. Ausflug auf den Spuren der Flößer, Allitera Verlag, 2016

Sailer, Joseph Benno: Das Isar- und Loisachgebiet, München, 1907

Schachenhofer, Wolfgang: Strudengau. Das Donautal in alten Ansichten, Eigenverlag, St. Georgen, 1989

Schattenhofer, Michael: Beiträge zur Geschichte der Stadt München. Oberbayerisches Archiv, 1984

Schelle, Heinz: Chronik eines Bauernlebens vor zweihundert Jahren, Rosenheimer Verlagshaus

Schiermeier, Franz: Stadtatlas München, Herausgeber: Münchner Stadtmuseum und Stadarchiv München, 2003

Schulze, Claus-Jürgen: Die Isartalbahn, Bufe Fachverlag, 1979

Sibig, Marbod: Landschaft, Siedlung und Wirtschaft eines Münchner Stadtteils, Zulassungsarbeit Lehramt, 1966

Solang der Alte Pe... 25 Jahre Bayerischer Rundfunk, Richard Pflau Verlag, München

Speer, Franz: Das Problemgebiet Obere Isar. Entwicklung, Zustand, Lösungsvorschläge. Diplomarbeit, 1977

Steffen, Walter: Fahr'n ma obi am Wassa. Von den Alpen nach München. Doku-Fim 2017

Stephan, Michael: Fachbeitrag Passagierfloßfahrten, 2019

Stieler, Karl: Leben und Werk des Hochlanddichters, Herausgeber: Günter Gopfert, Ludwig Verlag, Pfaffenhofen, 1985

Stritter, Max: Katastrophe und Untergang der Peterskirche 1944/48, Aus dem Pfarrarchiv von St. Peter in München, Heft 2, Herausgeber: Kindelbacher, Robert, 1989

Sylvensteinspeicher. Sonderdruck aus Talsperren in der Bundesrepublik. Wasserwirtschaftsamt Weilheim, Verlag Systemdruck, 1987

Unser Landkreis Bad Tölz-Wolfratshausen, Schriftenreihe in Zusammenarbeit mit der Bayerischen Landeszentrale für politische Bildungsarbeit und den Landkreisen, Herausgeber: Bayerische Staatskanzlei

Voth, Hannsjörg: Reise ins Meer. Rheinland Verlag, 1978

Walchensee-Kraftwerk. Bayernwerk Strom für Bayern. Informationsbroschüre

Waldhauser, Hans: Grünwalder Chronik, Band II, Herausgeber: Vereinigung der Freunde Grünwalds, 1991

Weltstadt München meine Heimat, Herausgeber: Schulreferat, Olympia-Turm-Verlag, 1988

Westermayer, Georg: Chronik der Burg und des Marktes von Tölz. Verlag J. Dewitz, 1893

Wipfler, Esther: Die evangelische Kirche St. Michael in Wolfratshausen, Verlag Janos Stekovic, 1999

Wolf, Karl: Die Flößer, Geschichte der Gemeinde Riegsee, Band 2, Leben in unseren Dörfern im Königreich Bayern, Herausgeber: Arbeitskreis Geschichte Riegsee

Wolfratshausen. Erinnerungen an vergangene Tage, Herausgeber: Bayerische Hypotheken und Wechselbank, 1986 in Zusammenarbeit mit dem Fotoclub Wolfratshausen e. V.

Wurst, Jürgen und Langheiter, Alexander: Monachia von Carl Theodor von Piloty, Herausgeber: Städtische Galerie im Lenbachhaus, 2005

Zattere, Zattieri e Menadas, Herausgeber: Commune di Castellavazzo, 1988

DANKSAGUNG

Mein Dank gilt allen, die zum Gelingen des Werkes beigetragen haben:
Angermeier, Michael, Arzbach
Baier, Johann, München
Binder, Andreas, Bad Tölz
Binner, Robert, München
Brandner, Josef, Ohlstadt
Brannekämper, Robert München
Cichon-Hollander, Winifred
Dr. Demmel, Walter, Obermenzing
Demmel, Monika, Königsdorf
Deprosse, Erwin, Pullach
Dorfner, Peter, Bad Tölz
Eckl, Maria, Benediktbeuern
Eder, Claus, Lenggries
Fochler, Barbara und Martin, München
Fischer, Agathe, Schlehdorf
Frischhut, Annemarie, Schlehdorf
Gunther, Egon, Ammersee
Haidl, Norbert. Eslam
Hefter, Peter, München
Heidl-Seitner, Monika, Wolfratshausen
Heimler, Renate, München

Heiß, Maria, Lenggries
Hirtl, Robert, Mühltal
Hirtl, Monika, Mühltal
Hutter, Ludwig, Bad Kohlgrub
Kilian, Gaby, München
Klinner, Helmut, Mittenwald
Köhler, Lore, München
Kreidl, Anna. Wegscheid
Dr. Lauterbach, Friedrich, München
Lauterbach, Fritz, München
Dr. Lauterbach-Phillip, Elke, München
Leutenbauer, Maximilian, Kochel
Loomit, Köhler Mathias, München
Lüttich, Hubert, Wolfratshausen
Mederle, Mathias, Lenggries
Metzger-Kuchenbaur, Christa, München
Dr. Moser, Eva, München
Müller, Dieter, Benediktbeuern
Novak, Elisabeth, Mamming
Peters, Christl, München
v. Polenz, Edlind, München
Reiter, Otmar, Niederaichbach
Ritschel, Bernd, Kochel

Rölle, Günter, München
Rösch, Günther, Plattling
Schaff, Anette, München
Schaff, Helmut, Regensburg
Dr. Scheck, Klemens, Templin
Schiermeier, Franz
Schittler, Alfred, München
Schmid, Doris, Geretsried
Schmidt, Sybille, München
Schönwälder, Michael, Neuried
Dr. Schreiner Peter, Köln
Seitner, Franz, Wolfratshausen
Seitner, Josef, Wolfratshausen
Seitz, Lore, Mittenwald
Sibig, Marbod, München
Simon, Hans, Lenggries
Speer, Franz, Lenggries
Stecher, Mathilde, München
Stehr, Maria, München
Strobl, Rosina, Deining
v. Dirsztay-Werner, Elyane, München
Weigelt, Sascha, München
Dr. Weishäupl, Gabriele, München
Winkler, Sebastian, München
Willibald, Josef, Wackersberg
Willibald, Kilian, Schlegldorf
Zunterer, Waldtraud, Mittenwald

Ferner:
Bayerische Akademie der Wissenschaften
Bayerische Staatsbibliothek
Bayerisches Hauptstaatsarchiv
Bayerisches Landesamt für Denkmalpflege
Bayerisches Statistisches Landesamt
Bayerisches Wirtschaftsarchiv
Bildarchiv Sebastian Winkler

Deutsches Museum Bibliothek
Einwohnermeldeamt Lenggries
Erzbistums München und Freising, Archiv
Flussbauamt Rosenheim
Flößer-Kulturverein München-Thalkirchen e. V.
Freilichtmuseum Glentleiten
Gemeinde Mamming
Griechisch-orthodoxe Metropolie München
Institut für Volkskunde, Kommission für bayerische Landesgeschichte
Isartalverein e. V., München
Heimatmuseum Niederaichbach
Heimatmuseum Wolfratshausen
Kloster Benediktbeuern, Archiv
Landratsamt Bad Tölz
Monacensia-Sammlung, München
Museum Werdenfels, Lanndkreismuseum Garmisch-Partenkirchen
Pfarrei St. Maria Thalkirchen, München
Pfarrei St. Nepomuk, Mamming
Pfarrei St. Nikola, Donau
Staatsarchiv München
Stadtarchiv Bad Tölz / Lenggries
Stadtarchiv Freising
Stadtarchiv Landau a.d. Isar
Stadtarchiv München
Stadtarchiv Wolfratshausen
Stadtmuseum Freising
Wasserwirtschaftsamt München
Wasserwirtschaftsamt Weilheim

Für die finanzielle Unterstützung
mein herzlicher Dank an:
Augustiner-Bräu Wagner KG
Bezirksausschuss 19 der Landeshauptstadt München
Verlag Schnell & Steiner GmbH